税收经济文库

税收征管效率评估：方法与应用

The Evaluation and Analysis of Tax Collection Efficiency: Methods and its Applications

杨得前　李建军　著

中国税务出版社

图书在版编目（CIP）数据

税收征管效率评估：方法与应用/杨得前，李建军著.--北京：中国税务出版社，2013.6
ISBN 978-7-80235-959-8

Ⅰ.①税…　Ⅱ.①杨…②李…　Ⅲ.①税收征管-评估方法-研究-中国　Ⅳ.①F812.423

中国版本图书馆CIP数据核字（2013）第104362号

本书的研究得到国家社科基金（项目批准号：10CJY066）、教育部人文社会科学研究项目（项目批准号：10YJA790216）的资助

书　　名：税收征管效率评估：方法与应用
作　　者：杨得前　李建军　著
责任编辑：王静波
实习编辑：刘　菲
责任校对：于　玲
技术设计：刘冬珂
出版发行：中国税务出版社
北京市西城区木樨地北里甲11号（国宏大厦B座）
邮编：100038
http：//www.taxation.cn
E-mail：swcb@taxation.cn
发行中心电话：（010）63908889/90/91
邮购直销电话：（010）63908837　传真：（010）63908835
经　　销：各地新华书店
印　　刷：北京天宇星印刷厂
规　　格：787×1092毫米　1/16
印　　张：12.5
字　　数：214000字
版　　次：2013年6月第1版　2013年6月第1次印刷
书　　号：ISBN 978-7-80235-959-8
定　　价：25.00元

序

1994年分税制改革后，我国税收收入高速增长，1994年为0.51万亿元，而2010年则增至7.32万亿元，1994～2010年我国税收年均增长率高达18.12%，远超同期GDP的增长速度。税收收入的快速增长引起了学术界的极大关注。那么在税收收入快速增长的过程中是否伴随着税收征管效率的大幅度提高？如何对税收征管效率进行定量测量？征管效率主要受哪些因素的影响？税收征管效率的变化是主要源于征管技术的变化，还是源于管理水平的变化？这些问题不仅具有重要的理论意义，而且对相关政策的制定具有重要的参考价值。

提高税收征管效率是各国政府孜孜以求的目标，国家税务总局《"十二五"时期税收发展规划纲要》也将税收征管质量和效率不断提升作为其主要目标之一。即便是古典经济学家的税收理论，也对提高税收征管效率给予了充分的关注，而现代税收理论则更是将效率作为与公平并列的课税原则之一。

税收征管效率的量化评价方法是财政学中一个具有重要科学意义与广泛应用前景，但缺乏充分研究的领域。基于此，作者综合运用财政学、计量经济学、新制度经济学等理论与方法对税收征管效率进行系统研究，旨在构建税收征管效率的量化评估方法体系，阐明税收征管效率与相关因素之间的关系及作用机理，并在一定程度上刻画中国税收征管独特的运行机制，为提升我国税收征管效率提供新思路与依据，同时为学术界和实务界测算税收征管效率在方法论上提供参考和借鉴。

依据是否需要对生产函数进行估计，效率与生产率测算可以分为参数和非参数方法，这两类方法各有自己的特点，作者近年来系统地将这两类方法引入到税收征管效率的研究中，本书集中反映了作者关于此主题研究的最新成果，书中的主体部分大都在不同的学术期刊上发表过或在不同的学术会议上报告过。在此，作者由衷地感谢相关期刊的匿名审稿人提出的建设性意见，感谢相关学者在不同学术会议上富有启发性的意见和评论。

2013 年 3 月于江西财经大学

摘　要

如何提升税收征管效率是各国税务机关孜孜以求的重要目标之一，国家税务总局在《“十二五”时期税收发展规划纲要》中也将不断提升税收征管质量和效率作为其主要目标之一，建立科学的税收征管效率量化评价方法体系显得亟需和必要。

鉴于此，本书力图借鉴主流研究方法，综合运用财政学、计量经济学、新制度经济学等理论与方法对税收征管效率进行系统研究，旨在构建税收征管效率的量化评价方法体系，阐明税收征管效率与相关因素之间的关系及作用机理，为提升我国税收征管效率提供新思路与理论依据。

本书的主要内容包括以下几个方面：

1. 参数方法与税收征管效率测算。主要采用随机生产前沿（SFA）和索洛（Solow）余值法对税收征管效率进行估计，并对税收征管效率与相关因素之间的关系与作用机理进行研究。研究表明：①分税制后中国税收征管效率呈上升趋势，税收征管效率的提升是税收超经济增长的根本原因。②中国税收增长方式具有明显的阶段性特征，1997～2002年我国税收增长是粗放型增长，而2002～2007年则呈现集约型增长的特征，金税工程在这一转变过程中发挥了重大作用。③减少税务人员数、提高女性税务人员及35～45岁工作人员比重、良好的基础设施、贸易开放等有助于税收征管效率提高。

2. 非参数方法与税收征管效率测算。构建了利用非参数方法评估税收征管效率的方法体系，分析了税收征管效率变化的成因。结果显示：①税收征管效率的提高主要源于征管中新技术的采用，而不是组织管理水平的提高。②就业比率的提高、城镇化水平提升、贸易开放度的提升、大学以上受教育程度人口比重增加、便利的交通等将会促进税务机关税收征管效率提高。

3. 单个税种征管效率测算。以参数和非参数方法为基础构建了对单个税种征管效率进行测算的方法，并分别对我国一定时期增值税、营业税、企业所得税、个人所得税的征管效率进行了测算。

4. 税收征管力度测算。征管力度是影响税收征管效率的一个重要因素，本书以效能位差模型、非参数检验、多元回归等方法为基础初步建立了税收征管力度进行量化评价的方法。结果显示：①不同地区、不同行业税收征管力度存在较大差别。②税收征管中存在“征收力度悖论”。即在同一时期，经济欠发达地区的税收征收力度往往越大。

本书的主要创新点如下：

1. 构建了税收征管效率的量化评价方法体系。构建税收征管效率的量化评价方法是本研究的核心，本书系统地提出了如何用参数方法和非参数方法对税收征管效率进行量化评价的方法体系，并以此为基础对我国税收征管效率进行了实证研究。

2. 构建了税收征管力度的量化评价方法。征管力度是影响税收征管效率的一个重要因素，本书以效能位差模型、非参数检验、多元回归等方法为基础初步建立了税收征管力度进行量化评价的方法。

3. 初步阐明了税收征管效率变化的成因及其与相关因素之间关系及作用机理。研究表明，税收征管效率的提升是税收超经济增长的根本原因，税收征管效率的提高主要源于征管中新技术的采用，而不是组织管理水平的提高。分析了征管效率与经济发展、税收分权、城镇化水平、贸易开放度、信息化等因素的关系。

Abstract

How to improve tax collection efficiency is one of critical objectives of tax authorities in every country. The advance of tax collection efficiency and quality were regarded as an important objective in *12 th Five-Year tax development for planning outline* in State Taxation Administration. So it is an urgent task to establish quantitative evaluation system of tax collection efficiency.

Under this background, A comparatively systemic research was done in the book on the basis of Public Finance, econometrics, New Institutional Economics, and the objectives of the study is to establish quantitative evaluation system of tax collection efficiency, to reveal the relationship between tax collection efficiency and its influencing factors, to bring forward a new thread and theoretical basis for enhancing tax collection efficiency. The primary content of the book is as follows:

Section 1 is a parametric method and evaluation of tax collection efficiency. Stochastic frontier approach and Solow allowance means were employed to evaluate tax collection efficiency, and the relationship and mechanism between tax collection efficiency and its influencing factors were analyzed. The findings show that: (1) an improvement in tax collection efficiency has made great contribution to tax revenue growth since 1994. (2) China's tax revenue growth in 1997 – 2002 presented extensive growth pattern, but the intensive type was appeared in 1997 – 2002, Golden Tax Project has been playing important role in tax revenue Growth Mode Transformation. (3) the decreases of tax officials, the increase of the proportion of female staff and tax officials of age of 35 – 45, advanced infrastructure and trade openness are conducive to the improvement of tax collection efficiency.

Section 2 is a non-parametric method and evaluation of tax collection efficiency. Evaluation system of tax collection efficiency was established on the basis of non-parametric method, and the causes of change of tax collection efficiency were analyzed. The results show that: ①the improvement of tax collection efficiency is caused by adoption of new technology in tax collection, not by the improvement of the level of management. ②Increasing employment ratio, enhancing the level of urbanization, improving the degree of trade openness, raising the proportion of population with college education degree, convenient transportation will promote the tax collection efficiency of state taxation bureau.

Section 3 is an evaluation of tax collection efficiency of individual tax category. Parametric method and non-parametric method were introduced to Institute methods for evaluating tax collection efficiency of individual tax category, Based on these approaches, tax collection efficiency of Value Added Tax (VAT), business tax, corporate income tax and individual income tax during a given period in China were evaluated.

Section 4 is an evaluation of tax effort. Tax effort is a critical factor which influences tax collection efficiency. Approaches for evaluation of tax effort were established on the basis of model of difference of tax revenue and potential ability, non-parameter test and multiple regressions. The findings show that: ①tax effort vary greatly in different areas and industries; ② "the paradox of tax effort" exists in tax collection, Specifically, it means that the developed areas usually present lower tax effort; ③on the other hand, with the increase of financial transfer, the tax effort decrease, but the effect is insignificant.

Principal characteristics and innovations of the book are as follows:

① Quantitative evaluation system of tax collection efficiency was established. The focus of the book is to put forth methods for evaluation of tax collection efficiency, and these methods were systematically brought forward based on parametric method and non-parametric method. And empirical studies were done on the basis of methods brought forward in the section.

②Quantitative evaluation system of tax effort was established. Tax effort is a critical factor which influences tax collection efficiency. Approaches for evaluation of tax effort were established on the basis of model of difference of tax revenue and potential ability, non-parameter test and multiple regressions.

③The cause of the change and formation mechanism of tax collection efficiency was analyzed. The advancement of tax collection efficiency is caused by adoption of new technology in tax collection, not by the improvement of the level of management. The relationship between tax collection efficiency and economic development, the level of urbanization, trade openness and informationization was analyzed.

目　录

Contents

第一章 绪 论

第一节 研究背景和意义

一、研究背景

（一）中国税收收入超经济增长

自1994年税制改革以来，伴随着中国经济的高速增长，我国税收收入持续、快速地增长，宏观税负也随之大幅上升。1994年我国GDP为4.81万亿元，税收总额为0.51万亿元，而2011年GDP为47.16万亿元，税收总额为8.97万亿元。也就是说，1994~2011年我国名义GDP增长了10倍，而税收却增长近18倍。税收收入的增长速度远超GDP的增长速度，在此期间，中国税收的迅速增长远超人们的预期，其增长呈现出如下几个特点：

1. 税收收入连续跨越新台阶，增长速度快

1994年税收收入为0.51万亿元；到1999年，税收收入突破万亿元，达到10315亿元。税收收入从0.5万亿元到突破万亿元用了5年时间。2003年、2005年、2007年、2008年、2010年和2011年分别突破2万亿元、3万亿元、4万亿元、5万亿元、7万亿元和8万亿元。其中2011年税收收入达到89720亿元。中国税收收入从2万亿元到接近9万亿元，仅用8年的时间，其增长速度之快，令人咋舌。从税收与GDP的增长率来看，自1997年后税收的增长率均超过同期GDP的增长率（见表1-1、图1-1、图1-2）。

表 1－1　1994～2011 年税收收入、GDP 及税收增长率

年份	税收收入	GDP	税收增长率（%）	现价 GDP 增长率（%）	税收弹性	宏观税负（%）
1994	5126.88	48108.5	20.48	36.44	0.56	10.66
1995	6038.04	59810.5	17.77	24.32	0.73	10.10
1996	6909.82	70142.5	14.44	17.27	0.84	9.85
1997	8234.04	78060.9	19.16	11.29	1.70	10.55
1998	9262.80	83024.3	12.49	6.36	1.96	11.16
1999	10682.58	88479.2	15.33	6.57	2.33	12.07
2000	12581.51	98000.5	17.78	10.76	1.65	12.84
2001	15301.38	108068.2	21.62	10.27	2.10	14.16
2002	17636.45	119095.7	15.26	10.20	1.50	14.81
2003	20017.31	135174.0	13.50	13.50	1.00	14.81
2004	24165.68	159586.8	20.72	18.06	1.15	15.14
2005	28778.54	183618.5	19.09	15.06	1.27	15.67
2006	34804.35	215883.9	20.94	17.57	1.19	16.12
2007	45621.97	266411.0	31.08	23.40	1.33	17.12
2008	54223.79	315274.7	18.85	18.34	1.03	17.20
2009	59521.59	341401.5	9.77	8.29	1.18	17.43
2010	73210.79	403260.0	23.00	18.12	1.27	18.15
2011	89720.00	471564.00	22.55	16.94	1.33	19.03

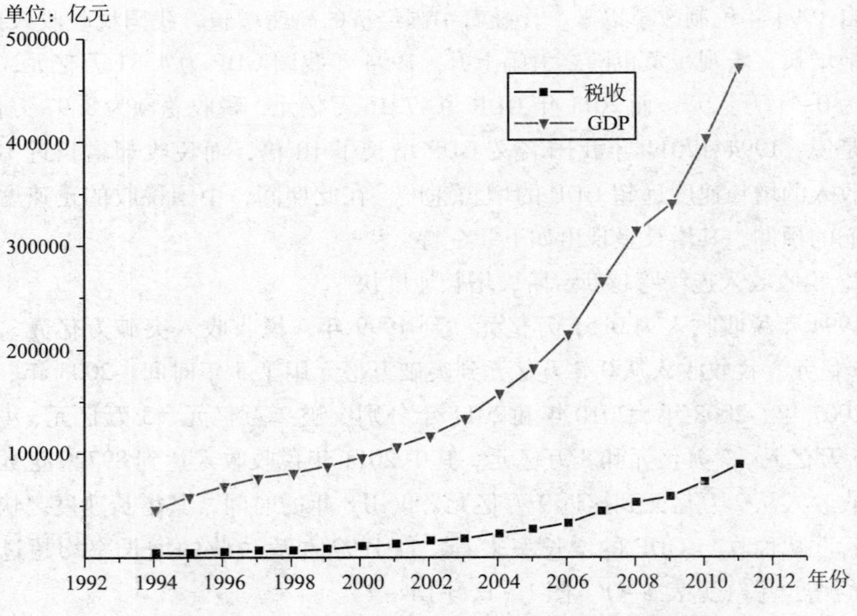

图 1－1　1994～2011 年税收收入、GDP 绝对额变动统计

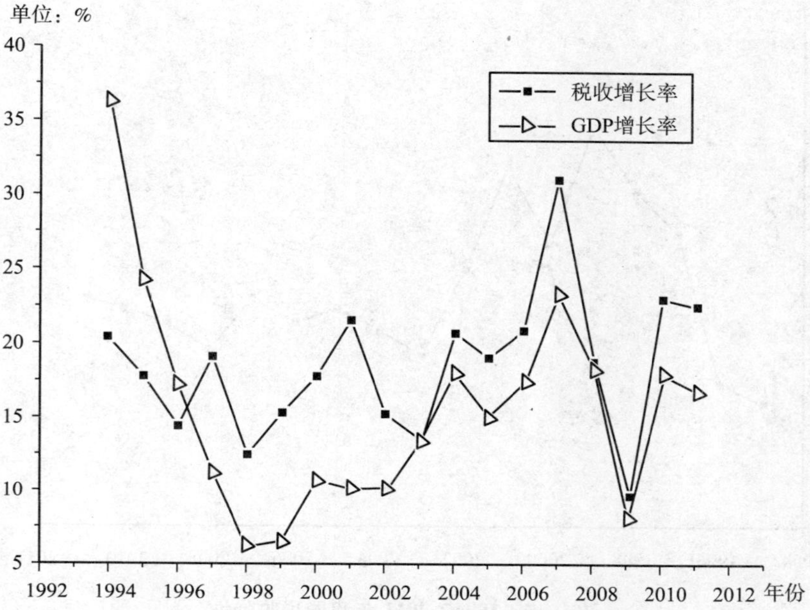

图 1－2 1994～2011 年税收收入、GDP 增长变动统计

2. 宏观税负逐年攀升

衡量税收与税源的关系，常用的指标有两个，一是税收弹性，二是宏观税负。

税收弹性 $=\frac{dy}{dx}$，其中，dy 表示税收的增长率，dx 表示税源数量的增长率。在实践中，经常用本年税收收入、GDP 与上年相比的增长率进行计算。如果税收弹性大于 1，表明税收增长速度快于 GDP 的增长速度；如果税收弹性小于 1，表明税收增长速度低于 GDP 的增长速度。

而宏观税负则通常以一定时期（通常用一年）税收收入与 GDP 的比值来进行度量。这一指标表明国家以税收的名义从 GDP 中分割的份额。从税收弹性与宏观税负的关系来看，当税收弹性大于 1 时，由于税收的增长速度快于 GDP 的增长速度，会推动宏观税负的上升；当税收弹性小于 1 时，由于税收的增长速度低于 GDP 的增长速度，会导致宏观税负的下降。

1994～2011 年我国税收弹性、宏观税负见图 1－3、图 1－4。

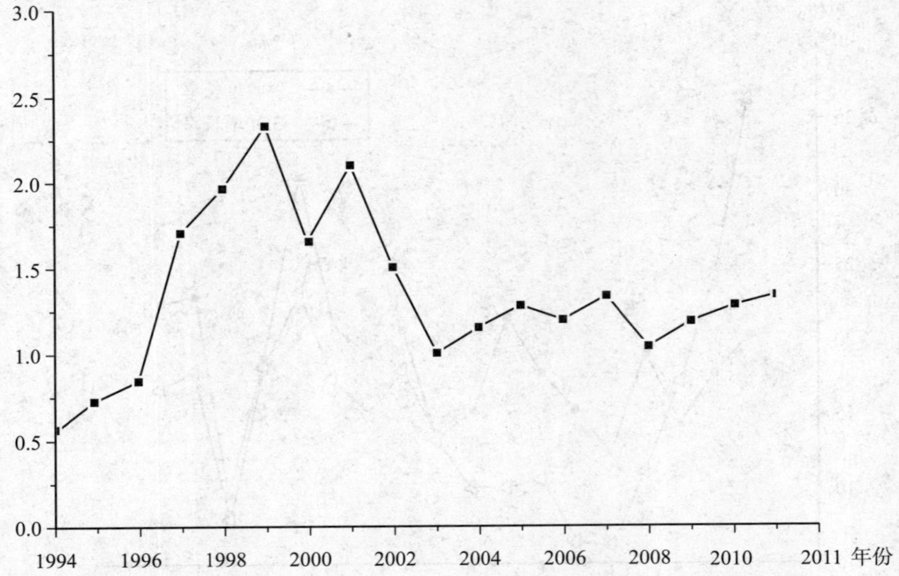

图 1-3　1994～2011 年我国税收弹性

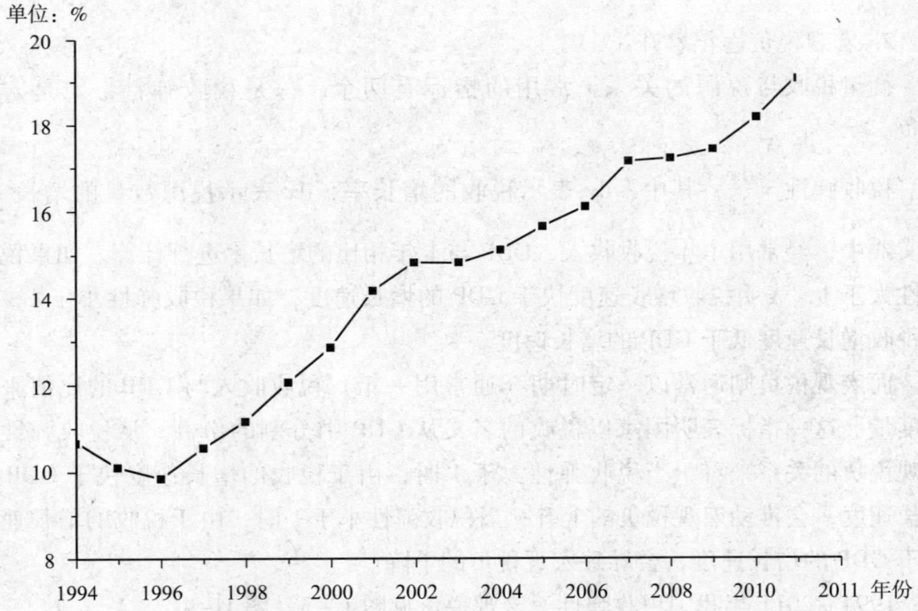

图 1-4　1994～2011 年我国宏观税负

从表1-1、图1-3和图1-4中可以看出，税收弹性自1997年之后均远大于1，税收收入的增长速度远超同期GDP的增长速度，宏观税负逐年上升，这一现象被称为税收超GDP增长。为了解释税收超GDP增长现象，学者对此进行了大量研究。

（二）中国税收征管效率有极大的提升空间

近年来，中国税收收入的高歌猛进，不断跨越新台阶，但另一方面，税收征管效率却令人堪忧。《2010全球纳税状况一览》对全球183个经济体中的中小企业的纳税难易程度进行了评价，从纳税的难易程度看，中国居第125位；从纳税人遵从税法耗费的时间看，中国居165位；从税收征管的成本看，2007年OECD国家税收征管成本最高的为斯洛伐克，其税收征管成本为2.41%，税收征管成本最低的为瑞士，其税收征管成本为0.28%（Centre for Tax Policy and Administration，2008），而同期我国税收征管成本为5%~6%（第一财经日报，2008）。

征纳成本的高低不是税收征管效率的全部，但它至少从一个重要的侧面说明中国税收征管效率有极大的提升空间。这迫使我们不得不认真思考：如何对税收征管效率进行科学评价，进而为提升我国税收征管效率提出具有前瞻性的政策建议。

二、研究意义

（一）为税收征管效率的评估提供理论基础

提高税收征管效率是各国政府孜孜以求的目标，古典经济学家的税收理论也均对提高税收征管效率给予了充分的关注。而现代税收理论则更是将效率作为与公平并列的课税原则之一。然而，税收征管成本及效率问题虽重要却被研究者长期忽视（Findlay & Wellisz，2003），国内外有关税收征管效率的研究相对较少，已有研究主要集中于对税收征管成本和效率的规范分析。

在我国的税收征管实践中，《税收征管质量考核办法》（国税发〔2003〕50号）将登记率、申报率、入库率、滞纳金加收率、欠税增减率和处罚率等指标作为检验和考核税收征管工作质量与效率的指标。但考虑到我国各地经济社会发展不平衡，仅仅依靠这些指标来评价征管效率无疑具有极大的不合理成分。从总体上看，税收征管效率的研究只取得了初步进展，还有许多空白点等待我们去填补。本书综合运用微观经济学、计量经济学、财政学、管理学等理论与方法对征管效率进行系统研究，旨在建立更为科学的方法对税收征管效率进行评价，从而弥补这一研究领域的不足，具有重要的理论意义。

（二）为促进税收管理的科学化、精细化提供政策建议

税收征管效率是治税效率原则的重要方面，是征税过程本身的效率，它要求政府在取得税收收入过程中耗费的征收和缴纳成本最小。征管效率的提高有利于降低税收管理成本，是税务管理的重要目标之一。

国家税务总局《“十二五”时期税收发展规划纲要》也将税收征管质量和效率不断提升作为其主要目标之一。一个在理论上设计得再完美的税制，如果没有高效的征管，其实施效果将大打折扣。征管效率不高是困扰我国税务机关多年的一道难题，采取有效措施提升征管效率的重要性日趋凸显。本书通过对征管效率进行系统研究，为提升我国税收征管效率提供了新的思路与理论依据，具有广泛的应用前景。

第二节　文献述评

自分税制改革以来，我国税收收入持续、快速地增长。其中一个值得进一步研究的问题是，在这一过程中是否伴随着税收征管效率的大幅度提高？如何对税收征管效率的变化进行定量测量？征管效率主要受哪些因素的影响？税收征管效率的变化是主要源于征管技术的变化，还是源于管理水平的变化？这些问题不仅具有重要的理论意义，而且对相关政策的制定具有重要的参考价值。

现有围绕税收超经济增长、税收征管效率等相关问题的研究主要沿以下三条线索展开，一是因素论；二是行为论；三是税收征管效率论。

（一）因素论

一些研究者试图对造成税收收入超 GDP 的因素进行分解。金人庆（2002）将影响税收收入的因素分为经济、政策和征管三类因素，认为 1998 ~ 2001 年四年间税收增收有 55.2% 来自经济发展因素，19.2% 来自政策及特殊因素，25.6% 来自加强征管因素。贾康（2002）表述了类似的观点。谢旭人（2006）将税收超经济增长归结为统计口径上的差异、GDP 结构与税收结构的差异、进出口对经济增长与税收增长影响的差异及征管力度的提升。但 2004 年的税收收入增幅上升至 5000 亿元，“三因素论”难以对此进行解释。为了进一步揭示其背后的深刻原因，“多因素论”应运而生。在多因素论下，税收收入的持续高速增长被归结为经济增长、物价上涨、GDP 与税收的结构差异、累进税率制度、加强税收征管和外贸进出口对 GDP 与税收增长的影响差异等六种因素交互作用的结果。

但追溯其他国家和地区的税收发展史不难发现，1997 年后中国税收收入长

时间的持续超 GDP 增长的现象是一个特例。从图 1－5 可以看出，自 2000～2010 年发达国家、欧盟政府及新兴市场与发展中国家政府收入占 GDP 的比重基本保持稳定，这意味着政府收入的增加与 GDP 基本上处于同步变化之中，并没有出现宏观税负不断攀升。对于税收超经济增长这一现象难以沿用一般规律加以解释。高培勇指出，不论是过去的"三因素"，还是现在的"多因素"，均系世界上普遍存在的一般性因素，但它们并没有导致其他国家和地区税收的增长率长期超过 GDP 的增长率。税收超经济增长是税收领域一个极富中国特色的问题，大量研究试图对这一问题进行解释。

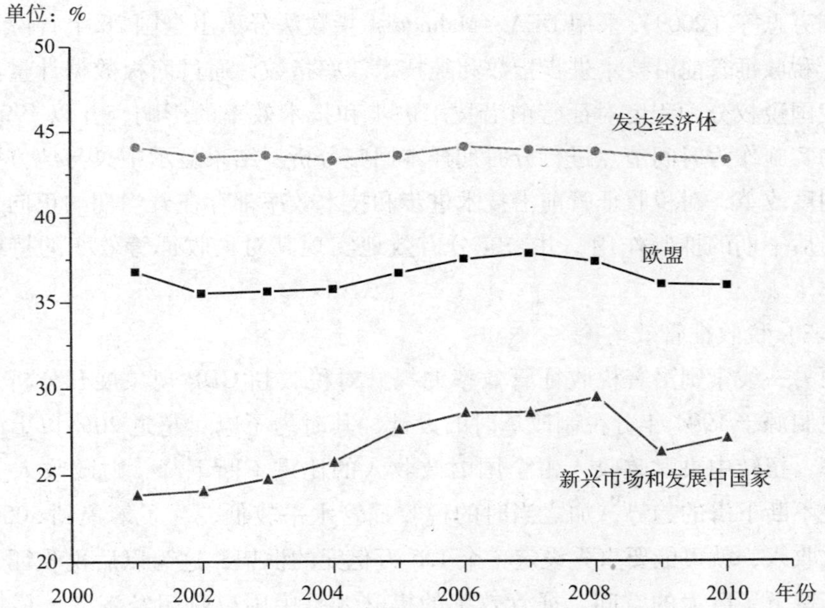

图 1－5　2000～2010 年不同经济体政府收入占 GDP 的比重

资料来源：根据国研网统计数据库相关数据计算而得。

（二）行为论

另一些研究者认为税权配置、财政竞争造成了政府行为的变化，最终导致税收超经济增长。崔兴芳等（2006）指出，1994 年分税制改革建立了中央和地方关于财政收入分权的长期契约，而这种强激励契约对税收增收的作用逐渐显现，促使税务机关不断加大征管力度。吕冰洋（2009）认为，中央政府配置税权时，经常面临加强中央财政收入集中与扩大国家财政收入规模的矛盾。1994 年分税制改革本质是政府间税收分权契约变化，隐含一种长期承诺与激励，是由财政包干制下的分成合同和定额合同为主的税收分权，向分税制下分税合同为主的税收分权转变。这是推动十多年来中国税收高速增长、且使中央财政集中程度保持稳定的重要原因。

汤玉刚（2010）从政府间横向和纵向财政竞争的角度出发对此进行了解释，认为在名义税率不变，但存在较大征管空间的情况下，横向竞争倾向于压低实际均衡税率，纵向竞争倾向于提高实际均衡税率。分税制改革以来税权逐渐向上集中以及中央对地方财政收入的规范化进程等因素，使得纵向竞争效应趋强，横向竞争效应相对趋弱，最终体现为十几年的税收持续超经济增长。

刘穷志等（2009）采用 DEA - Malmquist 指数法分离出全国 28 个省份 1985 ~ 2006 年税收征管前沿技术进步指数和纯技术效率指数，通过面板数据计量回归分析了我国税权分配程度对征管前沿技术进步和技术效率的影响，并以 1994 年分税制的实施作为时间节点进行分时期样本回归分析。结果显示中央与地方税收分权的制度改革，对税收征管前沿技术进步和技术效率都存在着当期的正向促进作用和滞后一期的抑制作用，并未充分有效地实现其对税收征管效率的持续激励作用。

（三）税收征管效率论

而另一线索则沿着税收征管效率的提升对税收超 GDP 现象展开分析。我国现行税制源于 1994 年分税制改革时的设计，其时为了应对超过 20% 以上的通货膨胀率，扭转中央财政收入占全国财政收入的比重不断下降，财政收入占 GDP 比重也不断下滑的趋势，加之当时的税收征管水平较低，为了筹集到 5000 亿元的税收收入，就可能要事先设定一个 1. 5 万亿元的框架，这为以后税收征管效率的提高留下了巨大的空间。征管效率的提升才是中国税收超经济增长最根本的原因。

沿此路线，一些学者对税收征管效率进行了大量的实证研究。研究者对征管效率的测量所使用的方法大体可以分为两类。其一，采用参数方法对税收征管效率进行测算。Jhal 等（1999）以印度 15 个州为样本的研究显示征管效率与中央政府对地方政府的转移支付规模之间存在负相关关系。王德祥、李建军（2009）以随机前沿函数为基础的研究发现，税收征管效率的提高是税收收入增长速度快于 GDP 增长的一个重要原因。杨得前（2008）首次将 Solow 余值法引入征管效率的测算中，并基于 1994 ~ 2005 年 29 个省份的面板数据对我国税收征管效率进行了定量测算，结果表明在此期间税收征管效率对税收增收的贡献率为 28. 11%。

但上述研究均未能对征管效率提高的原因进行深入分析。这类方法基于生产函数理论，通过数据拟合求得模型中各参数，从而计算效率值。其主要局限在以下两个方面，首先，设定的生产函数与实际的生产函数可能大相径庭，从而使最终得到的结果与实际存在较大差距。其次，数据拟合的结果可能不能通过显著性检验，从而使得参数方法无法使用。其二，采用非参数方法对税收征管效率进行测算。非参数法是当前国际上效率测度研究领域的新方法，其优越性在于无需对生产函数的具体形式进行设定，主要包括 DEA 和自由处置壳（FDH）等方法，其中又以 DEA 应用最为广泛。如孙静（2008）基于传统 DEA 方法对湖北省若干市的税收征管效率进行了测算。其主要局限在于：税收收入的多少不仅受税源数量的影响，而且受税源质量的影响，但是在其分析中并没有考虑税源质量对税收收入的影响。杨得前（2010）以营业盈余占 GDP 的比重作为税源质量的替代变量，用 DEA 方法测算了 2007 年我国 30 个省（市、自治区）的税收征管效率。Manasan（1995）以征收率、人均征税额来刻画税收征税效率，并基于菲律宾地方政府数据实证研究了转移支付、人均收入、城镇化、经济发展对地方税收努力的影响。Lewis（2006）用随机成本前沿模型对印度尼西亚地方政府税收征管效率进行实证研究，发现印度尼西亚税收征管效率水平比较低，而中央转移支付增加会降低征管效率，选举产生的领导在征管上并不优于任命的领导。

而另一些学者则利用参数和非参数方法对单个税种的征管效率进行了评估。Aizenman 等（2008）利用 1970 ~ 1999 年跨国数据，以增值税收入占消费（或 GDP）比并除以各国法定税率来近似反映各国增值税征管效率，实证分析发现农业比重和收入差距的提高会降低增值税征管效率，而政治稳定、有效的政治参与、经济发展水平、城镇化、贸易开放等有助于征管效率提升。Hybka（2009）以税收生产率作为衡量增值税税收征管效率的指标，分析了波兰加入欧盟前后增值税的征管效率，并认为经济和税制是影响税收征管效率的重要因素。Arvate 等（2007）用非参数自由处置包（FDH）方法评估了巴西 2004 年自治市的税收征管效率，进一步研究了转移支付对地方税收征管效率的影响，发现转移支付对地方税收征管有负效应，进而对粘蝇纸效应进行重新解释。李建军等（2012）采用 DEA、SFA 方法对我国营业税的征管效率进行了测算，认为营业税的征管效率逐步提升，营业税占地税机关税收收入的比重、税收分权度及就业率的提升有助于营业税征管效率的改善。其研究的局限是将第三产业增加值作为营业税的税基，但营业税是对营业额全额征收，而并非仅对增加值征收，这极可能对征管效率的测算产生重大影响。

此外，一些研究对影响税收征管效率的因素进行了探讨。庄亚珍、陈洪仕(2004)，卢欢（2008），嵇成刚、李小芳（2008）认为影响税收征管效率的因素主要有税制因素、经济社会环境、税务人员因素、征管技术水平等。但这类研究大都采用定性分析的方法，在理论上有待于进一步提炼。

尽管在对税收征管效率的研究上，学者们已取得了一些有价值的成果，但从总体上来看，还远没有形成完备的理论框架。如征管效率的定量测量方法有待进一步完善，税收征管效率与其主要影响因素之间的定量关系尚不明确。其次，上述研究普遍没有考虑税源质量这一重要因素对征管效率产生的影响。

第三节　主要内容

在国家社科基金（项目编号：10CJY066）、教育部人文社会科学研究项目(项目编号：10YJA790216）等相关项目的支持下，本书作者对税收征管效率的测算方法及其影响因素进行了大量的研究，本书集中反映了作者近年来的最新研究成果，旨在提供一本对税收征管效率测算具有方法论价值的专著。全书共分6章。第一章为绪论，第二、三、四、五章为本书的主体部分，第六章则是对全书的一个总结与展望。各章的主要内容安排如下：

第一章　绪论。首先分析了本书的研究背景与意义，然后概要地介绍了本书各章的主要内容以及本书的章节结构，指出了本书的主要特色与创新点，简要地说明了本书的研究思路与方法。

第二章　参数方法与税收征管效率测算。参数方法需要设定税收生产函数，本章在估计税收生产函数的基础上，主要采用随机生产前沿（SFA）和索洛(Solow）余值法对税收征管效率进行估计，系统地研究了如何运用参数方法进行税收征管效率评价，并对税收征管效率与相关因素之间的关系与作用机理进行研究。

第三章　非参数方法与税收征管效率测算。与参数方法相比，非参数方法无需设定生产函数的具体形式，因而为效率的估计带来了诸多便利。本章主要采用DEA方法，DEA－Malmquist，修正的三阶段DEA方法对单一年份和某一时期税收征管效率进行估计，并分析了税收征管效率变化的成因。

第四章　单个税种征管效率测算。本章的主要目的是构建对单个税种征管效率进行测算的方法。分别对我国一定时期增值税、营业税、企业所得税、个人所得税的征管效率进行了测算，并分别分析了税收征管效率与相关因素之间的量化关系。

第五章　税收征管力度测算。征管力度是影响税收征管效率的一个重要因素，本章的主要目的是初步建立对税收征管力度进行量化评价的方法，以效能位差模型、非参数检验、多元回归等方法为基础为税收征管力度进行了量化评价，并分析了征管力度与相关因素之间的关系。

第六章　总结与展望。总结了全书的主要研究工作，并对进一步的研究工作进行了展望。

第四节　主要特色和创新点

税收征管效率的量化评价方法是财政学中一个具有重要科学意义与广泛应用前景，但缺乏充分研究的领域。基于此，本研究力图借鉴主流研究方法，综合运用财政学、计量经济学、新制度经济学等理论与方法对税收征管效率进行系统研究。旨在构建税收征管效率的量化评价方法体系，阐明税收征管效率与相关因素之间的关系及作用机理，为提升我国税收征管效率提供新思路与理论依据。本书的主要特色与创新点如下：

（1）本研究综合运用管理学、财政学、计量经济学、新制度经济学等理论与方法，对税收征管效率的量化评价方法进行系统研究。研究视角新颖，选题具有创新性、交叉性，研究领域具有开拓性。

（2）初步构建了税收征管效率的量化评价方法体系。构建税收征管效率的量化评价方法是本研究的核心，本书系统地提出了如何用参数方法和非参数方法对税收征管效率进行量化评价的方法体系，并以此为基础对我国税收征管效率进行了实证研究。

（3）构建了税收征管力度的量化评价方法。征管力度是影响税收征管效率的一个重要因素，本部分以效能位差模型、非参数检验、多元回归等方法为基础初步建立了税收征管力度进行量化评价的方法，并对税收征管力度进行了实证研究。

（4）初步阐明了税收征管效率变化的成因及其与相关因素之间关系及作用机理。税收征管效率的提升是税收超经济增长的根本原因，税收征管效率的提高主要源于征管中新技术的采用，而不是组织管理水平的提高。分析了征管效率与经济发展、税收分权、城镇化水平、贸易开放度、信息化等因素的关系。

第二章 参数方法与税收征管效率测算[①]

本章主要以参数方法对我国税收征管效率进行测算，参数方法需要设定税收生产函数，并在估计税收生产函数的基础上，采用随机生产前沿（SFA）和索洛（Solow）余值法对税收征管效率进行测算。其主要内容共包括三节，第一节以1997～2007年30个省际面板数据为基础，采用将非参数Malmquist指数模型和参数随机前沿函数模型结合起来的SFA－Malmquist方法对我国税收增长方式的时空特征进行了定量研究。第二节使用随机前沿分析SFA技术方法，构建税收超越对数生产函数，对1997～2007年中国税收征管效率进行了评估分析。第三节则以1994～2005年29个省份的面板数据为基础，通过回归方法估计出税收生产函数，进而采用索洛余值法对我国税收征管效率进行定量测算。

第一节 基于SFA方法的税收增长方式转变的时空特征分析

一、引言

1994年分税制改革后，我国税收收入高速增长，1994年税收收入为0.51万亿元，而2010年的税收收入为7.32万亿元，1994～2010年中国税收年均增长率高达18.12%。与此同时，税收收入的快速增长引起了学术界的极大关注。从理论上讲，在税制不发生根本变动的情况下，税收增长的源泉有二，其一，税源数量的增加及质量的提升；其二，税收征管水平和征收效率的提高。根据上述两个主要因素在税收增长中的不同作用，本书将税收增长划分成三种模式。一是粗放型增长模式。在税务管理水平、征管效率较低的情况下，税收的增加主要依赖税

① 本章主体部分发表在《税务研究》2011年第11期、《中国经济问题》2011年第3期、《税务研究》2008年第11期。

源的增长。二是集约型增长模式。随着征管水平的提高，税收管理在税收增长中的作用越来越大，税收的增加既源于税源的增加，也源于征管效率的提升。三是内涵型增长模式。随着税收管理水平和征管效率的提高，税收征收率已达到一个较高水平，在此阶段，税收管理水平对税收增加所发挥的作用开始减弱，税收的增加主要源于税源的增加。

近年来，学者们围绕税收征管效率等相关问题进行了一系列有价值的研究。一些学者采用微观计量方法定量分析了税收征管效率的变化。郭庆旺等（2006）认为分税制改革增强了中央政府和地方政府的税收激励，税收的组织效率得以明显提高。杨得前（2010）采用 DEA - Malmquist 生产效率指数法，对我国税收征管效率进行了定量测算和分解。结果表明，1997 ~ 2007 年税收征管效率年平均提高 3.6%。王德祥等（2009）认为 1997 ~ 2005 年各地区征管效率均呈上升趋势。上述研究的主要局限在于，不同时段、不同地区的税收增加可能呈现出不同模式，而上述研究往往并没有进行分时段、分地区研究，因而难以揭示我国税收增长方式转变的时空特征。

另一些研究者从定性的角度分析了税收征管效率的影响因素。一些研究认为，影响税收征管效率的因素主要有税制因素、经济社会环境、税务人员因素、征管技术水平等（庄亚珍、陈洪，2004；卢欢，2008；嵇成刚、李小芳，2008）。

从总体上来看，运用生产前沿来分析税收征管效率的研究日渐增加，其获得生产前沿的方式可以分为两类，一是 DEA 为代表的确定性生产前沿方法，这类方法的主要局限是不考虑测量误差和其他统计噪声来源，所有偏离前沿的因素都被假定来自技术无效。二是随机前沿方法，它将产出设定为表示技术无效的非负随机误差与表示噪声的系统随机误差的函数，因而可以在一定程度上克服确定性生产前沿存在的局限（科埃利，2008）。在上述研究中，一些研究者运用随机前沿方法对税收征管效率进行了分析，但是鲜有研究采用将上述两种方法结合起来的 SFA - Malmquist 指数模型测算税收征管效率，并在此基础上，进一步将其分解为技术效率和技术变化，而这种分解正是揭示征管效率变化原因的关键。

在实践中，为了加强税收管理，国家税务总局自 1994 年启动了金税工程一期的建设，其核心是建立增值税交叉稽核系统，1995 年在全国 50 个试点单位上线运行，1996 年底由于手工采集数据存在高错误率而停止运行。1998 年后，国家税务总局提出了“科技加管理”、“信息化加专业化”的总体改革思路，并于 1998 ~ 2001 年启动了金税工程二期建设，金税工程二期将增值税专用发票运行情况置于计算机网络的严密监控之下，有力地强化了增值税的管理。为进一步发挥信息化在税收管理中的作用，国家税务总局于2007年启动了金税工程三期建设。

金税工程的重要目标之一是提高税收征管效率。那么金税工程的实施是否有力地促进了征管效率的提升？金税工程发挥作用前我国税收增长方式是否表现为粗放型增长？这种粗放型增长又具有怎样的特征？金税工程发挥作用后我国税收增长方式是否发生了根本改变？是否表现为集约型增长？如果是集约型增长，这种集约型增长又呈现出怎样的特征？

本节旨在以1997~2007年中国省级面板数据为基础，采用将非参数Malmquist指数模型和参数随机前沿函数模型结合起来的SFA-Malmquist方法，比较完整地揭示1997~2007年不同时段、不同地区税收增长方式转变的时空差异及内在动力源泉，研究税收征管中资源配置效率提高与技术进步的演化趋势，进而验证金税工程的实施是否带来了税收征管效率的显著提升，是否促进了税收增长方式的转型。

二、研究方法与指标选择

（一）研究方法

借鉴对经济增长方式的判别标准（张景晨，1998；孙巍，等，2002），对税收增长方式进行判断的一个可行方法是以投入增长率、产出增长率和征管效率的增长率作为衡量标准。如果投入增长率高于产出增长率，税收征管效率呈现下降状态，税收收入的增加主要依赖税源的增加，则认为税收的增长方式为粗放型增长，征管效率下降得越多，其粗放型特征越明显；如果投入增长率低于产出增长率，税收征管效率呈现明显的上升状态，则认为税收的增长方式为集约型增长，征管效率的增长率越高，其集约程度越高。

由于金税工程二期真正充分发挥作用的时间在2001年底，而金税工程三期尚处于建设中，因而2002年可能是我国税收增长方式发生根本性转变的一个转折点。本书将2002年确定为一个样本点，分别研究1997~2002年，2002~2007年税收增长方式的特征。

本书以随机前沿方法（SFA）为基础来分析我国税收增长方式演化特征，其基本原理如下：

Aigner等（1977），Meeusen（1977）分别提出了如下形式的随机前沿生产函数模型：

$$\ln q_{it} = x'_{it}\beta + \nu_{it} - \mu_{it},\ i=1,2,\cdots,I;\ t=1,2,\cdots,T \quad (1)$$

其中，q_{it}表示第i个决策单元的产出；x'_{it}表示一个由投入的对数组成的$K\times 1$

维向量；β 表示未知参数向量；ν_{it} 表示随机误差，假定服从正态分布；μ_{it} 表示与技术无效有关的非负随机变量，假定服从截断正态分布；ν_{it} 和 μ_{it} 相互独立。

利用最大似然估计法可以确定上述函数中的待估计参数，而 Fuentes 等（2001），Orea（2002）提出的距离函数则可以实现对全要素生产率的进一步分解，可以将其分解为技术效率与技术变化，这种分解有助于进一步分析全要素生产率变动的根源。

技术效率可以用下式进行测算：

$$TE_{it} = E(\exp(-u_{it}) \mid e_{it}) \tag{2}$$

其中，$e_{it} = \nu_{it} - \mu_{it}$，而效率变化指数（$EFFCH$）则可以用下式进行计量：

$$EFFCH_s^t = \frac{TE_t}{TE_s} \tag{3}$$

上式中 TE_t 和 TE_s 分别表示第 t 时期和第 s 时期的技术效率。

而技术变化可以通过计算生产函数对时间的偏导数求得，因而两个邻近时期的技术变化指数 $TECHCH_s^t$ 可以表示为这两个偏导数的几何平均值，当生产函数为超越对数生产函数时，其结果等价于求对数导数的指数函数。

$$TECHCH_s^t = \exp\left\{\frac{1}{2}\left[\frac{\partial \ln y_{is}}{\partial s} + \frac{\partial \ln y_{it}}{\partial t}\right]\right\} \tag{4}$$

而全要素生产率指数 TFP 可以表示为：

$$TFP = EFFCH \times TECHCH \tag{5}$$

技术变化指数反映了生产中技术进步的情况，技术效率变化则反映了一个决策单元从给定的一组投入中获取最大产出的能力，反映了一个决策单元对现有技术有效利用的程度。技术变化和技术效率变化均可以引起全要素生产率指数的变化。类似地，税收征管效率可由全要素生产率表示，其可以分解为税收征管技术效率和税收征管技术进步的乘积。

（二）指标选择

征税过程的实质是一个投入产出过程，其投入主要包括税源、税务机关投入的人员数量及财力，其产出是税收收入、纳税服务等。在选择投入指标时，考虑到第一产业提供的税收数量较少，以第二、三产业增加值作为税源的替代变量是一个更合适的选择，而税务机关的办公经费往往没有公开的统计数据，因而本书选择第二、三产业增加值、税务人员数量作为投入指标。在确定税务机关的产出时，由于纳税服务的量化存在着极大的困难，因而仅以税收收入作为产出指标。

在使用 SFA 方法对效率和生产率进行测算时，常使用的生产函数形式有 C－D 生产函数和超越对数生产函数两种，为使研究更加简洁，本研究将模型设定为

C－D 生产函数形式：

$$\ln q_{it} = \beta_0 + \beta_1 \ln l_{it} + \beta_2 \ln s_{it} + \beta_3 t + \nu_{it} - \mu_{it} \quad i=1,2,\cdots,I; \quad t=1,2,\cdots,T \tag{6}$$

其中，q_{it}表示第 i 个地区第 t 时期的产出；l_{it}表示 i 个地区第 t 时期税务人员数量；s_{it}表示 i 个地区第 t 时期第二、三产业的增加值；β 表示未知参数向量；ν_{it}表示随机误差，假定服从正态分布；μ_{it}表示与技术无效有关的非负随机变量，假定服从截断正态分布；ν_{it}和 μ_{it}相互独立。

三、数据和结果

本书使用 1997～2007 年 30 个省、直辖市、自治区的面板数据对其税收征管效率及其进步进行测算，在研究中没有将西藏作为样本，其原因在于税务统计年鉴中没有西藏地方税务机关人员构成的相关数据；没有将 1994～1996 年、2008～2010 年纳入研究范围的原因在于，在公开的年鉴中难以找到这些年份中各地区税务人员数量的相关数据。其中，税务部门征收的税收收入、各地税务人员数量取自于《中国税务年鉴》1995～2010 年；各地区第二、三产业增加值源于《中国统计年鉴》1998～2008 年。

以（6）式为基础，采用 Frontier 4.1 分别测算 1997～2002 年，2002～2007 年的税收生产函数及税收征管技术效率，并根据（3）、（4）、（5）式计算税收征管效率指数。计算结果见表 2－1～表 2－6，从中可以得出以下几点结论。

（一）1997～2007 年税收增长方式具有明显的阶段性

1. 1997～2002 年税收收入的增加主要依赖于税源数量的增加

从表 2－1 中可以看出，1997～2002 年税收收入关于税务人员数量的产出弹性为 －0.330，关于税源数量的产出弹性为 1.122，税源数量每增加 1%，税收收入将增加 1.122%，而税务人员的增加反而会引起税收收入的减少，这在一定程度上说明税收征管中的冗员现象比较严重；时间变量的系数为 0.032，表明税收征管过程中每年平均技术进步为 3.2%。由于 γ，μ，δ^2 均在 1% 的水平上具有统计意义，可以推断传统的生产函数并不能充分拟合研究数据。进一步地，γ 为 0.828，这表明总体技术非效率中，由人为可控制的技术非效率所占比例为 82.8%，而随机技术非效率所占比例为 17.2%；η 为负但在统计意义上并不显著，表明征管过程中的技术效率呈现出极缓慢的下降。从表 2－5 可以看出，1997～2002 年各地税收征管效率指数基本保持不变，这意味着 1997～2002 年中国税收的增长主要依靠税源数量的增加，其次是技术进步。上述分析说明，1997～2002 年我国税收增长模式是一种典型的粗放型增长模式。

2. 2002～2007 年税收的增长的主要来源是税收征管技术进步

2002～2007 年，税务人员、税源数量的弹性系数分别为 –0. 202、0. 2241，这表明随着税源数量的增加，在一定程度上缓解了税务系统的冗员，而税源数量的弹性系数为 0. 2241，税源数量增加 1%，仅能带来税收收入增加 0. 2241%，税源数量对于税收收入增长的贡献明显下降。而时间变量的系数为 0. 1132，这意味着在此期间税收征管过程中每年平均技术进步率为 11. 32%。γ 为 96. 1%，说明总体技术非效率中，由人为可控制的技术非效率所占比例为 96. 1%，而随机技术非效率所占比例仅占 3. 9%。上述分析表明这样一个事实，2002～2007 年，对税收收入增长贡献最大的因素是税收征管过程中的技术进步，技术进步极大地推动了税收征管效率的提高。

表 2－1　　1997～2002 年税收生产函数的随机前沿模型的最大似然估计值

变量	系数	估计值	标准差	t 统计值
常数量	β_0	1. 065	0. 985	1. 081
人员数量 L	β_1	–0. 330 ***	0. 135	–2. 443
税源数量 S	β_2	1. 122 ***	0. 148	7. 608
时间 T	β_3	0. 032	0. 035	0. 912
	δ^2	0. 195 **	0. 086	2. 270
	γ	0. 828 ***	0. 037	22. 154
	μ	0. 803 ***	0. 233	3. 447
	η	–0. 015	0. 034	–0. 449
	LLF	8. 816		
	LR	112. 891		

表 2－2　　2002～2007 年税收生产函数的随机前沿模型的最大似然估计值

变量	系数	估计值	标准差	t 统计值
常数量	β_0	7. 478 ***	0. 663	11. 280
人员数量 L	β_1	–0. 202 ***	0. 064	–3. 146
税源数量 S	β_2	0. 224 ***	0. 051	4. 404
时间 T	β_3	0. 132 ***	0. 021	6. 430
	δ^2	0. 206 ***	0. 040	5. 154

续表

变量	系数	估计值	标准差	t统计值
	γ	0.961***	0.012	79.659
	μ	0.891***	0.178	4.996
	η	0.007	0.012	0.603
	LLF	39.724		
	LR	262.518		

表2-3　1997~2007年不同地区税收征管技术效率

地区	1997年	1998年	1999年	2000年	2001年	2002年	2003年	2004年	2005年	2006年	2007年
北京	0.989	0.989	0.989	0.989	0.989	0.989	0.989	0.988	0.988	0.988	0.988
天津	0.748	0.745	0.742	0.738	0.735	0.732	0.729	0.725	0.722	0.719	0.715
河北	0.456	0.451	0.445	0.440	0.435	0.430	0.425	0.419	0.414	0.409	0.404
山西	0.469	0.464	0.459	0.454	0.449	0.444	0.438	0.433	0.428	0.423	0.418
内蒙古	0.410	0.405	0.399	0.394	0.389	0.384	0.378	0.373	0.368	0.363	0.357
辽宁	0.518	0.513	0.508	0.503	0.498	0.493	0.488	0.483	0.478	0.473	0.468
吉林	0.405	0.400	0.395	0.389	0.384	0.379	0.374	0.368	0.363	0.358	0.352
黑龙江	0.516	0.511	0.506	0.501	0.496	0.491	0.486	0.481	0.476	0.471	0.466
上海	0.988	0.988	0.988	0.987	0.987	0.987	0.987	0.987	0.986	0.986	0.986
江苏	0.776	0.773	0.770	0.768	0.765	0.762	0.759	0.756	0.753	0.750	0.747
浙江	0.589	0.585	0.580	0.576	0.571	0.567	0.562	0.558	0.553	0.548	0.543
安徽	0.406	0.401	0.396	0.391	0.385	0.380	0.375	0.370	0.364	0.359	0.354
福建	0.376	0.371	0.366	0.361	0.355	0.350	0.345	0.339	0.334	0.329	0.324
江西	0.296	0.291	0.286	0.281	0.276	0.271	0.266	0.261	0.256	0.251	0.246
山东	0.503	0.498	0.493	0.488	0.483	0.478	0.473	0.468	0.463	0.458	0.453
河南	0.418	0.413	0.408	0.402	0.397	0.392	0.387	0.381	0.376	0.371	0.366
湖北	0.438	0.433	0.427	0.422	0.417	0.412	0.407	0.401	0.396	0.391	0.385
湖南	0.387	0.381	0.376	0.371	0.365	0.360	0.355	0.350	0.344	0.339	0.334
广东	0.848	0.846	0.844	0.842	0.840	0.838	0.836	0.834	0.832	0.830	0.827
广西	0.363	0.358	0.353	0.347	0.342	0.337	0.332	0.326	0.321	0.316	0.311
海南	0.268	0.263	0.258	0.253	0.248	0.243	0.238	0.233	0.229	0.224	0.219
重庆	0.371	0.366	0.361	0.356	0.350	0.345	0.340	0.335	0.329	0.324	0.319
四川	0.469	0.464	0.459	0.454	0.449	0.444	0.439	0.433	0.428	0.423	0.418

续表

地区	1997 年	1998 年	1999 年	2000 年	2001 年	2002 年	2003 年	2004 年	2005 年	2006 年	2007 年
贵州	0.411	0.406	0.401	0.395	0.390	0.385	0.380	0.374	0.369	0.364	0.359
云南	0.779	0.777	0.774	0.771	0.768	0.765	0.762	0.759	0.756	0.753	0.750
陕西	0.441	0.436	0.430	0.425	0.420	0.415	0.410	0.404	0.399	0.394	0.389
甘肃	0.348	0.343	0.337	0.332	0.327	0.322	0.316	0.311	0.306	0.301	0.296
青海	0.198	0.194	0.189	0.185	0.180	0.176	0.172	0.167	0.163	0.159	0.155
宁夏	0.223	0.218	0.214	0.209	0.204	0.200	0.195	0.191	0.186	0.182	0.177
新疆	0.407	0.402	0.397	0.392	0.386	0.381	0.376	0.371	0.365	0.360	0.355

表 2-4　　1997～2007 年东、中、西部地区平均税收征管技术效率

地区	1997 年	1998 年	1999 年	2000 年	2001 年	2002 年	2003 年	2004 年	2005 年	2006 年	2007 年
全国	0.494	0.490	0.485	0.481	0.476	0.472	0.467	0.463	0.458	0.454	0.449
东部	0.642	0.638	0.635	0.631	0.628	0.624	0.621	0.617	0.614	0.610	0.607
中部	0.417	0.412	0.407	0.401	0.396	0.391	0.386	0.381	0.376	0.370	0.365
西部	0.402	0.397	0.392	0.387	0.382	0.378	0.373	0.368	0.363	0.358	0.353

表 2-5　　1997～2007 年不同地区税收征管效率指数

地区	1997～1998 年	1998～1999 年	1999～2000 年	2000～2001 年	2001～2002 年	2002～2003 年	2003～2004 年	2004～2005 年	2005～2006 年	2006～2007 年
北京	1.032	1.032	1.032	1.032	1.032	1.132	1.132	1.132	1.132	1.132
天津	1.028	1.028	1.028	1.028	1.027	1.127	1.127	1.127	1.127	1.127
河北	1.020	1.020	1.020	1.020	1.020	1.118	1.118	1.118	1.118	1.117
山西	1.021	1.021	1.020	1.020	1.020	1.119	1.119	1.118	1.118	1.118
内蒙古	1.019	1.019	1.018	1.018	1.018	1.116	1.116	1.116	1.116	1.116
辽宁	1.022	1.022	1.022	1.022	1.022	1.121	1.120	1.120	1.120	1.120
吉林	1.019	1.018	1.018	1.018	1.018	1.116	1.116	1.116	1.116	1.115
黑龙江	1.022	1.022	1.022	1.022	1.022	1.120	1.120	1.120	1.120	1.120
上海	1.032	1.032	1.032	1.032	1.032	1.132	1.132	1.132	1.132	1.132
江苏	1.028	1.028	1.028	1.028	1.028	1.128	1.128	1.127	1.127	1.127
浙江	1.024	1.024	1.024	1.024	1.024	1.123	1.123	1.123	1.122	1.122
安徽	1.019	1.018	1.018	1.018	1.018	1.116	1.116	1.116	1.116	1.115
福建	1.018	1.017	1.017	1.017	1.017	1.115	1.115	1.114	1.114	1.114

续表

地区	1997～1998年	1998～1999年	1999～2000年	2000～2001年	2001～2002年	2002～2003年	2003～2004年	2004～2005年	2005～2006年	2006～2007年
江西	1.014	1.014	1.014	1.013	1.013	1.111	1.111	1.110	1.110	1.110
山东	1.022	1.022	1.022	1.021	1.021	1.120	1.120	1.120	1.119	1.119
河南	1.019	1.019	1.019	1.019	1.018	1.117	1.117	1.116	1.116	1.116
湖北	1.020	1.020	1.019	1.019	1.019	1.118	1.117	1.117	1.117	1.117
湖南	1.018	1.018	1.018	1.017	1.017	1.115	1.115	1.115	1.115	1.114
广东	1.030	1.030	1.030	1.029	1.029	1.129	1.129	1.129	1.129	1.129
广西	1.017	1.017	1.017	1.016	1.016	1.114	1.114	1.114	1.114	1.113
海南	1.013	1.012	1.012	1.012	1.011	1.109	1.109	1.108	1.108	1.108
重庆	1.017	1.017	1.017	1.017	1.016	1.115	1.114	1.114	1.114	1.114
四川	1.021	1.021	1.020	1.020	1.020	1.119	1.119	1.118	1.118	1.118
贵州	1.019	1.019	1.018	1.018	1.018	1.117	1.116	1.116	1.116	1.116
云南	1.028	1.028	1.028	1.028	1.028	1.128	1.128	1.128	1.127	1.127
陕西	1.020	1.020	1.020	1.019	1.019	1.118	1.118	1.117	1.117	1.117
甘肃	1.016	1.016	1.016	1.016	1.015	1.114	1.113	1.113	1.113	1.113
青海	1.008	1.008	1.007	1.007	1.007	1.104	1.104	1.103	1.103	1.102
宁夏	1.010	1.010	1.009	1.009	1.009	1.106	1.106	1.105	1.105	1.104
新疆	1.019	1.019	1.018	1.018	1.018	1.116	1.116	1.116	1.116	1.115

表2－6　不同地区1997～2002年、2002～2007年平均税收征管效率指数

地区	1997～2002年	2002～2007年	地区	1997～2002年	2002～2007年	地区	1997～2002年	2002～2007年
北京	1.032	1.132	浙江	1.024	1.123	海南	1.012	1.108
天津	1.028	1.127	安徽	1.018	1.116	重庆	1.017	1.114
河北	1.020	1.118	福建	1.017	1.114	四川	1.020	1.118
山西	1.020	1.118	江西	1.014	1.110	贵州	1.018	1.116
内蒙古	1.018	1.116	山东	1.022	1.120	云南	1.028	1.128
辽宁	1.022	1.120	河南	1.019	1.116	陕西	1.020	1.117
吉林	1.018	1.116	湖北	1.019	1.117	甘肃	1.016	1.113
黑龙江	1.022	1.120	湖南	1.018	1.115	青海	1.007	1.103
上海	1.032	1.132	广东	1.030	1.129	宁夏	1.009	1.105
江苏	1.028	1.127	广西	1.017	1.114	新疆	1.018	1.116

从表 2 – 5、表 2 – 6 可以看出，2002 年以后，在税收征管技术效率呈现极缓慢下降的背景下，各地税收征管效率指数的年均增长率均在 10% 以上，其根本原因在于税收征管技术的迅猛进步。而 2002 年正是“金税工程”二期发挥实质性作用的一年，也就是说国家税务总局提出的“科技加管理”中的“科技”在税收征管过程中开始发挥重要作用，成为此间税收迅猛增长的关键因素，这一结论也表明金税工程有力地推进了税收征管效率的提升，直接促使我国的税收增长由粗放型增长模式向集约型增长模式的转变。

3. 税收征管技术效率处于一个较低水平

1997 ~ 2007 年税收征管技术效率始终在一个较低水平上徘徊，就全国平均水平而言，税收征管技术效率在 0.5 左右，最高的技术效率出现在 1997 年，以后开始呈现出极缓慢的下降状态。在此期间，税收征管中的技术进步与技术效率损失并存，征管中的新技术推广与扩散并不成功，技术效率下降在一定程度上抵消了技术进步提高的效果。采取有效措施切实提高税收征管技术效率将成为未来相当长一段时间内提高税收征管效率的关键所在。

（二）东、中、西部地区税收征管中技术效率的差异分析

从上述分析中可以发现，1997 ~ 2007 年税收征管效率的差异主要源于技术效率上的差异，为进一步分析东、中、西部地区税收征管技术效率的共有特征与差异，本书按照传统的划分方法①，对东、中、西部地区的技术效率进行了测算。从中可以看出，1997 ~ 2007 年东、中、西部地区的技术效率均呈现出轻微的下降趋势。由于技术效率反映的是对现有技术的有效利用程度，因此它可以从一个侧面反映税收中的管理水平的高低，这说明在此期间我国税务机关提高征管的科技含量，注重信息化的同时，在一定程度上忽视了对现有技术的有效利用。此外，1997 ~ 2007 年，东部地区的技术效率明显地高于中部地区，而中部地区又显著地高于西部地区。

（三）各地区税收征管技术效率的收敛分析

从以上分析可以发现，我国不同区域税收征管中的技术效率存在较大差异，那么，不同地区间的税收征管技术效率差异是如何演化的？随着时间的推移，最终各省税收征管技术效率是呈现收敛趋势，还是会进一步发散？要回答这些问题

---

① 本书仍按传统划分方法将中国划分为东部、中部和西部三大地区。其中，东部地区包括河北、北京、天津、广东、江苏、辽宁、山东、上海、浙江、福建、海南等 11 个省份；中部地区包括安徽、河南、黑龙江、吉林、湖北、湖南、江西、山西等 8 个省份；西部地区包括内蒙古、广西、贵州、云南、四川、重庆、西藏、宁夏、青海、甘肃、陕西、新疆等 12 个省份。

必须对其进行收敛性分析。

常用的检验方法是绝对β收敛和条件β收敛（郭军华等，2009）。其中，绝对β收敛是指在发展过程中落后经济体较发达经济体增长得更快；条件β收敛是指初始水平越低的经济体增长得越快。下面用这两种方法对各地区税收征管技术效率是否存在收敛趋势进行检验。

1. 绝对β收敛

根据绝对β收敛，可以定义我国税收征管技术效率（TC）的绝对β收敛检验模型如下：

$$cy = \frac{TC_{it} - TC_{i0}}{T} = \alpha + \beta TC_{i0} + \mu \tag{7}$$

其中，cy表示收敛性，TC_{it}表示检验期的税收征管技术效率，TC_{i0}表示基期的税收征管技术效率，α、β为待估计参数，μ为随机误差项。当β为负时，表示存在绝对收敛，当β为正时，表示存在发散趋势。参照相关文献的做法，取1997～1999年各地区税收征管技术效率的几何平均值作为基期技术效率，2005～2007年各地区税收征管技术效率的几何平均值作为检验期税收征管技术效率，由于检验期与基期相差10年，因此（7）式中T取10。以表2－3的数据为基础，采用Eviews 6.0对上述方程进行估计，结果见表2－7。

从表2－7中可以看出，β为正，且在1%的显著性水平上显著，这表明从全国而言，税收征管技术效率是发散的，高、低不同的税收征管技术效率的地区之间差距没有呈现出缩小的趋势，税收征管技术效率低的地区没有表现出后发优势。

表2－7　　回归结果

解释变量	被解释变量：y
常数	－0.006*** （－21.236，0.000）
TC_{i0}	0.004*** （8.101，0.000）
R^2	0.708
Adj. R^2	0.700
D－W统计量	1.605
F统计量	65.626
F统计量的概率	0.000

注：括号内的数值分别为t统计量和双侧概率。*表示在10%水平上显著，**表示在5%水平上显著，***表示在1%水平上显著。

表 2－8　　回归结果

解释变量	被解释变量：dTC_{it}
常数	－0.007*** （－64.944，0.000）
$TC_{i,t-1}$	0.006*** （27.416，0.000）
R^2	0.716
Adj. R^2	0.715
D－W 统计量	0.629
F 统计量	751.649
F 统计量的概率	0.000

注：括号内的数值分别为 t 统计量和双侧概率。* 表示在 10% 水平上显著，** 表示在 5% 水平上显著，*** 表示在 1% 水平上显著。

2. 条件 β 收敛

参照 Miller 和 Upadhyay（2002）的方法，在此采用面板数据固定效应模型对 1997～2007 年我国税收征管技术效率是否存在条件 β 收敛进行检验。其计量模型如下：

$$dTC_{it} = TC_{i,t} - TC_{i,t-1} = \alpha + \beta TC_{i,t-1} + \mu \quad (8)$$

以表 2－4 的数据为基础，采用 Eviews 5.0 对上述方程进行估计，结果见表 2－8。从中可以看出，β 值在 1% 的显著性水平上显著为负，这表明我国不同地区的税收征管技术效率不存在条件收敛，各地税收征管技术效率并没有朝着均衡的方向运动。

绝对 β 收敛和条件 β 收敛的检验结果表明，我国不同地区的税收征管技术效率呈发散趋势，在未来相当长一段时间内，随着时间的推移，这一发散趋势极有可能加剧。造成这一现象的原因可能在于以下两个方面：其一，经济发达的地区，往往税源数量充足，税源质量较高，为提高税收征管技术效率奠定了良好的基础。其二，经济发达地区对优秀人才的吸引力也往往较大，以 2007 年为例，北京市税务系统本科以上人员所占比重为 66.24%，而内蒙古仅为 22.19%，而包括税收在内的行政是一种典型的劳动密集型产业，从业人员素质的高低直接决定了税收征管技术效率的高低。

四、结论

本书以 1997～2007 年 30 个省（直辖市、自治区）的面板数据为基础，采用随机前沿方法对我国税收增长方式的时空进行了定量研究。结果显示：

1. 2002 年是我国税收增长方式的一个转折点。2002 年以前我国税收增长模式是一种典型的粗放型增长模式，2002 年以后税收增长呈现出集约型增长模式，金税工程在促进我国税收增长方式转变上发挥了重要作用。

2. 税收征管技术效率总体处于一个较低水平。这表明我国税务机关征管过程注重采用新技术的同时，在一定程度上忽视了对现有技术的充分应用，“科技加管理”中的“管理”并没有落到实处。

3. 不同地区的税收征管技术效率存在较大差别。东部地区的技术效率都明显地高于中部地区，而中部地区又显著地高于西部地区。而收敛性分析表明，我国不同地区的税收征管技术效率呈发散趋势。

以上结论的政策含义是十分清楚的，在现阶段制约我国税收征管效率提高的最主要因素是技术效率过低，在重视采用新的征管技术的同时，加强管理，提高对现有技术的利用程度，真正使“科技加管理”落到实处是在今后相当长一段时间内提高税收征管效率的关键。

第二节　基于随机前沿方法的税收征管效率评估分析

一、引言

税收征管效率是治税效率原则的重要方面，是征税过程本身的效率，它要求政府在取得税收收入过程中耗费的征收和缴纳成本最小。早在 17 世纪，威廉·配第提出的“公平、简便、节省”税收三原则就包含简化征纳制度、降低征税费用的税收征管效率思想。税收征管成本及效率问题重要，但却又被研究者长期相对忽视（Findlay & Wellisz，2003），有关税收征管效率的文献并不丰富。相关实证研究主要是用不同方法对税收征管效率进行评估，并研究其影响因素。

Manasan（1995）以征收率、人均征税额来刻画税收征管效率，基于菲律宾地方政府数据实证研究了转移支付、人均收入、城镇化、经济发展对地方税收努力的影响。McCluskey 和 Franzsen（2005）在评估坦桑尼亚财产税时，认为缺乏充分的可税资源及由于经验、设备及政治干预造成的税收征管效率低是导致财产税不可持续和不能满足地方支出要求的因素。Arvate 等（2007）用自由处置包 FDH 方法测算了巴西 2004 年自治市的税收征管效率，进一步研究了转移支付对地方税收征管效率的影响，发现转移支付对地方税收征管有负效应，进而对粘蝇纸效应进行重新解释。Aizenman 和 Jinjarak（2008）使用 1970～1999 年跨国面板数据，以实际平均税率与标准税率之比来衡量增值税征管效率，实证研究了影响增值税征管效率的政治、经济及其结构等因素，发现政治稳定、有效的政治参与、经济发展水平、城镇化、贸易开放等有助于征管效率提升，而农业比重和收入差距的提高则会降低增值税征管效率。Hybka（2009）用税收生产率作为税收征管效率的指标，分析了波兰加入欧盟前后增值税的征管效率，并认为经济和税制是影响税收征管效率的因素。Alfirman（2003）采用随机前沿技术估计了印度尼西亚地方税收和财产税的税收潜力，发现地方政府没有充分利用其税收潜力，地方政府对小政府及低税率的偏好和征管效率低是决定税收潜力利用的两大因素，而前者在印度尼西亚不成立，故是征管无效率造成印度尼西亚地方税收潜力未能充分利用。改善税收征管绩效的方法在于减少寻租腐败、中央政府的支持和合作，中央政府改变补贴方式，扩大对地方发展项目类补贴比重。Lewis（2006）采用随机成本前沿模型对印度尼西亚地方政府税收征管效率进行实证研究，发现印度尼西亚税收征管效率水平比较低，而中央转移支付增加会降低征管效率，选举产生的领导在征管上并不优于任命的领导。并指出随机前沿效率评价方法较简单的成本率等方法，在税收征管效率评价上更为科学合理。

在国内，由于税收征收成本率、人均征税额、税收努力指数使用简便，成为税收行政效率分析中的常用指标，但这些指标都只从税收数据本身来观察税收征管效率水平，很难完整揭示税收征管效率水平。为此，臧秀青和徐楠（2005）从规范性、经济性和有效性三方面设置了10个税收征管效率评价指标，并用极大不相关方法筛选出8个指标。构建由“一篮子”指标构成的指标体系来评价税收行政效率是有益的，但怎样对多个指标科学的赋权、建立评价模型的核心问题未能解决，还难以对税收征管效率进行综合评价。崔兴芳等（2006）用数据包络分析（DEA）技术，以GDP、第二、三产业比重、市场化指数、企业营业盈余占GDP比重为输入变量，以税收收入为输出变量对我国各省1996年和2003年的税收征管效率进行了测算。在此基础上，吕冰洋和李峰（2007）在研究我国税收超速增长时用同样的方法测算了1996～2005年各省税收征管效率，发现各省平均征管效率提高了9.6%。刘穷志等（2009）使用DEA和Malmquist指数分解了中国税收征管的技术进步和技术效率，进而研究税权分配对征管技术进步和技术效率的动态效应。值得注意的是，DEA技术采用数学优化方法计算出前沿产出边界，虽然不需要明确生产函数的结构形式，但不足之处是将随机冲击和随机误差因素都归于技术非效率，因而用DEA方法进行税务机关行政效率评价可能存在偏差。

由于税收收入的取得同样属于投入产出系统，投入经济产出、税务部门的人力物力等获得税收收入，投入和产出都比较明确，因此可以用随机前沿分析方法对税务机关的税收征管效率进行评价分析。而且，在税收征管效率分析中，该方法可以消除“一篮子”指标难以进行综合评价的局限，避免征收成本率、人均征税额简单指标分析中存在的偏差和矛盾，克服 DEA 方法忽略随机冲击因素可能产生的测算偏差。在国内，谢滨（2007）最早将 SFA 方法用于税收征管效率的评估，但其仅仅是对一个地市的税收征管效率的评估研究，也没有考虑税收征管效率的影响因素问题。最近，陈工等（2009）用 SFA 法评估地方税收征管效率时，以地方预算内收入作为产出指标，故其评价的并非真正的税收征管效率，此外该研究也没有研究税收征管效率的影响因素问题。王德祥和李建军（2009）同样使用 SFA 法对我国税收征管效率及其影响因素进行了实证研究，但其生产函数设定中未考虑居民收入这一重要税基，在研究效率影响因素时主要考察的是税务部门内部结构变量，其他经济社会环境变量未充分考察，而现实中，外部环境是影响税收征管不可忽视的因素。

本节利用我国 1997～2007 年的分省面板数据，使用随机前沿分析技术（SFA）对我国税收征管效率进行评估，同时考察税务部门人员特征、经济社会环境等因素对税收征管效率的影响。

二、技术方法及模型设定

（一）技术方法

本书使用 Battese 和 Coelli（1995）提出的适用于面板数据并同时能对前沿函数和技术无效率函数的参数进行估计的随机前沿生产函数模型。其理论模型为：

$$y_{it}=f(x_{it},\ \beta)\cdot\exp(v_{it}-u_{it})$$

其中，y_{it}表示生产者 i 时期 t 的产出；x_{it}为投入向量，表示各种投入要素；β为一组待估向量参数；$\exp(-u_{it})(u_{it}\geqslant 0)$ 表示技术效率；v_{it}是观测误差和其他随机因素，服从标准正态分布 $N(0,\ \sigma_v^2)$；尽管随机因素和技术效率都是不可观测的，但前者仅是一个白噪声，因而通过多次观测，生产者的技术效率可以用产出期望与随机前沿期望的比值来确定，即：

$$TE=\frac{E[f(x)\exp(v-u)]}{E[f(x)\exp(v-u)\mid u=0]}=\exp(-u_{it})$$

其中，u_{it}为技术非效率的非负值随机变量；通常假定服从在零处截尾正态分布 $N(m_{it},\ \sigma_u^2)$，效率函数可表示为：

$$m_{it}=z_{it}\delta$$

其中，z_{it} 为 $p\times1$ 向量，是生产技术非效率的解释变量；δ 为 $1\times p$ 向量，是待估参数，反映变量 z 对技术效率的影响，负值表明该变量对技术效率有正向影响，正值表示有负向影响。虽然上述随机前沿生产函数具有参数线性特征，但由于回归方程的误差项不同于最小二乘法的古典假设，故不能用此方法估计有关参数。Battese 和 Coelli（1977）设置参数 $\sigma^2=\sigma_v^2+\sigma_u^2$ 和 $\gamma=\sigma_u^2/(\sigma_v^2+\sigma_u^2)$，有 $\gamma\in(0,1)$。在统计检验中，如果 $\gamma=0$ 这一原假设被接受，即说明实际生产点都位于生产前沿曲线上。在对上述模型中的参数估计上，Battese 和 Coelli（1992）建议使用最大似然法，对 $\gamma=0$ 这一原假设使用似然比检验①。

（二）模型设定

税务机关征税是一个投入产出的“生产”过程，投入三次产业产值、企业盈利、居民收入、税务部门人力物力等，产出税收收入（崔兴芳等，2006；吕冰洋和李峰，2007）。进行前沿分析时常用的生产函数是 Cobb – Douglas 生产函数和超越对数（Translog）生产函数，而 C – D 生产函数是超越对数生产函数的特例，超越对数生产函数更具一般性。本书以 Battese 和 Coelli（1995）随机前沿生产函数模型为蓝本，构建税收的超越对数前沿生产函数模型②：

$$\begin{aligned}\ln taxr_{it}=&\beta_0+\beta_1\ln fir_{it}+\beta_2\ln se_{it}+\beta_3\ln thi_{it}+\beta_4\ln sur_{it}+\beta_5\ln inc_{it}+\beta_6\ln tc_{it}+\beta_7T\\&+\frac{1}{2}\beta_8(\ln fir_{it})^2+\beta_9\ln fir_{it}\ln se_{it}+\beta_{10}\ln fir_{it}\ln thi_{it}+\beta_{11}\ln fir_{it}\ln sur_{it}\\&+\beta_{12}\ln fir_{it}\ln inc_{it}+\beta_{13}\ln fir_{it}\ln tc_{it}+\beta_{14}T\ln fir_{it}+\frac{1}{2}\beta_{15}(\ln se_{it})^2\\&+\beta_{16}\ln se_{it}\ln thi_{it}+\beta_{17}\ln se_{it}\ln sur_{it}+\beta_{18}\ln se_{it}\ln inc_{it}+\beta_{19}\ln se_{it}\ln tc_{it}\\&+\beta_{20}T\ln se_{it}+\frac{1}{2}\beta_{21}(\ln thi_{it})^2+\beta_{22}\ln thi_{it}\ln sur_{it}+\beta_{23}\ln thi_{it}\ln inc_{it}\\&+\beta_{24}\ln thi_{it}\ln tc_{it}+\beta_{25}T\ln thi_{it}+\frac{1}{2}\beta_{26}(\ln sur_{it})^2+\beta_{27}\ln sur_{it}\ln inc_{it}\\&+\beta_{28}\ln sur_{it}\ln tc_{it}+\beta_{29}T\ln sur_{it}+\frac{1}{2}\beta_{30}(\ln inc_{it})^2+\beta_{31}\ln inc_{it}\ln tc_{it}\\&+\beta_{32}T\ln inc_{it}+\frac{1}{2}\beta_{33}(\ln tc_{it})^2+\beta_{34}T\ln tc_{it}+\beta_{35}T^2+v_{it}-u_{it}\end{aligned}\quad(1)$$

其中，$i=1,2,\cdots,30$，表示各个省（市、自治区），不包括西藏和港澳台

① Battese, G. E. & T. J. Coelli, Frontier Production Functions, Technical Efficiency and Panel Data: With Application to Paddy Farmers in India. Journal of Productivity Analysis, 1992, Vol. 3: 153 – 169.

② 下文又用似然比检验，进一步对税收前沿生产函数的模型形式进行检验选择。

地区；t 表示样本时间，从1997～2007年11个年份；$taxr$ 为税务部门征收的税收收入（万元）[1]，fir 为第一产业增加值（亿元），se 为第二产业增加值（亿元），thi 为第三产业增加值（亿元），sur 为企业营业盈余（亿元），inc 表示城镇单位就业人员劳动者报酬（亿元），tc 为税务人员人数（人），并对以上各变量取自然对数，变量符号前加前缀 ln；按一般方法我们用时间变量 T 表示技术，技术的变化反映生产函数整体平移，技术进步（如税务部门征管技术、企业等经济部门财务信息技术等）使得在各部门经济产出及税收制度不变情况下税收征收率[2]提高；同时，设定的税收生产模型为技术非中性，用时间和税收产出的各投入要素的交互项来衡量；时间参数 T 在1997～2007年取1，2，…，11。v 为随机误差项，u 为税收征管非效率项，如前文，分别服从标准正态分布和截尾正态分布；β_1，β_2，…，β_{35} 各变量的系数，即待估参数。

提供特定服务的公共部门的效率主要依赖于成员能力、管理能力以及所处外部环境（Stevens，2005）[3]。根据已有的研究（应亚珍和陈洪仕，2004），税务部门税收征管效率的影响因素概括起来主要有税制因素、经济社会环境、税务人员因素、征管技术水平等方面。根据随机前沿生产函数原理，税收征管非效率项 u 是在生产函数为 $f(\cdot)$，投入第一、二、三产业产值、企业盈余、劳动者报酬、税务人员数、技术水平等要素，税收收入可能边界与实际税收收入之间的差距。其中，$f(\cdot)$ 相当于税种、税基、税率等税收制度。也就是说，税收制度和技术因素已反映在税收前沿生产函数前半部分。因此，这里建立的税收征管效率函数主要反映社会环境、税务人员特征两大方面。

$$m_{it} = \delta_0 + \delta_1 pgdp_{it} + \delta_2 rptc_{it} + \delta_3 rfemal + \delta_4 rcol + \delta_5 age1_{it} + \delta_6 age2_{it} + \delta_7 age3_{it} + \delta_8 road_{it} + \delta_9 ivestopen_{it} + \delta_{10} tradeopen_{it} \qquad (2)$$

其中，i、t 表示第 i 样本地区 t 时期，δ 为变量系数。$pgdp$ 为人均 GDP（元），用来反映地区宏观经济社会发展水平，经济发展程度不同，则经济系统复杂程度、居民（含法人、自然人）纳税意识等存在差异；$rptc$ 为人口与税务人员比，也即税务人员的人均管理范围，税务人员少，人均管理范围广，可以降低税收征管的人力成本，但也可能因管理范围的扩大，使征管能力发生变化，其中

---

① 本书研究税务部门（含国、地税两系统）的税收征管效率，因此这里的税收收入是指国、地税系统组织的税收收入，不包括海关在进出口环节征收的税收，也不包括车购办代征的车辆购置税。

② 税收征收率 =（税收实际征收额/法定应征税额）×100%。

③ Stevens P. A.，2005，"Assessing the Performance of Local Government"，National Institute Economic Review，193：90－101.

当税务人员太多，组织摩擦成本高，减少人员可提升征管能力，而当税务人员人数不过量时，减少人员则可能降低征管能力；*rfemal* 为税务部门女职工比例，*rcol* 为税务部门中大学以上学历人员比重，*age*1 为税务人员中 35 岁以下人数比重，*age*2 为税务人员中 36～45 岁之间人数的比重，*age*3 为税务人员中 46～55 岁之间人数比重，反映税务部门人员的性别结构、教育程度及年龄特征对税收征管效率的影响；*road* 为地区每万人公里里程（公里/万人），反映地区的交通基础设施的便利水平；*ivestopen* 为外商投资企业投资额占 GDP 的比例，*tradeopen* 为进出口总额占 GDP 的比重，也即外贸依存度，两变量分别从资本和贸易两方面反映地区的经济开放。如前文所述，经济开放通过影响包括税务部门在内的公共部门的行为，以及社会公众的观念意识、社会文化特征，从而可能影响税务部门的税收征管效率。主要变量的描述统计结果见表 2－9。

表 2－9　　主要变量描述性统计量

	平均值	标准差	最小值	最大值
L 税收收入	15.157	1.122	12.100	18.056
L 第一产业增加值	6.0494	0.9883	3.6919	7.8277
L 第二产业增加值	7.2194	1.0846	4.3391	9.6765
L 第三产业增加值	7.1346	0.9679	4.4351	9.5067
L 企业盈余	6.4304	1.2878	2.6810	9.2176
L 劳动者报酬	7.3186	0.9059	4.7366	9.3971
L 税务部门人员数	10.008	0.663	8.327	11.060
人均 GDP（元）	12186	9978	2235	66367
人口与税务人员比	1556.0	460.1	328.9	2727.2
女职工比例	0.46134	0.12708	0.05550	0.75624
税务人员大学比	0.6516	0.1842	0.1765	0.9647
35 岁以下税务人员比例	0.46134	0.1842	0.05550	0.75624
36～45 岁税务人员比例	0.38519	0.09659	0.10272	0.80998
46～55 岁税务人员比例	0.13262	0.04545	0.04980	0.27004
万人公路里程（公里/万人）	17.635	12.601	2.636	95.337
外商投资企业投资额比 GDP	0.5753	0.6930	0.0255	5.8493
进出口额比 GDP	0.3035	0.3684	0.0405	1.7085

注：前加 L 的指标表示取自然对数。

三、数据及实证结果

本书研究使用的是1997～2007年我国30个省（自治区、直辖市）的数据，不含西藏和港澳台地区，其中，税收收入、税务人员数量、年龄结构、性别结构、学历结构数据来自《中国税务年鉴》1998～2008年各期；各地区三次产业产值、企业盈余、劳动者报酬额、GDP、公路里程、人口、进出口额、外商投资企业投资额、汇率等数据来自《中国统计年鉴》相关各期及中经网统计数据库（http：//db. cei. gov. cn），并计算整理而来。

对随机前沿函数模型参数的估计，由于回归方程的误差项不同于最小二乘法古典假设的正态分布，故不能用此方法估计有关参数，Battese 和 Coelli（1992）建议使用最大似然法进行估计，本书进行最大似然估计，使用的软件是 FRONTIER4. 1（Coelli，1998）。

为确定税收前沿生产函数模型形式是否正确，本书采用似然比（LR）检验，统计量为：$\lambda=-2[L(H_0)-L(H_1)]$。其中，$L(H_0)$ 和 $L(H_1)$ 分别为在零假设和备择假设下的对数似然函数值。备择假设 H_1 的模型形式为（1）式，如果零假设 H_0 成立，那么检验统计量 λ 服从渐进 χ^2 分布（或混合卡方分布），自由度为受约束变量的数量。模型形式检验：①检验是否存在技术进步变化，零假设 H_0：所有含有时间变量 T 各项系数皆为0，无技术进步；检验显示拒绝原假设，表明技术变化是显著存在的。②对是否为技术中性进行检验，零假设 H_0：时间变量 T 与其他变量的交互项系数都为0，为技术中性；检验拒绝原假设，表明为技术非中性。③检验前沿生产函数形式是简单 Cobb－Douglas 生产函数还是超越对数（Translog）生产函数，零假设 H_0：二次项系数均为0，为简单 Cobb－Douglas 税收生产函数形式；检验拒绝零假设，说明模型应为超越对数生产函数。具体检验结果见表2－10。

表2－10　税收前沿生产函数模型形式检验结果

假设	对数似然值（LM）	检验统计量（λ）	临界值 1%	临界值 5%	结果
H_1：原模型（1）	$L(H_1)=176.036$				
H_0：不存在技术进步	105.5218	107.137	18.475	14.067	拒绝
H_0：技术中性	135.6131	102.836	15.068	11.07	拒绝
H_0：C－D生产函数	78.4462	112.3784	38.932	32.671	拒绝

注：检验统计量在5%和1%水平上都大于临界值，故三个零假设 H_0 在5%和1%的显著水平下都被拒绝，而接受备择假设。

对前沿生产函数（1）及效率函数（2）估计结果见表2－11及表2－12。LR在1%的水平下显著，进一步说明模型在统计上是可靠的。γ的t值为14.0231非常显著，说明税收的实际收入与既定经济及制度条件下的最大产出之间的差距存在技术非效率因素，即征管非效率；由此可知，在税收收入的组织过程中存在效率损失，如果忽略征管技术效率因素，利用传统方法估计税收函数，则不能正确反映税收收入产生过程。$\gamma=0.78696$，表明影响税收收入的各项随机因素中，有78.70%可用技术效率u来解释。

表2－11　　随机前沿函数估计结果

变量	ML估计值	T值	变量	ML估计值	T值
常数项	3.7221	1.0604	lnse · ln*inc*	－0.0294	－0.0553
ln*fir*	0.3448	0.4405	lnse · ln*tc*	－0.4061*	－1.8967
ln*se*	4.5206***	5.5261	*T*ln*se*	－0.0399*	－1.8181
ln*thi*	－0.2516	－0.1597	$(\ln thi)^2$	0.3503	0.8856
ln*sur*	－1.4600*	－1.9714	ln*thi* · ln*sur*	0.3328	0.9668
ln*inc*	－2.9489*	－1.8799	ln*thi* · ln*inc*	0.1537	0.1931
ln*tc*	1.3754	1.2401	ln*thi* · ln*tc*	0.1207	0.4095
T	0.02569	0.1806	*T*ln*thi*	－0.00445	－0.1061
$(\ln fir)^2$	－0.0868	－1.3066	$(\ln sur)^2$	－0.12147	－1.2211
ln*fir* · ln*se*	－0.0675	－0.3512	ln*sur* · ln*inc*	－0.1146	－0.2964
ln*fir* · ln*thi*	－0.3670*	－1.2831	ln*sur* · ln*tc*	0.1398	0.9104
ln*fir* · ln*sur*	0.0584	0.4027	*T*ln*sur*	0.0187	1.1299
ln*fir* · ln*inc*	0.0368	0.11499	$(\ln inc)^2$	0.0263	0.0473
ln*fir* · ln*tc*	0.30269**	2.1695	ln*inc* · ln*tc*	0.1331	0.4021
*T*ln*fir*	0.03356*	1.7814	*T*ln*inc*	0.0232	0.4132
$(\ln se)^2$	0.5477**	2.2430	$(\ln tc)^2$	－0.1321*	－1.6793
ln*se* · ln*thi*	－0.8642*	－1.8335	*T*ln*tc*	－0.0189	－0.8775
ln*se* · ln*sur*	－0.08035	－0.2693	T^2	0.0034*	1.7728

表 2-12　效率函数估计结果

变量	ML 估计值	T 值	变量	ML 估计值	T 值
截距项	1.1037	3.9556***	*age2*	-0.4426	-1.7392*
pgdp	0.0000029	1.0746	*age3*	-0.4922	-1.0365
rptc	-0.000085	-2.1737**	*road*	-0.00302	-2.0945**
rfemal	-0.8262	-2.7923***	*ivestopen*	0.07657	2.1591**
rcol	0.3484	3.1395***	*tradeopen*	-1.1632	-13.4275***
age1	-0.03866	-0.1316			
σ^2	0.0254***	11.4018			
γ	0.78696***	14.0231			
极大似然值	176.0356				
LR	113.4134				

注：***、**、*分别表示在1%、5%和10%的水平下显著。

四、税收征管效率分析

（一）税收征管效率的统计分析

征管效率的估计结果及其统计描述见表 2-13。从估计结果可以看出，各地区 1997~2007 年总的平均征管效率为 0.67253，2007 年平均效率为 0.7158，说明我国税收征管效率总体效率水平仍不高，还有比较大的提升空间。从变化趋势来看，30 个地区的税收征管效率总体都处于上升趋势，样本地区平均效率从 1997 年的 0.6174，上升到 2007 年的 0.7158。这主要是由于在影响税收征管效率的因素中，对税收征管效率有促进作用的女性工作人员比重、46~55 岁年龄段人数的比重、进出口占 GDP 比例、税务人员人均管理人口数比、基础设施水平等都有不同程度的提高，其中，1997~2007 年，地区平均税务女职工比重从 30.7%提高到约 32.6%，46~55 岁年龄段人数比重从 23%上升到 44.68%，反映经济开放度的进出口占 GDP 比重从 42.29%提高到 66.3%，各地税务部门税务人员人均管理人口从 1409.7 人增加到 1720.5 人，增长明显，地区每万人公路里程从 11.832 增加到 30.825，基础设施水平有巨大的改善。① 此外，2001 年以来我国先后颁布新的《税收征管法》及其实施细则、《税务登记管理办法》等法律法规，税收征管工作不断加强；而随着“金税工程”的深入开展，税收征管的信息化程度不断提高也促进征管效率的提高，如据国家税务总局计划统计司《增值

① 数据由《中国统计年鉴》、《中国税务年鉴》相关各期数据计算整理而来。

税征收率变动与金税工程二期效果宏观分析》，我国增值税征收率以1997年为转折点，开始迅速提升，从48.7%提升到85.73%。

分地区来看，我国税收征管效率水平表现出明显的区域特征①，总体来看，东部地区效率水平高于西部，而西部又高于中部；三区域税收征管效率都呈上升趋势，但东部上升幅度较中部和西部要明显。具体而言，上海、广东、天津和云南在样本区间，平均效率比较高，在0.9以上；在2002年以后江苏和浙江征管效率也达到0.9以上，效率水平比较高。税收征管效率标准差略有上升，但这是在各地效率值不断提高的情况下发生的，而作为相对指标的变异系数则呈现出轻微下降的态势，这表明，不同地区间税收征管效率的差距逐渐缩小，呈现出收敛趋势。

表2-13　1997~2007年我国30省（市、区）税收征管效率估计值

	1997年	1998年	1999年	2000年	2001年	2002年	2003年	2004年	2005年	2006年	2007年
北京	0.87727	0.83877	0.95068	0.92622	0.96289	0.80126	0.87610	0.85678	0.90322	0.88908	0.82553
天津	0.88503	0.86649	0.91009	0.95886	0.93401	0.95932	0.88361	0.95879	0.97027	0.98198	0.97768
河北	0.48848	0.49547	0.49284	0.48751	0.50287	0.55982	0.55708	0.59794	0.61586	0.55238	0.60686
山西	0.51406	0.57692	0.48862	0.51507	0.52344	0.56080	0.52213	0.60100	0.71673	0.71786	0.73362
内蒙古	0.49676	0.54356	0.49086	0.53598	0.42933	0.59038	0.53512	0.62069	0.64449	0.56491	0.58025
辽宁	0.69790	0.68769	0.66304	0.64993	0.68020	0.78718	0.77717	0.83327	0.83987	0.73930	0.77800
吉林	0.58991	0.59965	0.59088	0.53609	0.62891	0.64757	0.67522	0.58459	0.53461	0.50381	0.51929
黑龙江	0.52669	0.56329	0.57000	0.64664	0.66569	0.68139	0.63461	0.65872	0.60781	0.63225	0.62898
上海	0.94942	0.89116	0.94047	0.95180	0.96299	0.93963	0.97710	0.97724	0.98047	0.98467	0.98700
江苏	0.59386	0.67454	0.65760	0.78481	0.75124	0.93908	0.95237	0.96333	0.96671	0.95779	0.97885
浙江	0.54954	0.61457	0.59530	0.77883	0.76427	0.91830	0.85326	0.80163	0.93144	0.94075	0.94273
安徽	0.66502	0.64936	0.56906	0.54013	0.47474	0.62418	0.53452	0.61218	0.62152	0.57020	0.62555
福建	0.73817	0.76690	0.76222	0.83499	0.77826	0.90611	0.82905	0.72260	0.78454	0.83384	0.87033
江西	0.46499	0.48804	0.44803	0.45578	0.45619	0.43557	0.44557	0.45465	0.44081	0.46196	0.52179
山东	0.61235	0.63477	0.63624	0.69342	0.72236	0.69227	0.63843	0.68353	0.72015	0.79225	0.85216
河南	0.46337	0.54906	0.48898	0.53374	0.48707	0.54337	0.45072	0.55236	0.55675	0.58079	0.60962
湖北	0.51164	0.55977	0.51311	0.53544	0.54100	0.61060	0.56848	0.56646	0.59416	0.49470	0.50784
湖南	0.54683	0.57202	0.51278	0.50671	0.50846	0.52309	0.48642	0.52067	0.52236	0.52959	0.57070

① 东部、中部和西部划分，依照国内研究通用的方法，东部包括北京、天津、河北、辽宁、上海、江苏、浙江、福建、山东、广东、海南11个省市；中部包括山西、吉林、黑龙江、安徽、江西、河南、湖北、湖南8个省；西部包括内蒙古、广西、重庆、四川、贵州、云南、陕西、甘肃、青海、宁夏、新疆11个地区。

续表

	1997 年	1998 年	1999 年	2000 年	2001 年	2002 年	2003 年	2004 年	2005 年	2006 年	2007 年
广东	0.97090	0.96350	0.97768	0.98246	0.97629	0.97507	0.97346	0.97275	0.98093	0.98392	0.98850
广西	0.54349	0.58161	0.56428	0.58472	0.56686	0.62983	0.57085	0.60584	0.54640	0.54132	0.62651
海南	0.55510	0.61076	0.47081	0.55727	0.57975	0.63240	0.65749	0.87556	0.84277	0.73589	0.42238
重庆	0.49712	0.52285	0.55306	0.57009	0.50243	0.60991	0.65663	0.72709	0.71463	0.59906	0.68742
四川	0.59366	0.65517	0.63047	0.62371	0.57446	0.64045	0.60489	0.59535	0.58109	0.57751	0.67224
贵州	0.59520	0.66802	0.69563	0.64473	0.62935	0.66527	0.69188	0.68553	0.68321	0.66828	0.70485
云南	0.91957	0.91172	0.92935	0.88987	0.86227	0.92580	0.92813	0.94186	0.93444	0.82080	0.87064
陕西	0.46831	0.51024	0.48095	0.51847	0.55564	0.59535	0.56070	0.61186	0.63651	0.57735	0.62192
甘肃	0.54041	0.52679	0.51017	0.49774	0.50835	0.59344	0.57892	0.51426	0.51357	0.52061	0.61719
青海	0.55656	0.63930	0.57274	0.64675	0.60722	0.83376	0.64686	0.66200	0.72133	0.61007	0.58998
宁夏	0.54300	0.61097	0.57985	0.59261	0.57355	0.56583	0.52601	0.62542	0.64330	0.62459	0.60084
新疆	0.56778	0.62700	0.61466	0.61218	0.63623	0.64687	0.68261	0.77561	0.77469	0.75711	0.95482
东部平均	0.7198	0.7313	0.7325	0.7824	0.7832	0.8282	0.8159	0.8403	0.8669	0.8538	0.8391
中部平均	0.5353	0.5698	0.5227	0.5337	0.5357	0.5783	0.5397	0.5688	0.5743	0.5614	0.5897
西部平均	0.5747	0.6179	0.6020	0.6106	0.5860	0.6634	0.6348	0.6696	0.6721	0.6238	0.6842
各地平均	0.6174	0.6467	0.6287	0.6531	0.6449	0.7011	0.6758	0.7053	0.7175	0.6915	0.7158
标准差	0.1523	0.1293	0.1596	0.1591	0.1623	0.1546	0.1622	0.1539	0.1618	0.1662	0.1681
变异系数	24.67	20.00	25.38	24.36	25.16	22.06	23.99	21.81	22.55	24.03	23.48

（二）税收征管效率影响因素分析

税收征管效率函数的估计结果见表 2 – 12。由于效率函数因变量是技术非效率项，因此，当效率影响因素参数估计值为正，表示对征管效率有负向作用，反之，若参数估计值符号为负，则表明该因素对征管效率的作用方向为正。在本书考虑的 10 个因素中，有 7 个因素在 10% 及以上通过了显著性检验，这些因素可以初步解释样本地区税收征管效率。

由表 2 – 12 可知，人口与税务人员比 *rptc* 系数符号显著为负，说明人口与税务人员之比的提高有助于税收征管效率的提升，在人口既定条件下，减少税务部门中税务人员的数量，扩大税务人员人均管理的人口范围可改善税收征管效率。这意味着我国税务部门存在一定程度的机构庞大、人员过多的问题。20 世纪 90 年代中期分税制改革，为保证中央财政收入及时足额组织取得，防止地方侵蚀中央收入，同时调动地方政府理财增收积极性，实行国税、地税两套机构分设，虽然在一定时期发挥过积极作用，但其弊端也十分明显，同一事务有两套机构负责，使基础设施、设备、信息和人员等不能共享使用、发挥规模经济优势，造成人力、物力和财力等浪费[①]；同时，国、地税机构分设以后，从税务登记、税务检查到具体涉税事宜，一个纳税人大都要同时接受两个税务机关的管理，不仅提高了纳税人的纳税成本，也使两税务机构重复征管而提高征税成本，从而对税收征管效率产生负向作用。

税务机关中女性工作人员的比重 *rfemal* 符号显著为负，这表明增加税务机构中女性工作人员的比重有助于提高税收征管效率。这可能是因为，我国税务机构女职工比例偏低，如 1997 年我国税务机构女职工占总职工的比重为 30.7%，2007 年女性职工比重有所提高，为 32.61%，其中，地税系统女职工比例为 32.09%，国税系统比重为 33.07%[②]。管理心理学上男女搭配的“性别效应”难以有效发挥，同时，税收征管方式的信息化、现代化、税收日常工作专业、细致的特点使女性人员在具体的税收工作中有其自身的优势。

税务人员中大学及以上受教育程度的比重 *rcol* 符号为正，且通过显著性检验，这意味着大学以上学历人员比重的提高对税收征管效率有负效应，这与我们的预期相悖。我国税务工作人员大学生比重提高迅速，1997 年大专及以上学历人员比重为 43.7%，到 2007 年达到了 86.1%[③]。可能的解释是：随着我国税收征管的法制化、规范化，税收日常工作所需的主要是专业技能和经验知识，学历基础知识的直接作用并不大，而高学历税务人员占比的提高主要是由近些年税务系统每年招聘的大学生形成的，而每年招录的大学生在进入工作岗位时又都有一个学习过程，期间可能会产生一些摩擦成本。

税务人员的年龄结构中，36～45 岁年龄段人数比重 *age*2 符号为负，在统计上显著，虽然显著性不高，说明该年龄阶段的职工在税收征管中有比较高的效率。而税务人员中 35 岁以下人数比重 *age*1 和 46～55 岁年龄段人数的比重 *age*3 对征管效率的影响，符号也为负，但在统计上不显著。之所以年龄在 36～45 岁之间工作人员比重提高可以增进税收征管效率，可能是因为这个年龄阶段的工作人员年富力强，而且大多在税务部门工作了较长时间，积累了丰富的税收征管经

① 如国地税分设前的 1993 年税务系统在编税务人员为 57.9 万，到 2007 年国地税系统税务人员达 74.82 万。（数据根据《中国税务年鉴》相关年度数据计算整理。）中国财政学会理事蒋大鸣则指出，税务系统人数现已高达 100 余万人，是日本的 9 倍，加拿大的 20 倍，美国的 11 倍；据资料分析，目前我国的征税成本率高达 5%～6%，比发达国家平均水平高出三个百分点以上。（蒋大鸣．税收成本高　国地税合并或为改革方向，东方早报，2009－1－22.）

② 数据根据《中国税务年鉴》相关年度数据计算整理而得。

③ 数据根据《中国税务年鉴》相关年度数据计算整理而得。

验和技能，大都是税务部门的骨干力量，在税收征管中有更高的效率。

反映地区交通基础设施便利程度的变量，地区每万人公路里程 *road*，系数显著为负，表明良好的基础设施水平有助于税收征管效率的提升。这主要是因为，优质便捷的交通基础设施为税务部门的日常税收征管及税政服务提供了良好的外部条件，同时也便利了纳税人的纳税，从而有助于征管效率改善；而基础设施落后、交通不便，则会使税收征收、税收检查等工作及纳税人花费更多的时间和交通成本，制约税收征管效率。另外，交通设施的发达可能也意味着通讯、网络等其他相应基础设施的便利，这都是促使税收征管效率增进的有利因素。

以人均 GDP 表示的经济社会发展水平，符号为正，但没有通过显著性检验，可能的解释是，经济发展水平高的地区，经济社会具有多样性和复杂性，影响税收征管效率的积极因素和消极因素交织在一起，互相作用而抵消衰减，同时，在研究中我们控制了基础设施、开放程度和教育等其他环境变量，这样人均 GDP 所反映的经济社会信息就会更为有限和间接，从而表现为经济社会发展水平对税收征管效率影响不显著。

衡量资本和贸易开放程度的两变量，外商投资企业投资额占 GDP 比例和进出口总额占 GDP 分别在 5% 和 10% 的水平上通过了显著性检验。外商投资企业投资额占 GDP 的系数符号为正，表明外商投资企业投资比例的提高对税收征管效率具有负向作用，但系数非常小，也即投资开放程度的提高对税收征管效率的提升有轻度的负效应。其内在逻辑可能在于：外商投资对税务部门税收征管效率作用的多维性和复杂性，一方面，为引进外资及保持良好的对外形象，税务部门改善服务方式，如进行大厅办公的“一站式”服务，提高了税收登记、申报及年检等税务服务质量和效率；同时，外资作为资本、技术及管理等的结合体，其先进的管理理念、技术和方法等还可能对包括税务部门在内的公共部门产生溢出效应，从而提升税收征管效率；而投资开放水平的提升也可能提高居民参与意识、效率观念，从而对税务部门形成压力，促进效率提升。但这些多是非直接和软性约束因素。另一方面，在地方以经济增长为主的“晋升锦标赛”竞争中，地方政府可能利用对税收征管“松紧度”的影响力，使税务部门减轻对外商投资企业的税收征管强度①。另外，外商投资企业的税收成本意识比较强，具有较强的规避税款的动机和技能，而我国税法和税收征管存在着不少漏洞，特别是尚

① 各级税务部门在完成税收计划（尽管是指导性计划）中，往往有较多的自由裁量权，根据某一时点上税收任务的完成情况，确定税收征管的松紧度。参见：马蔡琛．中国政府预算超收资金的形成机理与治理对策．财贸经济，2009（4）.

没有全面的反避税立法，反避税条款比较原则，缺乏操作性①，外商投资企业往往通过对经营活动的特定安排，进行避税甚至逃税②，这些又使得外商投资企业投资比例的提高会制约税收征管效率的提升。由于外商投资对税收征管效率正向的增进因素小于逆向的削弱力量，从而使以外商投资企业投资额占 GDP 比重表示的经济开放，对税收征管效率的影响呈负向效应，虽然其负效应总体比较弱。

从贸易方面反映经济开放水平的进出口额占 GDP 比例，符号为负，表明进出口额占 GDP 比例及贸易开放水平的提高有助于税收征管效率的改善。可能的原因是：对外贸易规模的扩大，对外经济活动和经济交往的经常化以及其广度和深度的加深，国外经济主体的思想观念和行为方式等将对国内经济主体产生着直接且不断加深的影响，一方面，会产生学习效应，对外经济活动中，国外经济主体的组织管理技术和知识等会产生溢出效应，国内经济主体则不断学习，获取相关知识技能，在激烈的国际市场竞争，这种学习动力和压力尤为强烈；而国内经济社会主体管理知识技能等，进一步向包括税务部门在内的公共部门溢出。另一方面，对外贸易活动又带来经济社会环境发生变化，如效率意识、社会参与意识、公民观念等，这也可能引起税务部门效率的提升。外商投资企业是进出口的主要创造者③，但发生对外贸易、直接对外经济联系的企业除外商投资企业外，还包括数量众多的涉外内资企业，贸易开放和对外贸易的发展对经济社会影响更为广泛。“外贸是经济增长的发动机”（Robertson，1937），地方政府为鼓励出口在国家优惠政策的基础上也出台了一系列出口优惠措施，甚至下达出口考核指标

---

① 参见：去年近一半外资企业亏损，反避税立法亟待扩展．法制日报，2006－11－14. 2008 年 1 月 1 日开始实施的《企业所得税法》及其实施条例第六章规定了“特别纳税调整”条款，这是我国第一次较全面的反避税立法；2009 年 1 月 8 日，国家税务总局发布了《特别纳税调整实施办法（试行）》，对《企业所得税法》及其实施条例中有关反避税的规定进行了解释和细化，形成了较全面的反避税法律框架和管理指南。

② 据报道，在中国境内的 40 多万家外企有 60% 账面亏损，年亏损总额达 1200 亿元（中华工商时报．2006－1－4.）；另一方面，从 1990～2004 年，中国外商投资企业仅利润的汇出额一项，就高达 2506 亿美元，外资创造了中国约 33% 的 GDP，却只缴纳了中国约 20% 的税收。（参见：王杰．外企大面积亏损背后是税收之痛．上海证券报，2006－11－15.）

2006 年 11 月，国家税务总局与联合国开发计划署日前联合举办的反避税专题研讨会披露，2005 年外资企业的亏损面高达 42.96%，全国税务机关共对 300 余户外资企业进行了反避税调查，结案 70 户，调整税款 4 亿多元。一方面是大面积亏损，一方面是外资高涨的投资热情，这种巨大反差暴露出我国在税收监管方面的漏洞和地方政府随意突破底线给外资优惠的弊端。（参见：王平．“最具投资吸引力”的称号应冷静面对．上海证券报，2007－7－2.）

③ 如 2007 年外商投资企业货物进出口额占全国进出口总额的 57.74%，其中外商投资企业货物出口额占出口总额的 57.10%，进口占 58.58%，同时，外商投资企业加工贸易进出口值占全国加工贸易进出口总额的绝大部分。（数据来源：根据《中国统计年鉴（2008）》计算整理而得。）

（魏兴民和林永生，2006；陈文玲，2007），其中税务部门也可能改善税政服务效率。然而，鼓励出口的主要税收优惠措施，如出口退税，是由国税负责同时涉及海关，所需退税额由中央和地方共同负担，在法律框架下进行。这些都使得反映经济开放度的进出口额占GDP比重，对税收征管效率表现出明显的正向效应。

五、简要的结论

本书利用随机前沿技术（SFA）方法，构建税收征管生产函数及效率函数，对中国1997~2007年30个省（自治区、直辖市）的税收征管效率进行了实证评估，并考察了经济开放对税收征管效率的影响。主要结论如下：

各地区1997~2005年总体平均征管效率为0.67253，总体效率水平仍不高，还有很大的提升空间。30个地区的税收征管效率总体都处于上升趋势，样本地区平均效率从1997年的0.6174，上升到2007年的0.7158，效率值提高了约10个百分点，这可以从征管角度解释中国近年来税收的持续高速增长。税收征管效率表现出显著的地区差异，地区间征管效率差距较大，但统计显示我国地区间税收征管效率呈现出收敛趋势。分区域来看，东部地区效率水平总体上高于西部，而西部又高于中部。

实证分析表明，适度减少税务人员数，提高税务人员人均管理人口范围，有助于税收征管效率的提高；增加税务机构女性工作人员比重有利于征管效率的改善；36~45岁年龄段的工作人员在税收征管中有更高的效率，对税收征管更为直接有效的知识可能在于经验知识和专业技能，学历并非关键因素；良好的交通基础设施是税收征管效率增进的有利条件；资本及投资方面的开放，对税收征管效率的消极作用大于其积极效应，从而制约税收征管效率的提升；对外贸易规模的扩大、对外经济活动广度和深度的扩展，国外的组织管理理念、知识和技术等向包括税务部门在内的公共部门的溢出，与此同时，经济社会环境氛围的演进，如效率观念、公民社会参与意识等不断增强，以及为鼓励外贸发展引起的税政服务的改善，这些都使得反映贸易开放对税收征管效率表现出明显的正向效应。

因此，为提高税务部门的税收征管效率，应在坚持经济开放的条件下，完善税收及征管法律制度，规范税务部门的税收征管行为，消减税收征管中的自由度和征管强度差（异）；进一步完善反避税法律法规，提高税务机构及人员反避税的专业技术水平，加强对外商投资企业等各类经济组织和个人的反避税工作；精简税务机构，逐步实现国地税两系统的合并，对新税务系统实行中央垂直管理，整合税收征管资源，减少税务人员数；改变税务机关等公共部门招录工作人员中的“重男轻女”现象，提高女性工作人员的比重，优化性别结构，发挥男女搭配的“性别效应”，增进效率，彰显公平。在税务机构内部和外部“硬设施”显著提高的同时，应特别加强“软设施”的建设，一方面，税务机构部门自身要不断提升效率意识和服务意识，构建高效的服务型税务管理模式；另一方面，对社会日渐兴起的公民意识、民主参与意识等，政府等公共部门及媒体应予积极的回应，鼓励和培养其发展，从而为包括税务部门在内的公共部门效率的持续提升，创造外部环境压力和激励。

第三节 基于税收生产函数的税收征管效率测算

本节的主要目的是在构建税收生产函数的基础上，引入索洛余值法，以1994～2005年29个省份的面板数据为基础，对我国税收征管效率进行定量测算与分析。

一、模型构建与数据来源

（一）模型构建

Solow余值法最早由Solow于1957年提出，普遍用于测定技术进步对经济增长的贡献率。其基本思想是在Cobb－Douglas生产函数的基础上，分离劳动与资本对经济增长的贡献率，将其剩余部分作为技术进步对经济增长的贡献。本书将借鉴Solow余值法来测定税收征管效率对税收增收的贡献率。

在影响税收收入的因素中，最基本的因素有三个，一是税源数量（以G表示），二是税源的质量（以P表示），三是征管效率。假定税收产出函数（Y）为：

$$Y = A_0 e^{mt} G^{\alpha} P^{\beta} \tag{1}$$

其中，$A_0 e^{mt}$表示综合征管效率水平。

对税收产出函数两边取自然对数得：

$$\ln Y = \ln A_0 + \alpha \ln G + \beta \ln P + mt \tag{2}$$

对上式全微分，可得：

$$\frac{1}{Y}\frac{dY}{dt} = \alpha \frac{1}{G}\frac{dG}{dt} + \beta \frac{1}{P}\frac{dP}{dt} + m \tag{3}$$

上式左端第一项是税源的增长使税收增收的部分，α表示税源数量的税收产出弹性（$0<\alpha<1$）[①]；第二项是税源质量的改善使税收增收的部分，β表示税源

① $\alpha = \frac{d\ln Y}{d\ln G} = \frac{dY/Y}{dG/G}$，因而，$\alpha$表示税源的产出弹性。类似地，$\beta$表示税源质量的产出弹性。

质量的产出弹性（$0<\beta<1$）；第三项 m 表示由于征管效率的提高使税收增收的部分，可以将其称为征管效率提高率。这里的征管效率是一个综合指标，包括管理水平的提高，从业人员能力的提高等诸多方面。更进一步地说，无论有无税源数量的增加，质量的改善，征管效率提高均有可能发生。

利用（3）式，我们可以测算出税收征管效率对税收增收的贡献率。

（二）指标选取

1. 第二、三产业增加值。GDP 指按市场价格计算的一个国家（或地区）所有常住单位在一定时期内生产活动的最终成果。在实际核算中，国内生产总值有三种计算方法，即生产法、收入法和支出法。三种方法分别从不同的方面反映国内生产总值及其构成。

生产法反映的是 GDP 的价值形态，它是所有常住单位在一定时期内生产的全部货物和服务价值超过同期投入的全部非固定资产货物和服务价值的差额，即所有常住单位的增加值之和。这个过程与增值税的形成过程是一致的，并且本产业的增加值也构成了本产业的税源。收入法反映 GDP 的收入形态，它是所有常住单位在一定时期内创造并分配给常住单位和非常住单位的初次收入之和，由劳动者报酬、生产税净额、固定资产折旧和营业盈余组成。劳动者报酬和营业盈余涵盖着所得税。支出法反映 GDP 的产品形态，它是所有常住单位在一定时期内最终使用的货物和服务价值减去货物和服务进口价值，由最终消费支出、资本形成总额和出口构成，这三个项目都是税收的源泉。可以说 GDP 是最大的税源，税收总量与 GDP 在核算口径上是高度相关的。因此，GDP 代表广义的税源的一个合适指标。但考虑到取消农业税后，第一产业基本不提供税收，因而在本书中用第二、三产业增加值来表示税源数量。

2. 营业盈余占 GDP 的比重。税收收入的多少不仅和税源数量有关系，而且还受税源质量的影响。例如，两个企业生产同样的产品，销售收入都是 800 万元，但这两个企业最终应缴的税金总额却不一样。这说明，除税源以外还有某种因素会对税金的形成造成影响，我们将这种因素称其为税源质量因素。更进一步地说，税源质量是指税源总体中影响税收数量变化的内在因素。当这种因素在客观上会促成税收数量的增长时，说明税源质量好；反之，将其称为税源质量差。

营业盈余，是指一个国家或地区的常住单位创造的增加值扣除劳动者报酬、生产税净额和固定资产折旧后的余额。它相当于企业的营业利润加上生产补贴，但要扣除从利润中开支的工资和福利等。因此，营业盈余占 GDP 的比重可以较好地反映一个国家或地区的经济效益水平。在本书中用其作为税源质量的代理变量，该比重越高，表示税源质量越好。

（三）数据采集说明

本书采集了1994～2005年共12年29个省份的相关资料，构成了一个包括各省份1994～2005年税收收入，第二、三产业增加值，价格指数及营业盈余占GDP的比重的面板数据。部分数据见表2－14、表2－15。本书所选取的研究样本包括除四川、重庆在内的29个省份，之所以剔除这两个省份，原因在于1997年重庆成为直辖市以后，四川在1997年前后的数据不再具有可比性。文中所有原始数据均来源于1995～2006年的《中国统计年鉴》及中宏数据库。

二、税收征管效率对税收增长贡献率的测算

假定税收产出函数规模报酬不变，即 $\alpha+\beta=1$。对税收产出函数两边取自然对数。

由于 $\beta=1-\alpha$，由（2）式，得

$$\ln Y=\ln A_0+mt+\alpha\ln G+(1-\alpha)\ln P \tag{4}$$

$$\ln\frac{Y}{P}=\ln A_0+mt+\alpha\ln\frac{G}{P} \tag{5}$$

令 $\alpha_0=\ln A_0$，$M=\dfrac{Y}{P}$，$N=\dfrac{G}{P}$

$$\ln M=\alpha_0+mt+\alpha\ln N \tag{6}$$

在利用面板数据进行回归分析之前，本书利用F统计量检验判断是应采用不变系数模型，还是采用变系数模型。（张晓峒，2007）零假设与备择假设分别是：

表2－14　　1994～2005年税收弹性、宏观税负

	1994年	1995年	1996年	1997年	1998年	1999年	2000年	2001年	2002年	2003年	2004年	2005年
税收弹性	0.562	0.68	0.845	1.75	1.817	2.453	1.671	2.054	1.567	1.049	1.17	1.315
宏观税负	10.64%	9.93%	9.71%	10.43%	10.97%	11.91%	12.68%	13.95%	14.66%	14.74%	15.12%	15.72%

数据来源：根据《中国统计年鉴（2006）》相关数据计算。

表 2－15　1994～2005 年 29 个省份税收收入和第二、三产业增加值　单位：亿元

年份	税收收入之和	第二、三产业增加值之和
1994	4366.821	41142.13
1995	3068.139	36586.33
1996	4474.228	40644.65
1997	5224.994	45363.52
1998	5870.304	49916.11
1999	6718.571	54567.47
2000	8012.57	60990.45
2001	9447.145	67381.58
2002	11282.62	75577.44
2003	13088.04	86264.88
2004	14986.67	100368.7
2005	19246.36	121515.7

数据来源：根据 1995～2006 年《中国税务年鉴》、中宏数据库相关数据计算而得。

表 2－16　1994 年北京市税收收入和第二、三产业增加值①　单位：亿元

年份	税收收入（按现价）	第二、三产业增加值（按现价）	价格指数（1994＝100）	营业盈余占 GDP 的比重（P）	按 1994 年价格计算的税收收入（Y）	按 1994 年价格计算的第二、三产业增加值（G）
1994	257.67	1009.26	100	22.94	257.67	1009.26
1995	209.31	1313.45	117	22.42	178.44	1119.74
1996	323.63	1532.27	131	20.48	247.21	1170.48
1997	432.35	1725.24	138	18.68	313.66	1251.63
1998	501.27	1924.75	141	18.52	355.13	1363.62
1999	710.50	2086.98	142	19.59	500.35	1469.70
2000	899.57	2388.79	146	24.72	616.14	1636.16
2001	1188.97	2752.57	148	24.54	803.36	1859.84
2002	1343.52	3114.66	148	25.97	907.78	2104.50
2003	1514.62	3516.70	149	31.09	1016.53	2360.20
2004	1826.90	4180.41	150	26.00	1217.93	2786.94
2005	2516.31	6788.32	152	24.10	1655.46	4466.00

数据来源：根据 1995～2006 年《中国税务年鉴》、中宏数据库相关数据计算而得。

① 限于篇幅，其他省份数据不再一一列出。

表 2-17　　Hausman 检验

Test cross-section random effects				
Test Summary		Chi-Sq. Statistic	Chi-Sq. d. f.	Prob.
Cross-section random		0. 253665	2	0. 8809
Cross-section random effects test comparisons				
Variable	Fixed	Random	Var（Diff.）	Prob.
T	0. 048729	0. 047704	0. 000004	0. 6145
LnN	0. 868793	0. 880841	0. 000572	0. 6145

表 2-18　　回归分析结果

Variable	Coefficient	Std. Error	t-Statistic	Prob.
C	-96. 93725	9. 946881	-9. 745492	0. 0000
T	0. 047704	0. 005027	9. 489590	0. 0000
LNB	0. 880841	0. 038086	23. 12782	0. 0000
R-squared	0. 818710	Mean dependent var	0. 459910	
Adjusted R-squared	0. 817659	S. D. dependent var	0. 578752	
S. E. of regression	0. 247135	Sum squared resid	21. 07111	
F-statistic	779. 0165	Durbin-Watson stat	1. 551983	
Prob（F-statistic）	0. 000000			

表 2-19　　随机效果

地区	v_i	地区	v_i	地区	v_i
北京	0. 871599	浙江	-0. 190339	海南	-0. 163458
天津	0. 392333	安徽	-0. 174784	贵州	0. 279655
河北	-0. 251419	福建	-0. 423135	云南	0. 602449
山西	0. 005931	江西	-0. 318464	西藏	-0. 439709
内蒙古	0. 033524	山东	-0. 317888	陕西	0. 035805
辽宁	-0. 017765	河南	-0. 224091	甘肃	0. 042461
吉林	0. 083235	湖北	-0. 174486	青海	-0. 246960
黑龙江	-0. 004818	湖南	-0. 145731	宁夏	-0. 112117
上海	0. 816787	广东	0. 180575	新疆	0. 004293
江苏	-0. 041198	广西	-0. 102288		

H_0：$\alpha_i=\alpha_0$。模型中不同个体的截距相同（真实模型为不变系数模型）。

H_1：$\alpha_i\neq\alpha_0$。模型中不同个体的截距相同（真实模型为变系数模型）。

F 统计量定义为：

$$F=\frac{(SEE_r-SEE_u)/(N-1)}{SEE_u/(NT-N-k)}\sim F[(N-1),(NT-N-k)] \quad (7)$$

其中，SEE_r 表示不变系数模型的残差平方和，SEE_u 表示变截距模型的残差平方和。在给定的显著性水平下，如果 $F<F_\alpha[(N-1),(NT-N-k)]$，则接受零假设，即选用常截距模型进行估计；反之则接受备择假设，即选用变截距模型进行估计。如果选用变截距模型，则应在固定效应模型和随机效应模型之间作出判断。

利用 Eviews 5.1 对面板数据回归分析可得，$SEE_r=58.27$，$SEE_u=19.40$。

$$F=\frac{(SEE_r-SEE_u)/(N-1)}{SEE_u/(NT-N-1)}=22.7$$

$$F_{0.05}(28,318)=1.55$$

由于 $F=22.7>F_{0.05}(28,318)=1.55$，因此应该选择变截距模型进行分析。接下来利用 Hausman 检验以判定是应该采用个体随机效应回归模型，还是应该采用个体固定效应回归模型（张晓峒，2007）。结果见表 2－17。

从表 2－17 可见 Hausman 统计量为 0.25，相对应的概率为 0.88，远大于显著性水平 0.05。这意味着在显著性水平 $\alpha=0.05$ 的条件下，本研究采用个体随机效应回归模型更为合适，设其模型形式为：

$$\ln\hat{M}_{it}=\alpha+mt+\beta_2\ln N_{it}+\nu_{it}+\mu_{it}, \quad i=1,2,\cdots 29,\ t=1,2,\cdots T \quad (8)$$

其中，α 为一常数，代表各省份的初始征管水平；ν_i 为随机变量，代表 i 地区的随机影响，用以反映各地区初始征管水平的差异；u_{it} 表示随机误差。估计结果见表 2－18、表 2－19。回归方程为：

$$\ln M_{it}=-96.93725+0.047704t+0.880841N_{it}+\nu_{it} \quad (9)$$

$$s=(9.946881)\quad(0.005027)(0.038086)$$

$$t=(-9.745492)\quad(9.489590)(23.12782)$$

$$R^2=0.818710\quad \bar{R}^2=\ 0.817659$$

$$F=779.0165\quad DW=1.551983\quad SE=0.247135$$

从表 2－18、表 2－19 可知 $\bar{R}^2=\ 0.817659$，$F=779.0165$，因而该模型通过显著性检验。t，$\ln B$ 的相伴概率均远小于 0.01，故在显著性水平 $\alpha=0.05$ 时，解释变量 α，t，$\ln N$ 对被解释变量均有显著性影响，各省份的初始征管效率存在显著差异。

由于 $\alpha + \beta = 1$，$\beta = 0.119159$

因此税收函数为：

$$\ln y = -96.93 + \nu_i + 0.0477t + 0.880841\ln G + 0.119159\ln P \tag{10}$$

即 $y = e^{-96.93 + \nu_i} e^{0.0477t} G^{0.880841} P^{0.119159}$ （11）

从回归方程（10）可以看出，1994～2005 年 29 个省份税收征管效率平均每年提高 4.77%，GDP 每增加 1%，税收收入增加 0.88%，营业盈余占 GDP 的比重每增加 1%，税收收入增加 0.12%。

在此采用增长模型计算税收收入和第二、三产业增加值的年平均增长率：

$$\ln y = \beta_0 + \beta_1 t + u_t \tag{12}$$

其中，t 为时间，μ_t 为随机误差，在该方程中 $\beta_1 = \frac{\mathrm{d}\ln y}{\mathrm{d}t} = \frac{\frac{\mathrm{d}y}{y}}{t}$，$\beta_1$ 度量了平均增长率。

令 y 分别为 Y，G。利用 Eviews5.0 进行回归分析，结果如下：

$$\ln \hat{Y} = -330.1241 + 0.169692t \tag{13}$$

$$s = (15.72439) \quad (0.007864)$$

$$t = (-20.99439)(21.57793)$$

$$R^2 = 0.978974,\ \bar{R}^2 = 0.97687$$

$$F = 465.6069,\ DW = 2.617473,\ SE = 0.094042$$

$$\ln G = -197.517 + 0.104291t \tag{14}$$

$$s = (13.44815) \quad (0.006726)$$

$$t = (-14.68730)(15.50622)$$

$$R^2 = 0.960071,\ \bar{R}^2 = 0.956078$$

$$F = 240.4430,\ DW = 1.930674,\ SE = 0.080428$$

从回归方程（13）、（14）可以看出，1994～2005 年本书所测算的 29 个省份的按不变价计算的税收收入和第二、三产业增加值的年均增长率为分别为 16.969%、10.42%。

征管效率提高对税收增长的贡献率 R_A 为：

$$R_A = \frac{0.047704}{0.169692} \times 100\% = 28.11\%$$

第二、三产业增加值的增加对税收增长的贡献率 R_B 为：

$$R_B = 0.88084 \times \frac{0.104291}{0.169692} \times 100\% = 54.14\%$$

税源质量改善对税收增长的贡献率 R_c 为：

$$R_C = 1 - 28.11\% - 54.14\% = 17.75\%$$

三、进一步的讨论

（一）1994 年以来征管效率提高在税收增收中发挥了重要的作用

从以上的分析中我们可以看到，1994～2005 年除四川、重庆外的 29 个省份征管效率平均每年提高 4.77%，征管效率对税收增长的贡献率为 28.11%，征管效率对税收增收功不可没。在过去税收征管效率之所以能发挥如此重要的作用，其一是税制设计上的原因。我国现行税制源于 1994 年分税制改革时的设计，其时为了应对超过 20% 以上的通货膨胀率，同时扭转中央财政收入占全国财政收入的比重不断下降，财政收入占 GDP 比重也不断下滑的趋势，加之，当时的税收征管水平较低，为了筹集到 5000 亿元的税收收入，就可能要事先设定一个 1.5 万亿元的框架。这就为以后税收征管效率的提高留下了巨大的空间。其二是税务机关对税源的监控能力显著提高。1994 年后税务机关高度重视税收信息化建设，以金税工程为代表的税收信息管理系统显著提高了税务机关的信息化水平。2000 年后国家税务总局启动了重点税源监控系统工程，截至 2004 年，由国家税务总局直接监控的税收收入已占全国税收收入的 44%（《税源监控管理及其数据应用分析》编委会，2005）。这些措施都显著提高了税务机关对税源的监控能力。

在未来相当长的一段时间内，税务征管效率还将不断提高。形成这一判断的基本理由是，与美国等发达国家相比，我国目前的税收征管效率还处在一个比较低的水平。1999～2000 年我国地下经济规模占 GDP 的比重为 16.1%，而同期美国为 8.7%（Schneider，2005）。这从一个侧面说明我国税收征管效率的提高还有巨大的潜力与空间。因而可以合理地预期，随着税收管理的信息化、科学化水平不断提高，在今后相当长的一段时间内，我国的税收征管效率还将不断提高，征收率也将不断提高，反映在宏观税负上那就是宏观税负仍将会持续走高。

（二）当税收征管效率达到足够高的水平时，税收征管效率将不再是税收增收的重要手段

征管效率的提高是有上限的，换言之，征收率也是有上限的。对一个国家而言，税收征收率当然越高越好。但这是否意味着税务机关的目标就应该是消除所有的逃税行为呢？如果不是，多少逃税可以容忍，多少逃税不可以容忍，容忍与不能容忍的界限在哪儿？

由于税收制度无法自我实施，必须为其添加一种额外的实施机制（青木昌

彦，2001)，添加具备特定行动集合的实施者（如税收稽查局、法庭等）来改变博弈形式，改变博弈参与者的后果函数。在税收领域，这种额外的实施机制主要体现为税收稽查和对税收不遵从者的惩罚。

但这种实施机制的运行必将耗费大量的社会资源，从而减少了直接为社会目标作贡献所需的宝贵资源。我们可以合理地假定，当逃税比较盛行时，一般而言，税务机关会首先选择容易发现而且逃税额较大的案件予以打击。此时，减少逃税耗费的边际成本极少，而所带来的边际收益极高。但随着逃税的减少，或者逃税所采用的逃税形式变得越来越隐蔽，或逃税额极小。因此，消除逃税所带来的边际收益越来越小，成本变得越来越大。消除逃税的目标应该是使消除逃税所带来的边际收益（MR）与消除逃税所产生的边际成本（MC）相等时为止。因此，征收率也是有上限的，换言之，征管效率的提高也是有上限的。因此，我们在强调税收管理科学化、精细化的同时，不应忘记成本效益原则。当税收征管效率达到足够高的水平时，税收收入增长将逐步趋向于单纯依靠经济因素，征管因素将不再是税收增收的手段。

四、结论

自1994年以来，我国税收收入持续、快速地增长。那么在税收增收过程中，有多大份额源于征管效率的提高？对这个重要的理论问题，我们尚缺乏充分的研究。本书基于29个省份的面板数据分析表明1994～2005年税收征管效率平均每年提高4.77%，征管效率对税收增收的贡献率为28.11%。进一步地分析表明，征管效率的提高在今后相当长的一段时间内对税收增收都将发挥重要的作用，但当征管效率达到足够高的水平时，征管效率将不再是税收增收的重要手段。

第三章　非参数方法与税收征管效率测算①

非参数方法的优越性在于无需对生产函数的形式进行设定，近年来被广泛地应用于生产效率的测度中。本章引入非参数方法对税收征管效率进行了系统研究。其主要内容包括：第一节以 DEA 模型为基础，对 2007 年我国 30 个省、直辖市、自治区的税收征管效率进行了测算；第二节以 1997～2007 年我国 30 个省、直辖市、自治区的面板数据为基础，采用 Malmquist 生产效率指数法，对我国税收征管效率进行了定量测算和分解；第三节将 SBM 模型与三阶段 DEA 方法相结合，考虑松弛量对效率测度的影响，同时控制外部环境与随机误差的影响，评估了 1997～2007 年我国 30 个省、直辖市、自治区的税收征管效率；第四节采用三种非参数方法对 1997～2009 年我国国税系统的税收征管效率进行了测算和分析。

第一节　基于 DEA 方法的我国税收征管效率分析

税收征管效率是考核税收征管工作成效的一个重要方面，是征税过程本身的效率。它要求在其他条件不变的前提下，税务机关以尽可能低的投入，取得尽可能多的产出。在实践中，人们常用征管成本率、人均征收额、税收计划完成程度、税收收入增长率等指标来评价征管效率的高低。但是由于我国各地经济社会发展不平衡，仅仅依靠这些指标来评价征管效率无疑具有极大的不合理成分。本节的主要目的是引入 DEA 模型对我国 30 个省、直辖市、自治区 2007 年税收征管的相对效率进行评价。

---

① 本章主体部分发表在《税务与经济》2010 年第 3 期、《当代财经》2010 年第 8 期、《税务与经济》2012 年第 1 期、《财经论丛》2012 年第 4 期。

一、DEA 模型及指标选取

（一）DEA 模型

DEA 方法又称数据包络分析法（Data Envelopment Analysis），它是由著名运筹学家 Charnes 和 Cooper 等以相对效率为基础发展起来的一种效率评价方法。因其具有客观性、不用考虑量纲、分析结果具有明确的经济意义等优点，其应用领域不断扩大（吴育华，等，2008）。

传统的 DEA 方法主要有假定规模收益不变的 C^2R 模型和假定规模收益可变的 BCC 模型，其基本思想如下：

设有 n 个决策单元 DMU_j，DMU_j 的输入为 $X_j=(x_{1j}, \cdots x_{mj})^T$，$DMU_j$ 的输出为 $Y_j=(y_{1j}, \cdots y_{sj})^T$。对应于权系数 $v=(v_1, \cdots, v_m)^T$，$u=(u_1, \cdots, u_s)^T$，每个决策单元都有相应的效率评价指数：

$$h_j=\frac{u^T Y_j}{v^T X_j},\ j=1,\ 2,\ \cdots,\ n$$

可以适当地选择权系数 v 和 u，使其满足 $h_j \leqslant 1,\ 2,\ \cdots,\ n$。

对第 j_0 个决策单元进行效率评价，在各决策单元的效率评价指标均不超过 1 的条件下，选择权系数 v 和 u，使 h_0 最大，于是构成如下的最优化模型：

$$\max h_0=\frac{u^T Y_0}{v^T X_0}=V_p$$

$$(\bar{P})\ s.t. \begin{cases} h_j=\dfrac{u^T Y_j}{v_T X_j} \leqslant 1,\ j=1,\ 2,\ \cdots,\ n \\ v \geqslant 0,\ u \geqslant 0 \end{cases}$$

利用 Charnes-Cooper 变换，可以将（$\bar{P}$）化为一个等价的线性规划问题。令：

$$t=\frac{1}{v^T X_0},\ w=tv,\ \mu=tu$$

则原分式规划转化为：

$$(P_1) \begin{cases} \max \mu^T Y_0=V_{P1} \\ s.t.\ w^T X_j-\mu^T Y_j \geqslant 0,\ j=1,\ 2,\ \cdots,\ n \\ w^T X_0=1 \\ w \geqslant 0,\ \mu \geqslant 0 \end{cases}$$

若 P_1 的最优解 w_0 和 μ_0 满足 $V_p=\mu^T Y_0=1$，则称 DMU_{j0} 为弱 DEA 有效，若 P_1 存在某一最优解 w_0 和 μ_0 满足 $V_p=\mu^T Y_0=1$，且 $w_0>0$，$v_0>0$，则称 DMU_{j0} 为

DEA 有效。

（二）指标选取

征税过程的实质就是一个投入产出过程，其投入主要包括税源数量、税源质量、税务机关投入的人力资本的数量、质量、物力及财力，其产出主要有税收收入、提供的纳税服务及税收宣传等。本书选取的投入指标有：

1. 第二、三产业增加值。GDP 是指按市场价格计算的一个国家（或地区）所有常住单位在一定时期内生产活动的最终成果。从宏观角度来讲，GDP 是最大的税源，税收的实质是对 GDP 的部分分割。因此，GDP 是代表广义的税源的一个指标。但考虑到取消农业税后，第一产业基本不提供税收，因而在本书中用第二、三产业增加值来表示税源数量。

2. 营业盈余占 GDP 的比重。税收收入的多少不仅和税源数量有关系，而且还受税源质量的影响。例如，两个企业生产同样的产品，销售收入都是 800 万元，但这两个企业最终应缴的税金总额却不一样。营业盈余是指一个国家或地区的常住单位创造的增加值扣除劳动者报酬、生产税净额和固定资产折旧后的余额。它相当于企业的营业利润加上生产补贴，但要扣除从利润中开支的工资和福利等。因此营业盈余占 GDP 的比重可以较好地反映一个国家或地区的经济效益水平。本书用其作为税源质量的代理变量，该比重越高，表示税源质量越好。

3. 税务人员数量。实施税法时由公共部门支付的行政费用，如税务机关在征税过程中投入的人力、支付的工资及福利、建造办公场所的费用及办公经费等，通常将这些成本称为管理成本。各地税务机关投入的人员数量直接影响到管理成本的高低，本书将税务人员数量作为一个投入指标。

4. 大学及大学以上受教育程度人员的比重。征税是一个劳动密集型行业，其人员素质的高低直接关系到征管效率的高低，本书用各地税务人员中大学及以上受教育程度人员所占比重作为人员素质的替代变量。

考虑到各地税务机关的办公经费没有准确的统计数据，在本研究中没有将其列为投入指标。

此外，税务机关的产出具有多个维度，他们要完成税收计划，要依法征税，应收尽收，要为纳税人提供优质服务，要进行税收宣传，要设法减少纳税人的遵从成本，等等（杨得前，2006）。但是税收收入以外的其他产出指标，在度量上存在极大的困难，因而本书仅将税收收入作为税务机关的产出指标。

二、数据来源与实证分析

本书使用 2007 年 30 个省、直辖市、自治区的数据对其税收征管效率进行测算，其中，税务部门征收的税收收入，税务机构人员数、教育程度数据源自《中国税务年鉴（2008）》；各地区第二、三产业增加值、营业盈余占 GDP 比重源于《中国统计年鉴（2008）》。以表 3－1 的数据为基础，用 deap2.1 软件测算这 30 个省、直辖市、自治区的税收征管的综合效率、技术效率及规模效率。其中，综合效率反映被评价对象的产出水平保持不变时，如以处于效率前沿面的考察单元为标准与实际所需要的投入比例。技术效率反映在给定投入的情况下被评价对象获取最大产出的能力，而规模效率则反映被评价对象是否在最合适的规模下进行经营。综合效率＝技术效率×规模效率。结果见表 3－2、表 3－3。

从表 3－2 可以看出，整体来讲，我国各省、直辖市、自治区的税收征管效率仍处于一个较低水平，除上海综合效率为 1 外，其他地区的综合效率均小于 1，全国综合效率的平均值为 0.386，技术效率的平均值为 0.827，税收征管效率还有很大提升空间。从表 3－3 可以看出，由于税收征管效率处在一个较低水平，相当一部分潜在的税源没有转化为现实的税收，其具体表现是在技术效率非有效的地区，均存在相当程度的第二、三产业增加值投入冗余。

表 3－1　　2007 年各省、直辖市、自治区征税过程中的投入与产出

地区	税收收入（亿元）	营业盈余占 GDP 的比重（%）	第二、三产业增加值（亿元）	人员总数	本科及本科以上人员所占比重（%）
上海	6470.533	32.020	12087.010	11248	53.325
北京	4322.890	26.940	9252.060	14158	66.238
广东	4552.452	32.400	29388.830	50474	50.067
江苏	4349.829	32.610	23924.920	34970	58.876
天津	1620.081	35.910	4940.210	8503	60.367
云南	1022.101	21.200	3903.960	23857	28.906
海南	209.372	25.210	862.210	5692	26.757
浙江	2634.730	31.520	17794.410	32651	61.453
贵州	476.678	25.240	2295.520	14658	39.746
新疆	592.869	28.530	2894.440	15389	43.979
山西	1100.336	36.920	5463.670	27107	38.625
山东	2396.009	34.390	23456.770	47438	50.348
陕西	819.527	31.070	4873.160	24064	43.401
宁夏	123.981	21.920	791.310	4421	58.765
甘肃	361.903	23.700	2316.430	14192	43.898

续表

地区	税收收入（亿元）	营业盈余占 GDP 的比重（%）	第二、三产业增加值（亿元）	人员总数	本科及本科以上人员所占比重（%）
重庆	550.734	28.520	3640.120	11682	63.337
内蒙古	793.848	37.030	5329.020	21656	22.192
青海	104.105	22.710	700.200	5777	40.454
黑龙江	905.940	37.450	6149.620	23987	51.724
四川	1186.410	25.320	8473.300	39188	48.160
安徽	846.655	28.170	6164.000	24864	52.783
湖北	1042.063	27.800	7852.680	47908	44.540
广西	620.418	31.700	4714.290	21229	45.264
吉林	592.353	27.850	4500.890	22089	45.145
辽宁	1221.550	27.320	9890.090	36225	58.112
河北	1459.480	33.820	11904.780	45448	41.524
湖南	930.196	27.260	7573.480	34616	49.968
江西	558.789	30.890	4594.480	22026	57.487
福建	910.003	31.930	8247.020	18684	54.105
河南	1309.258	34.900	12794.800	41584	32.318

数据来源：根据《中国税务年鉴（2008）》、《中国统计年鉴（2008）》相关数据计算而得。

表 3－2　　2007 年各省、直辖市、自治区税收征管效率

地区	综合效率	技术效率	规模效率	规模递增/递减
上海	1.000	1.000	1.000	不变
北京	0.873	1.000	0.873	递增
广东	0.749	0.889	0.843	递增
江苏	0.660	0.846	0.780	递增
天津	0.613	0.760	0.806	递增
云南	0.489	1.000	0.489	递增
海南	0.454	1.000	0.454	递增
浙江	0.414	0.762	0.543	递增
贵州	0.388	0.882	0.440	递增
新疆	0.383	0.796	0.481	递增
山西	0.376	0.730	0.515	递增

续表

地区	综合效率	技术效率	规模效率	规模递增/递减
山东	0.392	0.696	0.563	递增
陕西	0.314	0.719	0.437	递增
宁夏	0.293	1.000	0.293	递增
甘肃	0.292	0.922	0.316	递增
重庆	0.283	0.780	0.362	递增
内蒙古	0.295	1.000	0.295	递增
青海	0.278	1.000	0.278	递增
黑龙江	0.275	0.617	0.446	递增
四川	0.262	0.849	0.308	递增
安徽	0.257	0.762	0.337	递增
湖北	0.248	0.764	0.325	递增
广西	0.246	0.708	0.347	递增
吉林	0.246	0.778	0.316	递增
辽宁	0.231	0.789	0.293	递增
河北	0.290	0.723	0.401	递增
湖南	0.229	0.778	0.295	递增
江西	0.227	0.699	0.325	递增
福建	0.206	0.710	0.290	递增
河南	0.334	0.849	0.393	递增
几何平均值	0.386	0.827	0.461	

表 3－3　　　　非技术有效地区中各投入量冗余情况分析

地区	营业盈余占 GDP 的比重（%）	第二、三产业增加值（亿元）	税务人员数量	大学及大学以上受教育程度人员的比重（%）
广东	0.000	16861.790	29296.131	0.000
江苏	0.000	11237.373	13980.700	0.000
天津	1.831	328.338	0.000	0.000
浙江	0.000	7047.012	5729.533	0.000
贵州	0.000	41.839	0.000	0.000
新疆	0.000	184.297	0.000	0.000
山西	0.000	0.000	2091.192	0.000

续表

地区	营业盈余占 GDP 的比重（%）	第二、三产业增加值（亿元）	税务人员数量	大学及大学以上受教育程度人员的比重（%）
山东	0.000	10364.610	12359.205	0.000
陕西	0.000	539.412	0.000	0.000
甘肃	0.000	51.236	0.000	0.000
重庆	0.000	965.921	0.000	0.000
黑龙江	0.000	910.867	0.000	0.000
四川	0.000	3019.985	9879.471	10.099
安徽	0.000	1483.326	0.000	3.428
湖北	0.000	2061.876	12795.639	4.886
广西	0.000	920.357	0.000	0.000
吉林	0.000	743.091	0.000	0.000
辽宁	0.000	3573.035	5299.127	14.665
河北	0.000	3790.250	10430.391	0.000
湖南	0.000	1985.907	3063.734	9.951
江西	0.000	695.033	0.000	0.000
福建	0.000	3083.121	0.000	0.000
河南	0.000	5675.711	13437.720	0.000
几何平均值	0.061	2518.813	3945.428	1.434

三、简短的结论

（一）经济发展水平对税收征管效率有重要影响

经济决定税收，经济不仅决定了税源的数量与质量，而且还在相当程度上决定了税收征管效率的高低。综合效率较高的省份均为经济较为发达的省份，如上海、北京、广东、江苏，而综合效率低的省份多为经济欠发达的省份。这是因为经济上发达的地区，税源数量较充足，税源质量较好，纳税能力较强，税务机关的人均征收额自然也较高，不仅如此，经济上较发达的省份的税务机关有较多的资金用于信息化建设，这些都将极大地有利于征管效率的提高。

（二）现有技术的作用并没有得到充分发挥

1994 年后，税务机关高度重视税收信息化建设，以金税工程为代表的税收信息管理系统显著提高了税务机关的信息化水平，然而从表 3 - 3 可以看出，在本书测算的 30 个省、直辖市、自治区中，只有 7 个省份的税收征管处于效率前沿面，其他省份的技术效率均小于1，平均的技术效率为0.827。这说明现有技术的潜能并没有得到充分发挥。其中一个重要原因可能是，相当一部分地方的税务机关过于片面地强调税收信息化的作用，而忽视了税务干部主观能动性与积极性的发挥，未能实现“人机”的有效结合。因而要提高税收征管效率，必须在充分利用现代信息技术的同时，不断强化管理手段，做到专业化与信息化的有机结合。

此外，税务人员数量过于庞大是造成征管效率低下的一个重要原因。我国目前约有80万税务干部，而经济总量庞大得多的美国同一时期仅有10万人从事税收征管工作（IRS，2008）。表3-3显示，在本书研究的30个省份中平均冗员为3945人，这又一次有力地说明建立一个精简、高效的税务机构是实现税收征管效率进一步提高的重要前提和基础。

第二节　基于Malmquist指数我国税收征管效率的动态评价

本节的主要目的在于以我国各省、直辖市、自治区1997~2007年的面板数据为基础，运用基于数据包络分析（Data Envelopment Analysis，DEA）的Malmquist生产效率指数法对我国税收征管动态效率进行定量测算与分析，并尝试对实证结果做进一步的解释。

一、Malmquist生产效率指数与指标选择

（一）Malmquist生产效率指数及其分解

传统的DEA分析，无论是基于规模收益不变（CRS）的DEA模型，还是基于规模收益可变（VRS）的DEA模型，都只能适用于同一时期不同决策单元相对效率的评价。而Malmquist指数则可以对同一决策单元在不同时点上的效率提高程度进行定量测量。该方法由Färe等人于1994年提出，它是用Shephard（1970）提出的距离函数来定义的。Malmquist指数可以表示为：

$$M_{t,t+1}=\left[\frac{D^t(x^{t+1},\ y^{t+1})}{D^t(x^t,\ y^t)}\times\frac{D^{t+1}(x^{t+1},\ y^{t+1})}{D^{t+1}(x^t,\ y^t)}\right]^{\frac{1}{2}} \tag{1}$$

其中，$D^t(x^t,\ y^t)$ 为Shephard（1970）提出的距离函数，由下式确定：

$$D^t(x^t,\ y^t)=\inf_{\theta}\{\theta:\ (\theta X^t,\ Y^t)\in P(X)\} \tag{2}$$

其中，$P(X)$ 为一定技术对应的生产可能集。$D^t(x^t,\ y^t)$ 表示生产配置 $(X^t,\ Y^t)$ 到 t 时刻系统前沿面的距离。距离函数实际上就是面向投入的DEA模

型的效率函数值，即有：

$$D^t(x^t,\ y^t)=F^t(x^t,\ y^t) \tag{3}$$

进而，Malmquist 指数可以表示为：

$$\begin{aligned}M_{t,t+1}&=\left[\frac{D^t(x^{t+1},\ y^{t+1})}{D^t(x^t,\ y^t)}\times\frac{D^{t+1}(x^{t+1},\ y^{t+1})}{D^{t+1}(x^t,\ y^t)}\right]^{\frac{1}{2}}\\&=\left[\frac{F^t(x^{t+1},\ y^{t+1})}{F^t(x^t,\ y^t)}\times\frac{F^{t+1}(x^{t+1},\ y^{t+1})}{F^{t+1}(x^t,\ y^t)}\right]^{\frac{1}{2}}\\&=\frac{F_t^{t+1}(x^{t+1},\ y^{t+1})}{F_t^{t+1}(x^t,\ y^t)}\end{aligned} \tag{4}$$

从上式可以看出，Malmquist 指数实质就是一个效率指数，反映 t 到 $t+1$ 阶段效率变化。在经济分析中，常用该指数反映全要素生产率的变化。

Malmquist 指数可以进行如下分解：

$$\begin{aligned}M_{t,t+1}&=\left[\frac{F^t(x^{t+1},\ y^{t+1})}{F^t(x^t,\ y^t)}\times\frac{F^{t+1}(x^{t+1},\ y^{t+1})}{F^{t+1}(x^t,\ y^t)}\right]^{\frac{1}{2}}\\&=\left[\frac{F^t(X^{t+1},\ Y^{t+1})}{F^{t+1}(X^{t+1},\ Y^{t+1})}\times\frac{F^t(X^t,\ Y^t)}{F^{t+1}(X^t,\ Y^t)}\right]^{\frac{1}{2}}\times\frac{F^{t+1}(X^{t+1},\ Y^{t+1})}{F^t(X^t,\ Y^t)}\end{aligned} \tag{5}$$

即 Malmquist 指数可以分解为技术变化指数（TECH）和技术效率变化指数（EFF）。其中：

$$技术变化指数=\left[\frac{F^t(X^{t+1},\ Y^{t+1})}{F^{t+1}(X^{t+1},\ Y^{t+1})}\times\frac{F^t(X^t,\ Y^t)}{F^{t+1}(X^t,\ Y^t)}\right]^{\frac{1}{2}} \tag{6}$$

$$技术效率变化指数=\frac{F^{t+1}(X^{t+1},\ Y^{t+1})}{F^t(X^t,\ Y^t)} \tag{7}$$

由上面的讨论显然可以得出，生产率的提高可以通过技术变化与技术效率变化两种不同的途径来获得（科埃利，等，2008）。更具体地说，技术变化指数反映了生产前沿面的移动对生产率变化的贡献程度，也就是反映了生产中技术进步的情况。技术效率变化则反映了一定时期内组织管理水平的变化，即该决策单元从给定的一组投入中获取最大产出的能力。可以设想，在技术不发生变化时，一个决策单元也可以通过更有效地利用投入，从而运营在更接近技术前沿的位置上来提高它的生产率（刘兴凯，2009）。

类似地，技术效率变化指数可以分解为纯技术效率指数（PECH）和规模效率指数（SECH）。其中，纯效率变化测量的是在变动规模报酬假定下的技术效率变化程度，规模效率指数表明了其是否在一个合适的规模下运营。这种分解的意义在于可以进一步揭示技术效率变化的成因。

如果 Malmquist 指数大于 1，则表明综合生产率水平提高；小于 1，则表明生产率退化。构成该指数的某一变化率大于 1，表明其是生产率提高的根源；小于 1，则表明其是生产率退化的根源。

（二）投入产出指标的选取

征税过程可以看作是一个投入产出过程（王德祥，等，2009；吕冰洋，等，2009），征税过程中的投入主要包括税源数量、税源质量、税务机关投入的人力资本的数量、质量、物力及财力，其产出主要是税收收入、纳税服务等。合理地定义投入与产出，是正确利用 Malmquist 指数计量征管效率的一个关键问题。借鉴杨得前（2008），王德祥、李建军（2009）选择的指标，本书选取的投入指标有：

1. 税源数量。税源可以从宏观、微观等不同的层面来理解。从宏观层面来看，一个国家或地区的税收只能源于对 GDP 的分割。因而，GDP 是能够较好地代表宏观层面的一个税源指标。但由于我国目前第一产业提供的税收较少，因而采用第二、三产业增加值来反映税源数量应该更为合适。

2. 税源质量。税收不仅会受税源数量的影响，而且也受税源质量的影响。在税源数量相同的情况下，税源质量越好，最终的税收产出越多。营业盈余是指一个国家或地区的常住单位创造的增加值扣除劳动者报酬、生产税净额和固定资产折旧后的余额。因此营业盈余占 GDP 的比重能够近似地反映一个国家或地区的经济效益水平。在本研究中，用其表示税源质量的高低，其比重越大，反映其税源质量越好。

3. 人力资本数量。任何税法在实施过程中都会产生管理费用。它主要是税务机关为保证税法的顺利实施而付出的各种费用。如税务人员的薪酬、津贴、办公经费、差旅费等。征税是一种典型的劳动密集型活动，税务人员数量的多少会对最终的税收产出及管理成本产生重要影响，本书将税务人员数量作为一个投入指标。

4. 人力资本质量。在税收征管过程，人员素质的高低会直接影响到税收征管的质量与效率，而受教育水平是人力资本质量高低的一个重要标志。因而，在本研究中用各地税务人员中大学及以上受教育程度人员所占比重作为人员素质高低的替代变量。

由于各省税务机关的办公经费没有较准确的统计数据，因而在本书中没有将其列为投入指标。

税务机关的产出主要包括两个方面，一是税收收入，二是纳税服务。由于在对纳税服务的定量测量上存在着极大的困难，因而本书没有将纳税服务作为一个产出指标，而仅将税收收入作为税务机关的产出指标。

二、数据与实证

本书使用1997~2007年30个省、直辖市、自治区的面板数据对其税收征管效率及其进步进行测算，在研究中没有将西藏作为样本，其原因在于《税务统计年鉴》中没有西藏地方税务机关人员构成的相关数据。其中，税务部门征收的税收收入，税务机构人员数、教育程度数据取自于1998~2008年《中国税务年鉴》；各地区第二、三产业增加值、营业盈余占GDP比重取自于1998~2008年《中国统计年鉴》。限于篇幅，本书没有列出1997~2007年各地税务机关的投入产出数据，而仅列出了分析结果，①采用DEAP 2.1软件对我国1997~2007年30个省、直辖市、自治区1997~2007年我国税收征管效率的变化情况进行计算，并将Malmquist指数分解为技术变化指数（TECH）和技术效率变化指数（EFF），其中，技术效率变化指数进一步分解为纯技术效率指数（PECH）和规模效率指数（SECH）。结果见表3-4、表3-5及图3-1，从中可以得出以下几点基本判断。

1. 总体来看，1997~2007年，我国税收征管效率呈现出不断上升的趋势。其具体表现是，我国税收征管效率年平均提高3.6%，技术变化指数平均提高8.4%，是所有指数中变动最为显著的一个指数，综合效率指数平均下降4.4%，纯技术效率指数下降3.6%，规模效率指数下降0.9%。分地区来看，1997~2007年，从税收征管效率指数的变化来看，除河北、安徽、湖北、湖南外，其他地区均呈现上升趋势；从技术效率变化指数的变化来看，除上海外，其他地区的技术效率变化指数均呈不同程度下降；从技术变化指数的变化来看，所有省、直辖市、自治区均呈现出不同程度的上升趋势。

2. 经济发展水平对征管效率有显著影响。从表3-4可以看出，1997~2007年，税收征管效率提高幅度排名前6位的依次为：北京、江苏、上海、山东、天津、广东。征管效率提高较快的多为经济发达省份，这表明征管效率的提高与经济发展水平之间存在一定的内在联系，这可能是因为一方面，经济发达省份的税务机关有更多的资金投入到税收信息化建设中，从而有效提高税源管理与监控能

① 读者如需要1997~2007年各地税务机关的投入产出数据，可以向作者来函索取。

力。另一方面，更为重要的是经济发达的地区，税源数量较充足，税源质量较好，纳税大户多，这些都有利于税收征管效率的提高。

3. 税收征管效率的提高主要源于税收征管中新技术的采用。从表3－5、图3－1可以看出，1997～2007年，在技术效率变化指数下降，技术变化指数上升的同时，税收征管效率指数呈现出明显的上升趋势。因此，技术变化指数的上升是引起征管效率提高的最重要原因。而技术效率变化指数的下降表明了组织管理水平在1997～2007年呈下降趋势，技术变化指数的上升则表明1997～2007年我国税收征管技术水平不断提高。至此，我们可以得出结论，1997～2007年我国征管效率的提高主要源于税收征管中新技术的采用，而不是组织管理水平的提高。

表3－4　　1997～2007年中国各省平均 Malmquist 指数变化及其分解

地区	技术效率变化指数（EFF）	技术变化指数（TECH）	纯技术效率指数（PECH）	规模效率指数（SECH）	征管效率指数（TFPCH）
北京	0.995	1.123	1.000	0.995	1.117
天津	0.997	1.085	0.998	0.999	1.082
河北	0.934	1.039	0.947	0.986	0.971
山西	0.984	1.059	0.990	0.995	1.043
内蒙古	0.953	1.073	1.071	0.889	1.022
辽宁	0.934	1.147	0.949	0.984	1.072
吉林	0.930	1.081	0.901	1.032	1.005
黑龙江	0.953	1.078	0.949	1.004	1.028
上海	1.000	1.130	1.000	1.000	1.130
江苏	0.992	1.153	0.992	1.000	1.144
浙江	0.991	1.079	0.993	0.999	1.069
安徽	0.929	1.059	0.928	1.001	0.984
福建	0.975	1.055	0.976	0.998	1.029
江西	0.971	1.084	0.956	1.016	1.052
山东	0.958	1.138	0.961	0.997	1.091
河南	0.915	1.129	0.933	0.980	1.033
湖北	0.870	1.056	0.876	0.993	0.918
湖南	0.899	1.095	0.876	1.026	0.984
广东	0.972	1.110	0.975	0.997	1.078
广西	0.952	1.067	0.922	1.033	1.016

续表

地区	技术效率变化指数（EFF）	技术变化指数（TECH）	纯技术效率指数（PECH）	规模效率指数（SECH）	征管效率指数（TFPCH）
海南	0.992	1.064	1.000	0.992	1.056
重庆	0.987	1.068	0.994	0.993	1.054
四川	0.888	1.121	0.914	0.972	0.996
贵州	0.957	1.076	0.928	1.030	1.029
云南	0.931	1.055	1.000	0.931	0.982
陕西	0.975	1.065	0.970	1.006	1.039
甘肃	0.949	1.060	0.964	0.984	1.005
青海	0.967	1.064	1.000	0.967	1.029
宁夏	0.949	1.064	1.000	0.949	1.010
新疆	0.985	1.059	0.994	0.992	1.044
几何平均值	0.956	1.084	0.964	0.991	1.036

表 3-5　　1997~2007 年年均 Malmquist 指数变化及其分解

年度	技术效率变化指数（EFF）	技术变化指数（TECH）	纯技术效率指数（PECH）	规模效率指数（SECH）	征管效率指数（TFPCH）
1997~1998	0.952	0.981	0.953	1.000	0.934
1998~1999	0.880	1.218	0.867	1.015	1.072
1999~2000	0.927	1.134	0.981	0.945	1.052
2000~2001	1.002	1.116	1.114	0.900	1.119
2001~2002	1.027	1.015	1.067	0.962	1.042
2002~2003	0.867	1.511	0.950	0.913	1.311
2003~2004	1.028	0.980	0.910	1.131	1.007
2004~2005	1.201	0.654	0.998	1.204	0.786
2005~2006	0.940	1.145	0.962	0.978	1.077
2006~2007	0.788	1.316	0.870	0.906	1.037
几何平均值	0.956	1.084	0.964	0.991	1.036

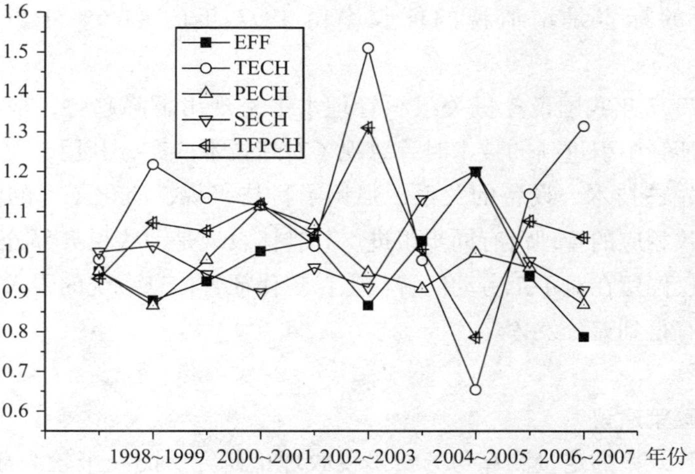

图 3－1　1997～2007 年征管效率平均变动及其分解

4. 技术效率变化指数的下降主要在于纯技术效率的下降。从表 3－5 可以看出，1997～2007 年纯技术效率指数平均下降 3.6%，规模效率指数变化不大，平均下降 0.9%。由于纯技术效率指数反映了生产中现有技术利用的有效程度，纯技术效率指数的下降说明新技术在税收征管中的有效利用程度在下降。因而，组织管理水平的下降主要是由于税收管理中现有技术利用有效程度的下降，而不是规模效率的下降。

三、对征管效率提升原因的进一步讨论

从上述分析中可以看出，1997～2007 年我国税收征管效率平均每年提高 3.5%，税收征管效率的提高是我国税收收入增长快于 GDP 增长的一个重要原因。而税收征管效率的提高主要源于税收征管中新技术的采用，而不是组织管理水平的提高。我国税收征管中的技术进步之所以较快，其主要根源在于 1994 年分税制改革后，我国税务机关开始把计算机技术引入税收管理的各个环节，使税收管理实现了由传统的手工操作方式向现代管理的重大转变。1998 年后，国家税务总局提出了“科技加管理”、“信息化加专业化”的总体改革思路，1998 年初启动的金税工程二期，2003 年 10 月开始的金税工程三期显著地提高了税收管理的信息化、网络化水平，有效提高了税务机关监控税源的能力，尤其是对增值税税源的监控能力，提高了税务机关税源管理的效率，降低了税源管理的成本。从表 3－5 可以看出，2003 年也是征管效率指数和技术变化指数最高的一个年份。

另一个显著的标志是增值税的征收率由1997年的44.6%上升至2006年的86.26%。

1997～2007年我国税务机关组织管理水平呈现出下降趋势，根本原因在于我们在税收征管中引进新的技术时，忽视了对新技术的充分利用，忽视了合理地处理好人与先进技术、设备的关系，强调了科技兴税，淡化了人的能动性的发挥，进而导致相应的管理没有同步跟进。其具体表现是一些税务部分对税收信息化的应用仅仅停留在对手工劳动的替代上，现代征管信息系统的强大的信息处理能力还远没有得到充分发挥。

四、结论与政策建议

税收征管效率的定量测算与分析是税收理论研究中的一个较为薄弱的环节，本书采用基于DEA的Malmquist生产率指数对我国1997～2007年30个省、直辖市、自治区的税收征管的效率变化进行了定量测算。结果显示1997～2007年，我国税收征管效率年平均提高3.6%，技术变化指数平均提高8.4%，综合效率指数平均下降4.4%。税收征管效率的提高主要源于征管中新技术的采用，而不是组织管理水平的提高。出现这种现象的原因在于分税制改革后，我国税务机关开始把计算机技术引入税收管理的各个环节，从而有效地提高了税务机关税源监控的能力。但引进新的技术时，未能处理好人与先进技术的关系，强调了科技兴税，淡化了人的能动性的发挥，进而导致税务机关组织管理水平反而出现下降趋势。

必须注意到，征管效率的提升一方面源于税收征管技术的进步，另一方面也源于税收管理水平的提高。在未来的税收征管工作中，一方面，应坚定不移地坚持科技兴税的发展战略，另一方面，也应高度重视税收管理创新，最大限度地发挥人的主观能动性，切实提高各项税收工作的管理水平，使现代征管技术最大限度地发挥其作用。真正实现先进的征管技术与高效的管理手段有机融合。唯有如此，才能推动税收征管效率的不断提高。

第三节　基于修正的三阶段DEA方法的税收征管效率分析

一、引言

由于税务部门的生产具有特殊性，用生产函数形式难以对其进行描述，基于回归技术的随机前沿方法（SFA）由于需要设定决策主体的生产函数形式，用其直接进行税务征管效率评估可能存在偏误。DEA 技术采用数学优化方法计算出前沿产出边界，不需要明确生产函数的结构形式，但研究者普遍采用的是经典 DEA 方法，一方面，基于 Farrell（1957）效率测度思想的 CCR 模式和 BCC 模式下的经典 DEA 方法属于径向（radial）和线性分段（piece-wise linear）的度量理论，没有考虑松弛量（slack）的影响，可能造成效率测度的偏误；另一方面，经典 DEA 法也没有考虑各主体所处外部环境以及随机误差的可能影响，得到的效率得分可能低估或高估实际效率水平（Worthington，2000）。

本节采用修正的三阶段 DEA 方法对 1997～2007 年我国 30 个省、直辖市、自治区的税务部门的税收征管效率进行评估。与现有研究不同的是，本书通过结合 Tone（2001）的基于投入松弛测度（slack-based measure）SBM 模型，扩展了 Fried 等（2002）的三阶段 DEA 法（there-stage DEA），利用修正的三阶段 DEA 法，考虑松弛量对效率测度的影响，同时剔除外部环境与随机误差对效率的影响，以更准确地评估和分析各地的税收征管效率。

二、技术方法、变量及数据

（一）修正的三阶段 DEA 模型

针对传统 DEA 模型没有考虑环境因素对效率的影响，Fried 等（1999）提出了四阶段 DEA 法，而四阶段法却无法调整随机误差的影响，为此 Fried 等（2002）进一步对其四阶段 DEA 法进行了优化，提出三阶段 DEA（there-stage DEA）法，同时调整了环境变量与随机误差项等因素的影响。但是，四阶段和三阶段 DEA 法的第一阶段初始效率和最后一阶段调整效率值的计算都是建立在 BCC 模式基础之上的，而作为经典 DEA 模型的 BCC 模式在效率估计时将松弛量弃之不用，可能造成效率测度的较大偏误①。Tone（2001）提出了一种基于松弛测度（slack-based measure）的 SBM 模式 DEA 模型，明确地将松弛量引入目标函数，很好地解决了传统模型忽略松弛量信息可能造成偏误的问题。本书通过将 SBM 模型与三阶段 DEA 法相结合，利用修正的三阶段 DEA 法，考虑松弛量对效率测度的影响，同时剔除外部环境与随机误差对效率的影响，以更准确地评估各地的税收征管效率。三阶段 DEA－SBM 法具体步骤如下：

① 投入和产出松弛量本质上是违反新古典假设的，例如，在投入导向的 DEA 方法中，投入松弛量与投入的强可处置性（strong diposability）假说联系在一起，允许投入的零边际产出，这使无差异曲线或效率边界有时会形成水平或垂直的前沿面；在这种情况下，被认为是径向有效率的决策单元仍可能缩减额外的投入，这种额外的潜在投入的缩减被称为非径向投入松弛量（non-radial input slacks）。

1. 第一阶段：BCC 模型和 SBM 模型

本书在第一阶段采用投入导向可变规模报酬下的 BCC 模型和 SBM 模型进行各地税收征管效率的分析。我们假定有 n 个决策单位，每个单位利用 m 项投入（$i=1, 2, \cdots, m$）生产 s 项产出（$r=1, 2, \cdots, s$）。对特定决策单位 DMU_o（$o=1, 2, \cdots, n$），对应的投入向量和产出向量分别定义为 $x_o \in R_+^m$ 和 $y_o \in R_+^s$，投入和产出矩阵则分别定义为 $X=(x_1, \cdots, x_n) \in R_+^{m \times n}$ 和 $Y=(y_1, \cdots, y_n) \in R_+^{s \times n}$。在经典的基于投入导向规模报酬可变的 *BCC* 模式 *DEA* 模型中，对特定决策单位 DMU_o，纯技术效率可以通过下列线性规划式求得：

$$\begin{aligned} &\min_{\theta,\lambda} \theta_o \\ \text{s. t. } & y_o \leqslant Y\lambda \\ & \theta_o x_o \geqslant X\lambda \\ & \sum_{j=1}^{n} \lambda_j = 1, \ \lambda_j \geqslant 0 \quad (j=1, \cdots, n) \end{aligned} \tag{1}$$

其中，$\lambda=(\lambda_1, \cdots, \lambda_n)'$ 为权重向量。由于 BCC 模型作为一个成熟的 DEA 模型，其数学原理已经非常清晰，这里不再赘述。

Tone（2001）明确将松弛量引入目标函数，提出 SBM 模式的 DEA 模型。对特定决策单位 DMU_o，基于投入导向可变规模报酬下的 SBM 模型可表示为：

$$\begin{aligned} &\min_{s^-,\lambda} \rho_o = 1 - \frac{1}{m} \sum_{i=1}^{m} s_i^- / x_{io} \\ s.\ t.\ & x_{io} = \sum_{j=1}^{n} x_{ij}\lambda_j + s_i^- \quad (i=1, 2, \cdots, m) \\ & y_{ro} \leqslant \sum_{j=1}^{n} y_{rj}\lambda_j \quad (r=1, 2, \cdots, s) \\ & \sum_{j=1}^{n} \lambda_j = 1, \ \lambda_j \geqslant 0 \quad (j=1, \cdots, n) \\ & s_i^- \geqslant 0 \end{aligned} \tag{2}$$

其中，s_i^- 表示第 i 个投入的松弛量。当 $\rho_o=1$ 时，DMU_o 将位于效率前沿，投入松弛量为 0。对任一 DMU，若 SBM 模式下有效，则 BCC 模式下也有效，且对无效的决策单元，SBM 的效率值小于或等于 BCC 的效率值。但是，即使 Tone（2001）的 SBM 模型将松弛量信息纳入目标函数，仍没有消除环境因素与随机误差对效率的影响，此时的效率值无法反映到底是由管理原因造成的低效，还是由环境因素和随机误差原因所导致的低效，于是我们进行第二阶段分析。

2. 第二阶段：通过 SFA 模型对投入变量进行调整

根据第一阶段的 SBM 模式及各投入产出变量数据，可确定各投入变量的松弛量，该投入松弛量作为被考察对象的实际投入与最佳效率下的投入之差，同时受到了环境因素、随机误差以及内部管理三个因素的影响。我们运利用 SFA 模型分解第一阶段所得的投入松弛量。

首先建立松弛变量：$s_{io}^- = x_{io} - \sum_{i=1}^{n} x_{ij}\lambda_j \geqslant 0, o = 1, \cdots, n, i = 1, 2, \cdots, m$ (3)

假设 s_{io}^- 受 p 个可观察环境变量 $Z'_o = (z_{1o},\ \cdots,\ z_{po})$ 的影响，可利用随机前沿法（SFA）建立松弛变量 s_{io}^- 与 Z_o 的关系模型：

$$s_{io}^- = f^i(Z_o,\ \beta^i) + v_{io} + u_{io} \tag{4}$$

我们取 $f^i(Z_o,\ \beta^i) = Z'_o\beta^i$，$\beta^i$ 是对应因变量为第 i 个投入松弛量时相应的环境变量待估参数向量，$v_{io} + u_{io}$ 为复合误差项，研究中常假定 $v_{io} \sim N(0,\ \sigma_v^2)$，代表随机误差，假定 $u_{io} \geqslant 0$，$u_{io} \sim half\ normal(\mu,\ \sigma_u^2)$，代表管理无效率，$v_{io}$ 与 u_{io} 互相独立。特别地，当 $\gamma = \frac{\sigma_u^2}{\sigma_u^2 + \sigma_v^2}$ 接近于 1 时，管理因素的影响占主导地位，当 $\gamma = \frac{\sigma_u^2}{\sigma_u^2 + \sigma_v^2}$ 接近于 0 时，随机误差影响占主导地位。

为调整投入，须从 SFA 模型的混合误差中把随机误差分离出来。根据 Jondrow 等（1982），通过管理无效率的条件估计，可得 v_{io} 的估计量：

$$\hat{E}\ [v_{io} \mid v_{io} + u_{io}] = s_{io}^- - Z'_o\hat{\beta}^o - \hat{E}\ [u_{io} \mid v_{io} + u_{io}] \tag{5}$$

其中，$\hat{E}[u_{io} \mid v_{io} + u_{io}] = \frac{\sigma\lambda}{1+\lambda^2}\left[\frac{\phi((v_{io}+u_{io})\lambda/\sigma)}{1-\Phi((v_{io}+u_{io})\lambda/\sigma)} - \frac{(v_{io}+u_{io})\lambda}{\sigma}\right]$，$\lambda = \sigma_u/\sigma_v$，$\sigma = \sqrt{\sigma_u^2 + \sigma_v^2}$，$\phi(\cdot)$ 和 $\Phi(\cdot)$ 分别为标准正态分布的密度函数和分布函数。

Fried 等（2002）建议采用投入量调整方法，即基于最有效率的 DMU，以其实际投入量为基准，对投入量进行调整，调整后的投入量 x_{io}^A 为：

$$x_{io}^A = x_{io} + [\max_o\{Z'_o\hat{\beta}^i\} - Z'_o\hat{\beta}^i] + [\max_o\{\hat{v}_{io}\} - \hat{v}_{io}] \tag{6}$$

即式（6）右边第二项相当于把全部决策单位调整于相同环境，式（6）右边第三项相当于将全部决策单位的随机误差调整为相同情形。

3. 第三阶段：调整后的 DEA 效率

利用第二阶段调整各投入变量得到的 x_{io}^A 代替原始投入数据 x_{io}（其中，$i=1,\ 2,\ \cdots,\ m,\ o=1,\ 2,\ \cdots,\ n$），根据第一阶段的 SBM 模型计算出新的效率值。由于剔除了环境因素和随机误差因素的影响，因此，第三阶段得到的效率值能更准确地反映各 DMU 的实际效率水平。

（二）变量及数据

税务机关是一个特殊的生产部门，根据税收的产生过程特征，并参照已有的文献，本书以税收收入（万元）[①] 为产出指标，以第一产业增加值（亿元）、第二产业增加值（亿元）、第三产业增加值（亿元）、企业盈余（亿元）和税务机构人员数（人）为投入指标，将税务部门征税视为多投入单一产出的生产系统。

在税收征管效率评价中，环境变量指的是那些影响税收征管效率但并非税务部门主观可控范围之内的因素。税收征管效率是征税过程本身的效率，反映在既定的税制、经济、社会等条件下，税务部门是否以最小的人力物力获取最大的税收收入，主要衡量税务部门征税的组织管理、业务水平和努力程度等。结合税收征管的特性和已有的理论分析，本书主要考虑以下几个因素作为环境变量。（1）人均 GDP，反映地区的宏观经济社会发展环境，经济发展程度不同，则经济系统复杂程度、居民（含法人、自然人）纳税意识等也不同。（2）人口密度，以每平方公里人口数表示，反映人口集中度之地理环境对税收征管的影响。（3）人口与税务人员比，表示税务人员人均管理的范围。（4）税务人员结构变量：税务人员中女性比重、税务人员中大学及以上学历比重。各地税务部门人员结构状况是多种因素造成，且多超出税务机关自身可控的范围。另外，税务人员结构反映了税务部门的禀赋，控制各地税务机关的禀赋差异可使征管效率评价更为客观、可比。（5）经济开放水平不同，地区的文化、观念则存在差异，企业、个人等私人部门和公共部门的行为方式可能也不尽相同，对税收征管也会产生一定的影响。这里以外商投资企业投资占 GDP 的比例、进出口总额占 GDP 的比例两指标来表征地区的经济开放程度。

本书研究使用的是 1997～2007 年[②]我国 30 个省、直辖市、自治区的数据，不含西藏和港、澳、台地区，其中，税收收入、税务人员及其结构数据来自 1998～2008 年《中国税务年鉴》；各地区三次产业产值、企业盈余、GDP、人口、进出口额、外商投资企业投资额、汇率等数据来自《中国统计年鉴》相关各期以及 Soshoo 搜数数据库；各省、自治区、直辖市的面积数据来自中国政府门户网站：

① 本书研究税务部门（含国、地税两系统）的税收征管效率，因此这里的税收收入是指国、地税系统组织的税收收入，不包括海关在进出口环节征收的税收，也不包括车购办代征的车辆购置税。

② 由于 2008 年之后的《中国税务年鉴》没有公布各地区税务机构人员数，而税务机构人员数是税收征管效率评估中的主要投入变量之一，故本书数据截止时间为 2007 年。

http：//www. gov. cn，中国概况之行政区划。

三、实证分析

（一）第一阶段：未调整前的效率

第一阶段 DEA－SBM 模型下税收征管效率得分见表 3－6，为了便于比较，同时报告了 BCC 模式下效率得分。[①] Tone（2001）指出 SBM 有效决策单位必定 BCC 有效，无效决策单位的 SBM 效率得分要小于或等于 BCC 效率得分。就地区平均来看也是如此，如表 3－6 所示，东部、中部、西部及样本总体在 1997～2007 年的基于 SBM 模型的税收征管效率得分都小于 BCC 模型效率得分。就平均效率而言，1997～2005 年 BCC 模型效率得分整体呈上升态势，但总体效率水平仍不高，这与基于同样方法的崔兴芳（2006）及吕冰洋和李峰（2007）的测算虽因投入指标的差异而有所不同，但总体是一致的；与王德祥和李建军（2009），李建军（2011）基于 SFA 参数方法的测算结果大致趋势也是一致的；而 2005 年以后税收征管效率则呈下降趋势。

从表 3－6 可以看出，基于 SBM 模型的税收征管效率总体得分在 0.5 左右，有很大的提升空间，但与 BCC 模型不同，1997～2007 年税收征管效率呈逐渐下降的趋势，1997 年 SBM 效率得分为 0.5525，2007 年为 0.4504。分地区来看，BCC 模型和 SBM 模型虽仍有较大差异，但总体上表现出税收征管效率东部高于西部、西部又高于中部的区域特征，三大区域经济社会状况、自然条件、历史文化等不同，这意味着环境因素可能影响着各地的税收征管效率，因而有必要进一步剔除因环境差异对税收征管的影响，将各地拉平到同一环境起跑线上，以更准确地测算出真实的税收征管效率水平。

表 3－6　　　　第一阶段未调整的税收征管效率计算得分

	1997 年	1998 年	1999 年	2000 年	2001 年	2002 年	2003 年	2004 年	2005 年	2006 年	2007 年
DEA－BCC 第一阶段效率得分											
东部	0.6652	0.6802	0.6884	0.7095	0.7338	0.7496	0.7154	0.7397	0.7543	0.7277	0.6720
中部	0.5108	0.4943	0.4633	0.4841	0.5237	0.5112	0.5091	0.4942	0.4930	0.4451	0.3863

① 为节约篇幅，这里仅给出了分地区的效率得分，东部包括北京、天津、河北、辽宁、上海、江苏、浙江、福建、山东、广东、海南 11 个省市；中部包括山西、吉林、黑龙江、安徽、江西、河南、湖北、湖南 8 个省；西部包括内蒙古、广西、重庆、四川、贵州、云南、陕西、甘肃、青海、宁夏、新疆 11 个地区。各省、直辖市、自治区样本期效率得分略，有兴趣的读者可向作者索取。

续表

	1997 年	1998 年	1999 年	2000 年	2001 年	2002 年	2003 年	2004 年	2005 年	2006 年	2007 年
西部	0.6907	0.6975	0.6912	0.7104	0.7602	0.7423	0.7129	0.7034	0.6958	0.6399	0.6095
总体	0.6334	0.6370	0.6294	0.6497	0.6874	0.6834	0.6595	0.6609	0.6631	0.6202	0.5729
DEA－SBM 第一阶段效率得分											
东部	0.5981	0.6079	0.5851	0.5980	0.5884	0.6143	0.5945	0.6104	0.6125	0.6005	0.5717
中部	0.3832	0.3848	0.3235	0.3154	0.3147	0.3281	0.3177	0.3231	0.3034	0.2796	0.2546
西部	0.6299	0.6395	0.6051	0.6102	0.5874	0.5896	0.5794	0.5923	0.5647	0.4933	0.4716
总体	0.5525	0.5600	0.5227	0.5271	0.5150	0.5289	0.5151	0.5272	0.5125	0.4756	0.4504

注：效率结果由 DEA－solver 软件计算而得。

（二）第二阶段：SFA 分析

第一阶段中 BCC 和 SBM 模型对效率的初步测算说明，外部环境因素不同程度地影响着各地的税收征管。在第二阶段，我们以 SBM 模型下各投入变量的松弛量（含径向和非径向）为因变量，以非税务部门主管可控的环境变量为解释变量进行 SFA 回归分析，来消减环境因素和随机冲击对税收征管效率测度的影响，结果见表 3－7。

表 3－7　　投入松弛量 SFA 模型估计结果

	第一产业产值松弛量	第二产业产值松弛量	第三产业产值松弛量	企业盈余松弛量	税务人员数松弛量
常数项	－3606.81*** （－170.59）	－17843.2*** （－171.14）	－8802.34*** （－11.253）	－12559.5*** （－111.66）	11555.7*** （120.11）
Log（人均 GDP）	1042.71*** （37.826）	5697.0*** （57.22）	2350.62*** （11.126）	3486，34*** （40.645）	11490.8*** （20.918）
人口密度	－0.663*** （－9.0977）	－2.0107*** （－5.037）	－0.7666*** （－4.4613）	－1.1765** （－5.4613）	9.4977*** （8.3992）
人口税务人员比	0.2025*** （6.0448）	0.9546*** （4.6536）	0.686*** （6.7664）	0.6779*** （5.9452）	－3.271** （－2.489）
女税务人员比	－1019.74*** （－4.3047）	－12295.3*** （－20.878）	－2360.23*** （－2.9241）	－3197.3*** （－3.0814）	－150332.1*** （－524.59）
税务人员大学比	－224.522*** （－4.081）	－1753.8*** （－5.3939）	－534.929** （2.342）	－1026.19*** （－4.9096）	2004.6*** （13.811）

续表

	第一产业产值松弛量	第二产业产值松弛量	第三产业产值松弛量	企业盈余松弛量	税务人员数松弛量
外商投资/GDP	-28.81* (-1.904)	-236.81* (-1.751)	28.486 (0.5489)	-35.501 (-0.4890)	-2802.9*** (-3.9982)
进出口总额/GDP	-150.261*** (-3.7992)	-391.484 (-1.503)	-489.01*** (-3.7844)	-506.373*** (-3.1457)	-14241.0*** (-42.427)
γ	0.9455***	0.7472***	0.686***	0.618***	0.919***
Log-likelihood	-2159.37	-2738.87	-2474.67	-2577.95	-3316.7

注：***、**、*分别表示在1%、5%和10%的水平下显著；括号内为对应的t统计量的值；γ为无效率导致的方差占总体方差的比重，其值显著，表示采用随机前沿模型是合适的。

投入松弛量是各地税务部门可以通过改进运作方式，从而达到有效率的运作水平而可能节约的投入量。因而，可以将投入松弛量视为各地税务部门的机会成本，若解释变量与投入松弛量正相关，表明该解释变量不利于税务部门征管效率的提高，反之，若二者负相关，则表明该解释变量有助于降低机会成本，从而有利于税务部门征管效率的提高。从表3-7可知，（1）对数化的人均GDP对各松弛量的系数都显著为正，说明经济发展水平高的地区环境不利于税收征管效率的提高，可能的解释是：经济发展水平越高地区经济活动越复杂，经济主体通过经营及财务活动操作降低纳税、增进经济利益的意识更强，税收征管的难度可能比较大；另一方面，地区经济越发达则税源越充沛，税务部门完成税收计划任务（尽管是指导性计划）越容易，而税务部门又拥有确定税收征管“松紧度”的自由裁量权，这就可能降低税收征管的组织及努力程度，出现税源对征税的逆向激励，从而影响税收征管效率的提升。（2）人口密度与税务人员数松弛量系数显著为正，与其他投入松弛量系数显著为负，这表明人口密度高的地区会引起税务人员数增多，不利于效率提升，但同时又会因各类纳税主体比较集中，而减少其他投入松弛量、提升税收征管效率。（3）人口税务人员比，也即税务人员管理的人口范围的增大能减少税务人员数而有助于征管效率的提高，与此同时不利于其他松弛量的减少而阻遏征管效率的提高。（4）女税务人员比与各投入松弛量系数显著为负，说明女税务人员比重高的税务部门有更高的征管效率，其内在原因可能在于，我国税务机构女职工比例偏低，如2007年平均约为32.9%，“性别效应”难以有效发挥，且税收征管的现代化及税收工作的专业、细致的特点使女性在税收工作有其自身优势。（5）由于税务部门中大学及以上教育程度人员比例主要来自新进大学生，大学生比重的提高则会引起税务人员投入的增加，不利于效率提升；而这部分人员有较高的知识技能水平，且工作富有热情，这又有助于其他投入松弛量的减少，促进征管效率的提高。（6）反映经济开放水平的外商投资企业投资与 GDP 之比、进出口总额与 GDP 之比两指标除对个别松弛量的影响不显著外，其他系数都显著为负，这说明整体上看，经济开放水平高的地区环境有利于税收征管效率的提高，可能的原因在于，在地方“晋升锦标赛竞争”中，地方进行吸引 FDI 竞争，并推行鼓励出口政策，这便激发包括税务部门在内的公共部门改善服务水平、提高服务效率，而随着外商投资和进出口规模的扩大，经济开放水平的提高，效率意识、服务理念、公民意识等水平不断强化的社会环境进一步促进税务部门征管效率水平的提升。

（三）第三阶段：进行投入调整后的效率

根据式（6）进行投入变量调整，以调整后的投入变量为投入，运用第一阶段的 SBM 模型重新计算效率得分，从而消除环境因素和随机误差对税收征管效率的影响，得到更为准确的效率值，该效率得分主要反映税务部门的组织管理、业务水平和努力程度等的纯征管效率，见表 3－8。

在样本期间，第三阶段调整环境因素和随机冲击因素，将各地区拉到同一起跑线后的效率得分明显不同于第一阶段的效率值。从总体平均效率来看，调整后的基于 SBM 模型的平均效率远高于第一阶段调整前的效率值，如 1997 年 30 个地区调整后的平均 SBM 效率为 0.9145，调整前为 0.5525，2007 年调整后的平均效率为 0.8797，调整前为 0.4504；平均而言，调整后的 SBM 效率得分为 0.9075，比未调整的初始 SBM 效率得分 0.5170 高出 0.3905。从变动趋势来看，从 1997～2007 年调整前的平均 SBM 效率下降趋势明显，但第三阶段调整后的平均 SBM 效率虽略有下降，但总体相对比较稳定。

分区域来看，调整后的基于 SBM 模型的平均税收征管效率从高到低依次为中部、西部和东部，但效率水平总体都比较高，且差距不大，中、西、东三区域在样本期间平均效率分别为 0.9210、0.9078、0.8974。从第三阶段调整后的平均效率值与第一阶段调整前的平均效率值比较可知，东部、中部和西部三区域平均效率都有较大幅度的提高，但提高的幅度有较大的差异，其中，中部提高的幅度最大，从调整前的平均效率值 0.3207 增加到调整后的 0.9210，东部提高的幅度相对最小，从 0.5983 提高到 0.8974，这表明环境因素和随机冲击对中部税务部门的影响较西部和东部要大。从变化路径来看，从 1997～2007 年东部调整后的 SBM 效率值呈现出先升后降态势，西部和中部则表现为比较缓和的下降态势，但下降幅度很小，样本区间三大区域调整后的效率水平总体仍相对比较稳定，见表3-8。

表3-8　DEA-SBM第三阶段效率得分

	1997年	1998年	1999年	2000年	2001年	2002年	2003年	2004年	2005年	2006年	2007年
东部	0.8944	0.8955	0.8924	0.8965	0.9041	0.9137	0.9065	0.8978	0.8999	0.8963	0.8745
中部	0.9239	0.9340	0.9247	0.9326	0.9156	0.9332	0.9242	0.9035	0.9158	0.9179	0.9056
西部	0.9277	0.9238	0.9195	0.9234	0.8980	0.9137	0.9012	0.9037	0.9022	0.9058	0.8662
总体	0.9145	0.9161	0.9110	0.9160	0.9049	0.9189	0.9093	0.9015	0.9050	0.9056	0.8797

注：同表3-6。

四、简短的结论

本书运用DEA方法，实证评估了1997~2007年我国30个省、直辖市、自治区的税收征管效率。不同的是，本书结合基于投入松弛测度的SBM模型，扩展了三阶段DEA法，利用修正的三阶段DEA法，考虑松弛量对效率测度的影响，同时剔除外部环境与随机误差对效率的影响，以更准确地评估各地的税收征管效率。实证结果显示：

基于传统BCC模型、SBM模型以及修正的三阶段DEA模型三方法的税收征管效率得分存在显著差异。如果忽略松弛量的影响、对外生环境变量和随机冲击因素不作控制的话，一方面，会低估各地税务部门的税收征管效率，另一方面，由于环境和随机冲击因素对各地的影响不同，还会使估计出的不同地区效率相对值发生偏误。修正的三阶段DEA模型的计算结果显示，我国税务部门的税收征管效率虽然近年略有下降，但总体仍在0.9左右，税收征管效率比较高，不过税务部门还可以提高管理效率，在保持产出不变情况下，削减10%的投入；分区域来看，税收征管效率整体水平从高到低依次为中部、西部和东部，但不同区域差距较小，说明不同区域的税务部门征税的组织管理水平、努力程度等差别不大。

SFA回归结果显示，经济开放水平、女税务人员比重与投入松弛量存在显著的负相关性，表明经济开放程度越高的地区、税务部门女性工作人员比重越高的地区，越有助于税收征管效率的提高；人均GDP与各投入松弛量正相关，说明由于经济生活的复杂性、税源对征税的逆向激励等，使经济增长在一定程度会制约税收征管效率的提升；人口密度、人口税务人员比、税务人员大学及以上教育程度比三变量与各投入松弛量的系数在统计都显著，但是对不同松弛量的符号不同，说明对税收征管效率具有增减两方向的作用。

经济增长、物价、经济及产业结构调整、累进性税制、税收征管等是影响税收增长的因素。经我们修正后的三阶段 DEA 分析结果显示，从 1997～2007 年我国税收征管效率总体保持了一个比较高的水平，这证明税务部门的努力及税收征管因素是税收持续高速增长的原因。对包括税务部门在内的公共部门的效率进行准确的评估，对于满足民众的知情权，提高税务部门的透明度，优化税收征管，促进税收征管效率提升，提高纳税人税收遵从度，促进税收应收尽收、实现设税目的都具有很强的现实意义。

第四节　基于多种非参数方法的国税机关征管效率分析

一、引言

根据现代税收理论，税收是人们为消费公共服务支付的代价，实际上用于提供公共产品和服务的税收是征得税收扣除征税费用的余额。尽量提高税收征管效率、减少征税过程的消耗，使人们的税收支付更多地转换为公共服务，这不仅是治税效率原则的重要方面，也是实现征税根本目标的要求。相对准确的评估税收征管效率，并考察其影响因素，是优化税收征管，提高税收征管效率、降低征税成本及实现税收目标的基础性工作。

税收征管成本及效率问题重要，但却又被研究者长期相对忽视（Findlay & Wellisz，2003），而近年来，国内外越来越多的研究者开始关注税收征管效率问题。值得注意的是，1994 年分税制改革，我国建立了由国税、地税两套税务系统主要负责税收征管事务的税收征管模式，由于国税、地税系统征管的税种、征管体制等不同，客观上使两系统的征管效率存在差异、影响效率的因素也不尽相同。而已有我国税收征管效率的研究，基本上都是将国地税系统作为一个整体进行研究①，忽视了两套税务系统税收征管差异性和独立性。

与已有研究不同，本节主要研究国税系统的税收征管效率，在运用多种非参数方法对国税机关税收征管效率评估测算的基础上，进一步考察国税机关税收征管效率的影响因素。

① 孙静（2008）运用 DEA 方法对湖北省 12 个地市国税局的税收征管效率进行评估分析，但目前尚未对全国各地国税机关征管效率进行系统研究。

二、测算方法及效率测算

（一）测算方法

征税同样是个投入产出过程，投入税基、税务部门的人力、物力和财力等征得税收收入，投入和产出都比较明确，因此，基于投入产出思想的非参数（DEA和FDH）和参数（SFA）方法是税收征管效率测算的常用方法（Arvate，等，2007；Mattos，等，2011；崔兴芳，等，2006；杨得前，2010；Lewis，2006；陈工等，2009；王德祥和李建军，2009；李建军，2011）。相对于参数方法，由于非参数方法不需要明确的生产函数结构形式，在效率评估中更为常用。为增进研究的结果的稳健性，本书采用多种非参数方法对各地国税机关税收征管效率进行评估测算，具体包括：基于规模报酬不变的CCR模型DEA法（Charnes，Cooper and Rhodes，1978）、基于规模报酬可变的BCC模型DEA法（Banker，Charnes and Cooper，1984）和自由处置壳法（free disposal hull，FDH）（Deprins，Simar and Tulkens，1984）。用非参数方法效率核算可以从投入的角度也可以从产出的角度，基于投入角度衡量的效率，用来评估为了得到相同的产出应使用何种比例的投入才能做到投入最小；基于后一角度的核算则有助于发现如何使相同的投入得到最大的产出，本书采用产出导向效率评估方式。

设有 n 个地方国税机关（DUM）有 j 种投入和 k 种产出，x_i 和 y_i 为第 i 个地方国税机关的投入和产出列向量，X、Y 分别为（$j\times n$）和（$k\times n$）阶的投入、产出矩阵，则CCR模型、BCC模型和FDH模型的线性规划式分别为：

$$F_i(x,\ y\mid CRS)=Max_{\theta,\lambda}\theta$$
$$s.t.\ -y_i+Y\lambda\geqslant 0,\ \theta x_i-X\lambda\geqslant 0,\ \lambda\geqslant 0 \tag{1}$$
$$F_i(x,\ y\mid VRS)=Max_{\theta,\lambda}\theta$$
$$s.t.\ -y_i+Y\lambda\geqslant 0,\ \theta x_i-X\lambda\geqslant 0,\ N'\lambda=1,\ \lambda\geqslant 0 \tag{2}$$
$$F_i(x,\ y\mid FDH)=Max_{\theta,\lambda}\theta$$
$$s.t.\ -y_i+Y\lambda\geqslant 0,\ \theta x_i-X\lambda\geqslant 0,\ N'\lambda=1,\ \lambda\in\{0,\ 1\} \tag{3}$$

其中，θ 为满足 $\theta\geqslant 1$ 的标量，是国税机关决策单元DUM的技术效率，若 $\theta>1$，DUM没有达到效率前沿边界，意味着低效率；若 $\theta=1$，则该决策单位处于效率前沿。λ 为（$n\times 1$）阶常数向量，是计算低效率DUM位置的权重，利用该权重将低效率的DUM映射到生产前沿上。N' 是 n 维单位向量，BCC模式较CCR模式施加了凸性限制 $N'\lambda=1$，代表可变规模报酬。与DEA模式不同，FDH模型加入 $\lambda\in\{0,\ 1\}$，λ 取0或1，放弃技术凸性假设而坚持规模报酬可变，FDH假设效率仅受实际观测绩效值的影响，其参考对象为自然形成的 DUM，无效率 DUM 的投影点亦为实际的 DUM，而非经线性规划构建的假设性 DUM。

（二）效率测算

在各地国税机关税收征管效率评估中，基于国税机关负责征收的税种类别①，我们以各地国家税务局组织税收收入为产出变量，以第二产业增加值减去建筑业增加值再加上批发零售业增加值（亿元）②、企业营业盈余（亿元）、劳动者报酬（亿元）、国税机构人员数（人）四个指标为投入变量，分别使用 CCR－DEA、BCC－DEA 和 FDH 三种非参数方法进行效率测算。

基于产出导向的 CCR 模型效率核算结果显示，1997～2009 年国税机关平均税收征管效率为 0.268，征管效率比较低，有约 73% 的提升空间；就历年效率看，样本期间年均效率呈微波状上升形态，但效率提升比较小，1997 年国税平均征管效率为 0.226，2009 年平均效率为 0.311。上海和北京的国税征管效率最高，2007 年以来的效率得分都在 0.9 以上，其中，上海在 2007 年和 2009 年效率得分为 1；位于效率前沿。基于产出导向的 BCC 模型效率测算结果显示，1997～2009 年国税平均税收征管效率比较低，约为 0.322，还有 68% 的提升潜力；样本期间年均效率呈曲折上升态势，但上升幅度比较小，年均征管效率从 0.308 上升到 0.401，上升了约 10 个百分点。1997 年，海南、青海和宁夏三地效率得分为 1；2009 年，上海、北京、广东和海南位于效率前沿。基于产出导向的 FDH 模型效率核算结果整体比 CCR 和 BCC 模型效率得分高，样本期间国税税务机关平均征管效率为 0.596，效率水平仍不高，整体还有约 40% 的提升空间；样本期间年均效率都在 0.6 左右，和其他两方法类似，2003 年后整体效率有短暂的下调，2005 年以后效率又逐步上升；相当于 1997 年，2009 年平均征管效率虽略有下降，但样本期间平均效率大致稳定。FDH 法中，上海、海南、北京、青海、宁夏、天津等地区的征管效率在绝大部分年份都位于效率边界。上述基于不同的假设条件的三种非参数效率核算方法，虽然得出的具体效率得分存在差异，但整体趋势是大体一致的，我国国税机关税收征管效率整体仍比较低，在样本期间整体效率虽有起伏，效率整体上看保持相对稳定；上海、北京等地区效率相对比较高，特定年份的效率位于效率前沿。

---

① 国税系统负责征收的税收主要有：增值税、消费税（进口环节除外）、企业所得税、个人所得税和车辆购置税。

② 主要用来近似刻画增值税和消费税税基，因为进口环节增值税和消费税由海关代征，故没有纳入进出口因素。

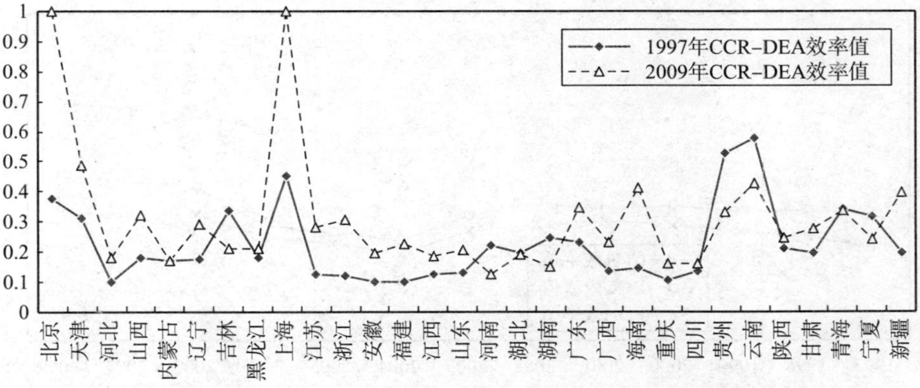

图 3－2　CCR－DEA 法测算的 1997 年和 2009 年的国税税收征管效率得分

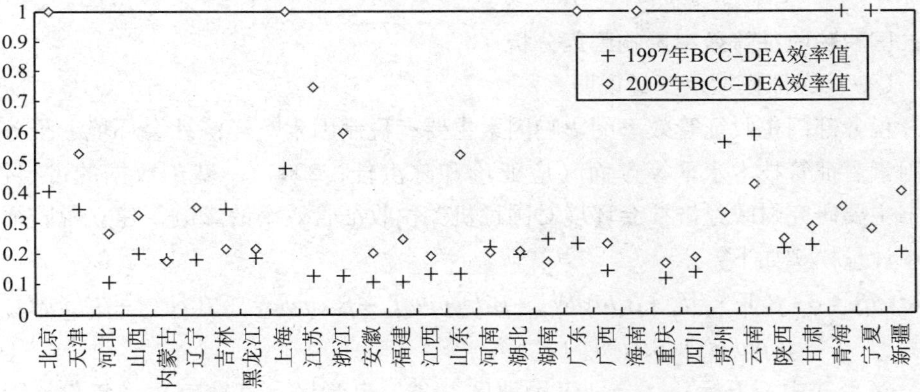

图 3－3　BCC－DEA 法测算的 1997 年和 2009 年的国税税收征管效率得分

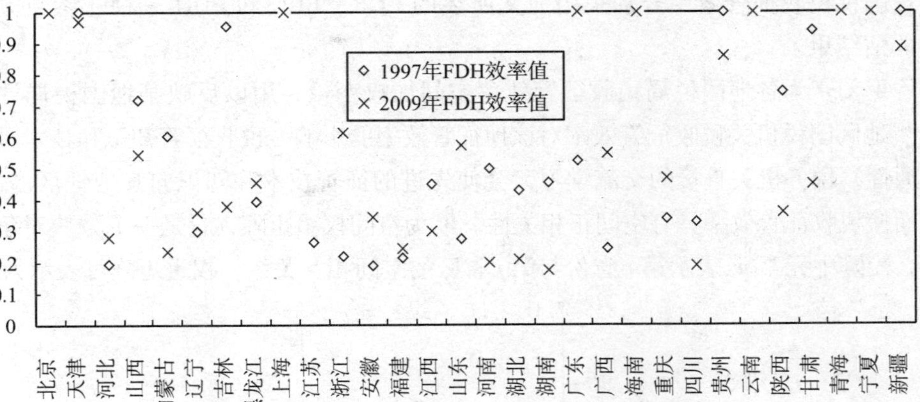

图 3－4　FDH 法测算的 1997 年和 2009 年的国税税收征管效率得分

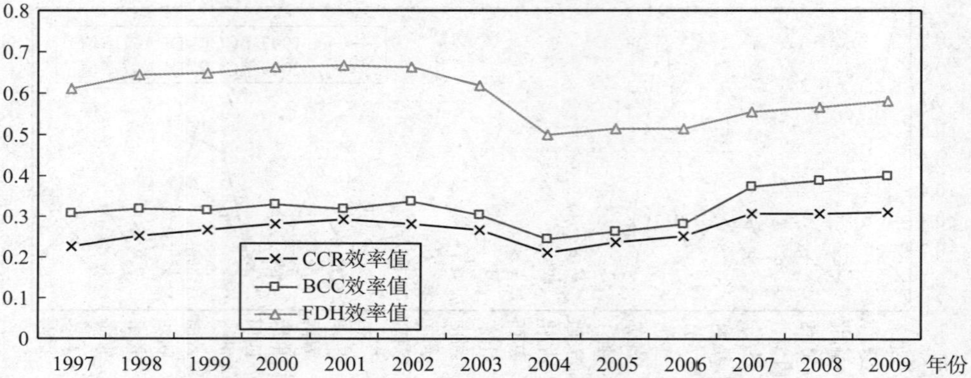

图 3－5　1997～2009 年国税平均税收征管效率变化

三、国税税收征管效率影响因素分析

（一）实证模型及变量说明

税务部门税收征管效率的影响因素主要有税制因素、经济社会环境、税务人员因素、征管技术水平等方面（应亚珍和陈洪仕，2004）。基于数据的可得性，本书主要研究财政经济社会环境对国税机关税收征管效率的影响，建立税收征管效率计量模型如下：

$$taxeff_{it} = c + \beta_1 W \times eff_{it} + \beta_2 taxdec_{it} + \beta_3 lpopstaff_{it} + \beta_4 employ_{it} + \beta_5 city_{it} + \beta_6 lprgdp_{it} + \beta_7 proad_{it} + \beta_8 open_{it} + \beta_9 col_{it} + \varepsilon_{it} \quad (4)$$

（4）式中，下标 i，t 分别表示地区（省、自治区、直辖市）和年份，因变量 $taxeff$ 为各地国税机关税收征管效率核算得分，为增进研究的稳健性，被解释变量国税税收征管效率分别采用前文所述的 CCR、BCC 和 FDH 三种非参数方法的评估结果。

$W \times eff$ 为各地国税局税收征管效率空间加权变量，用以反映某地国税局“相邻”地区国税机关税收征管效率对该地征管效率的影响。税收征管知识和技术具有共通性，税务机关直接的交流学习，会使先进的征管技术和知识向其他地区溢出，从而使税收征管效率具有空间正相关性。W 为空间权重矩阵，它是一个方块对角矩阵，矩阵中元素 w_{ij} 表示第 i 省份与第 j 省区的空间相互关系，权重矩阵可表示为：

$$W = \begin{bmatrix} 0 & w_{ij} & \cdots & w_{ik} \\ w_{ji} & 0 & \cdots & \cdots \\ \cdots & \cdots & 0 & w_{jk} \\ w_{ki} & \cdots & w_{kj} & 0 \end{bmatrix}$$

其中，$\begin{cases} w_{ij} = \dfrac{1}{|\,i\text{与}j\text{两省会城市间最近公路里程}\,|} & \text{若 } i \neq j \\ w_{ij} = 0 & \text{若 } i = j \end{cases}$

由于共有30个样本地区，因而权重矩阵为30行×30列的方阵。这里采用常用的公路里程权重矩阵，以两省会城市之间的公路客运最近里程的倒数为权重对各省国税机关之间的“相邻”程度进行赋值。按照空间计量经济学的原理，在实际使用过程中，首先对加权矩阵 W 行进行标准化处理，使权重矩阵 W 所有行元素之和等于1，然后与被加权的地税征管效率评估值相乘，计算出加权变量。空间滞后变量 $W \times eff$，它与被解释变量为同时决定（simultaneity）的，这样解释变量 $W \times eff$ 便具有内生性，为克服可能存在的内生性，在实证分析中，我们取该变量的滞后一期。

taxdec 为以地方税务机关征收的税收收入与国地税组织收入之比表示的税收分权变量，我国税收征管主要有国、地税两套税务系统完成，税收分权反映了国地税分工状况，税收分权程度越高意味着地方税务机关负责征收的税收越多，随着税收征收规模及范围的扩大，可能产生税收征管的规模经济效应，或拥挤与规模不经济。*lpopstaff* 为对数化的地区人口与地税税务人员比，也即税务人员的人均管理的人口范围，税务人员少、人均管理范围广，可以降低税收征管的人力成本，但也可能因管理范围的扩大，使征管能力下降，当税务人员太多，组织摩擦成本高，减少人员可提升征管效率，而当税务人员人数不过量时，减少人员则可能降低征管效率。其他变量为辖区特征因素，用以控制辖区差异：*employ* 为就业比，用城乡就业数与人口之比表示（%）；*city* 为城镇化率，用城镇就业占城乡总就业的比重来表示（%）；*lprgdp* 为地区人均实际GDP的自然对数，用以反映地区经济发展水平，实际GDP计算时以1978年价格为不变价格计算整理而来；*proad* 为每万人公路里程数变量，用来代表地区的道路基础设施发展状况；*open* 为贸易开放度，也即进出口总额与GDP之比（%）；*col* 为大专以上学历人口比（%），用以表征教育状况对税收征管效率的影响。

本书所使用的是1997~2009年中国30个省、直辖市、自治区的数据，不含西藏和港、澳、台地区。地税、国税组织税收收入及工作人员数，主要来自《中国税务年鉴》相关各期，2008年和2009年各地区地税局人员数，因《中国税务年鉴》无报告，通过插值法补充。省会城市间公路最近里程数据源自于谷歌地图网（http：//ditu. google. com. hk），其他原始数据主要来自《中国统计年鉴》相关各期。

（二）实证结果分析

由于DEA评估的效率值都在0和1之间，任一国税局的税收征管效率得分都不可能大于1。若要分析的因变量某个区间数据被截断或被归并到某一点，那么OLS估计结果将是有偏且不一致的，此时遵循极大似然法概念的Tobit模型是估计回归系数的一个较好选择。因此，我们采用常用的Tobit方法进行回归，估计结果见表3－9。

从表3－9可知，在因变量分别为CCR、BCC和FDH效率值的模型中，税收征管效率空间加权变量 $W \times eff$ 滞后一期的系数都显著为正，表明一国税机构的“相邻”地区国税机关税收征管效率的提高将带动该国税机构税收征管效率的提升。其内在逻辑在于，税收征管知识和技术具有同质性，若某地国税机关有先进的税收征管经验、知识和技术等，税务机关之间的交流、信息社会中信息传递的便捷，以及税务系统垂直管理制度下，上级对地方经验、技术的组织推广等，都促进地区间税收征管相关知识和技术的扩散，从而使税收征管效率呈现出空间互动和学习、溢出效应。

税收分权 *taxdec* 变量在三个回归模型中的系数都显著为负，这说明随着税收分权的提高将引起国税机关税收征管效率的下降。在我国税收征管工作主要有国税、地税两税收系统负责，而由于税务机关为征管税收所花费的大量支出（如机构、建筑、设备等）都是固定成本，扩大税收征管的责任范围，增加征管税收的边际成本呈递减趋势，税收征管具有规模经济特征，税收分权意味着地方税务系统负责征管的税收增加、国税负责征管的税收减少，这使得国税机关税收征管越来越不具备规模性，进而使得税收分权对国税征管效率的影响表现为负。这同时也表明，实现国地税系统合并在提高征管效率上的价值。

就业比 *employ* 在三个回归模型中系数都为正，除在第一个回归模型中不显著外，在其他回归模型中都显著，整体上说明就业的增加、就业比的提高有助于国税征管效率的提升。可能的原因在于就业水平高、有相对稳定且庞大的就业群体，为税收征管提供了稳定的税源和纳税人，从而有助于税收征管效率的改善。

城镇化 *city* 变量系数在三模型中都显著为正，表面城镇化率的提高将会增进国税税收征管效率。城镇化率的提升意味着一方面居民居住向城镇聚集，另一方面产业和经济集聚、社会经济产出主要由城镇创造，这使得税源、税基、课税对象和纳税人向城镇集中，这便利了税务机关的税收征管，降低征管成本，促进了征管效率的提升。

反映经济发展水平的人均实际GDP变量 *lprgdp* 系数显著为负，说明经济发展水平提高会阻遏国税征管效率的提高，可能的解释是，一方面，经济发展水平提高带来的税收征管技术的进步、居民纳税意识增强等，有助于税收征管效率的改善；另一方面，随着经济发展水平提高，社会经济活动日趋复杂化，纳税人的税收成本意识、逃避税动机和技能等不断增强，这都给税收征管工作提出了挑战，经济发展水平对税收征管效率影响的积极效应和消极效应并存，而消极效应大于积极效应，从而人均实际GDP变量系数表现为负。

每万人公路里程变量*proad*系数在各回归模型中都为负，且在第二、三个模型中不同程度上都通过了显著性检验，公路交通设施发展不利于国税税收征管效率提高，与我们最初的预期相悖。究其原因可能在于：由于我国各省区辖区面积悬殊，地广人稀的西部地区每万人公路里程数大，而东部发达地区反而小①，每万人公路里程数指标与辖区交通基础设施便利程度大体呈负向关系。每万人公路里程数越大的地区，税务机关为履行辖区内的税收征管工作，所需的交通、人力等成本越多，从而使每万人公路里程变量系数显示为负。

表3-9 国税系统税收征管效率影响因素Tobit回归结果

	因变量CCR效率值	因变量BCC效率值	因变量FDH效率值
Constant	1.08462*** (3.71)	0.33152 (0.63)	0.57777 (0.62)
滞后加权征管效率 L.Weff	0.56025*** (4.44)	0.80531*** (5.15)	0.60449*** (2.94)
税收分权 taxdec	-0.00567*** (-7.42)	-0.00664*** (-5.04)	-0.00584*** (-3.06)
L人口税务人员比 Lpopstaff	-0.01058 (-0.32)	0.03226 (0.53)	0.07482 (0.77)
就业比 employ	0.00113 (1.36)	0.00328** (2.35)	0.00956*** (4.67)
城镇化 city	0.00189** (2.35)	0.00452*** (3.37)	0.01133*** (5.37)
L人均实际GDP Lprgdp	-0.11493*** (-5.69)	-0.08087** (-2.29)	-0.19485*** (-3.01)
每万人公路里程 proad	-0.00073 (-1.34)	-0.00181* (-1.80)	-0.00366** (-2.02)

① 如2009年每万人公路里程数最多的五个地区依次为：青海107.9、新疆69.8、内蒙古62.2、云南45.1和甘肃43.26；每万人公路里程数最小的三个地区分别为：上海6.1、天津11.6和北京11.8。

续表

	因变量 CCR 效率值	因变量 BCC 效率值	因变量 FDH 效率值
贸易开放度 open	0. 13098 *** （3. 86）	0. 21766 *** （3. 67）	0. 15286^ （1. 51）
大学人口比 col	0. 02079 *** （7. 17）	0. 01075 ** （2. 22）	0. 02022 ** （2. 00）
Log likelihood	380. 86	177. 26	27. 671
rho	0. 4781	0. 5619	0. 8129

注：（）内为 Z 值；*、**、*** 分别表示 10%、5% 和 1% 的置信度上显著，^表示在 15% 的置信度上显著。

贸易开放度指标 *open* 系数在不同程度上显著为正，表明贸易开放有助于国税税收征管效率的提升。其内在原因可能是：随着进出口的增加、对外经济交往的日常化、国际经济联系广度和深度的加强，国外经济主体（企业和个人）的思想观念和行为方式等将对国内经济主体的影响将不断加深，这一方面会产生学习或模仿效应，国外先进的组织管理技术和知识等会向包括税务部门在内的公共部门和私人部门溢出；另一方面，对外贸易等经济交往的增加、经济开放度的提升，引起经济社会环境发生变化，使居民的效率意识、社会参与意识、公民观念等增强，从而对税务部门的税收征管工作提出更高的要求、形成外部压力，进而推动国税税收征管效率的改进。

反映社会教育状况的大专以上学历人口比变量 *col* 系数在三个回归模型中都显著为正，在回归中我们又同时使用人均受教育年限①作为社会教育状况的衡量指标，结果发现，人均教育年限变量在三个回归模型中不显著，这表明社会人口中大学以上教育程度比重的提高，有助于税收征管效率的提升，影响国税系统税收征管效率主要是受过高等教育的群体；其内在逻辑在于，相对于初中级教育，高等教育更注重培养人的综合素质和公民及社会意识，受大学以上教育者的税收水平较高（税收理解及申报能力、纳税意识等）、社会参与意识相对更强，这都对税务部门税收征管效率改善具有积极作用。

四、简要的结论

本书利用 1997 ~2009 年省际面板数据，对我国国税系统税收征管效率进行

① 按照国内通常的教育年限取值方式，不识字或识字很少、小学文化、初中文化、高中文化、大专以上的教育年限分别设定为 0、6、9、12 和 16（吕炜和刘国辉，2010）。

测算，在此基础上研究了国税机关税收征管效率的影响因素，主要结论如下：

基于规模报酬不变和规模报酬可变的 DEA 方法、自由处置壳 FDH 方法核算的国税机关税收征管效率，虽在样本期间及地区的具体效率得分存在差异，但整体趋势是大体一致的，我国国税机关税收征管效率整体仍比较低，在样本期间整体效率虽有起伏，但整体上保持相对稳定；上海、北京等地区效率相对比较高，特定年份的效率位于效率前沿。

实证研究表明，各地国税机关税收征管效率具有空间相依性和溢出及学习效应，“相邻”地区国税机关税收征管效率的提高将带动该国税机构税收征管效率的提升。税收分权使国税机关负责征管的税收减少、国税税收征管越来越不具备规模性，从而不利于国税征管效率的提高，因此，为发挥税收征管的规模效应，逐步实现国地税系统合并是理想的选择。就业比的提高、城镇化水平提升、贸易开放度的提升、大学以上受教育程度人口比重增加、便利的交通等将会促进国税机关税收征管效率提高。经济发展对国税机关税收征管效率的积极效应和消极效应并存，而消极效应处于主导地位，为应对经济发展中经济社会生活复杂化、纳税人逃避税的意识及行为的强化给税收征管带来的挑战，国税机关应加强同地税、工商、金融等部门的信息交流合作，提高税收征管业务和技术水平。

第四章　单个税种征管效率测算①

在前面2章中，我们采用参数的非参数的方法对税收征管的整体效率进行了评估，本章的主要目的是建立对单个税种征管效率进行评估的方法。本章主要包括4节。第一节我国增值税征管效率测度分析；第二节我国营业税征管效率测度分析；第三节我国企业所得税征管效率测度分析；第四节我国个人所得税征管效率测度分析。

第一节　我国增值税征管效率测度分析

一、引言

自1954年法国实施增值税以来，增值税因其“中性”的优势而迅速被世界大多数国家所采用。截至2004年，世界上已有136个国家实施了增值税（International Tax Dialogue，ITD，2005），1994年我国建立了现代增值税制度②，其后增值税一直是我国第一大税种。经济效率和行政效率是治税效率原则的两大方面，实践中，增值税在具有中性及经济效率优点的同时，是否也体现了行政效率？对增值税的征管效率进行相对准确的评估，并探求其内在机理，对于提高增值税征管效率、降低征管成本，进而优化增值税税制、充分发挥增值税的优势和作用都颇具价值和意义。

---

① 本章主体部分发表在《财贸研究》2013年第2期、《广东商学院学报》2012年第4期、《经济理论与经济管理》2012年第11期。

② 我国1979年在部分城市试行增值税，1983年财政部《增值税暂行办法》在全国试行，1984年10月国务院《增值税条例（草案）》实施，然而，1994年之前的增值税一直局限于在生产环节对部分产品征税，具有明显的产品税特征税并非真正的增值税，距国际规范化的增值税相差甚远。1994年《中华人民共和国增值税暂行条例》建立的增值税制度是现代意义的增值税。

早期古典经济学家的税收理论中都包含着降低征税费用、提高征管效率的思想（配第，1662；攸士第，1762；斯密，1776）。国内外有关税收征管效率的研究并不丰富，已有的研究主要集中于对税收征管成本和效率的规范分析，关于税收征管效率评估分析的实证研究也侧重于对税收整体的征管效率的研究（Manasan，1995；Alfirman，2003；Lewis，2006；杨得前，2010；Mattos，等，2011；李建军，2011）。目前，以增值税为对象对税收征管效率的细化研究非常稀少，Aizenman 和 Jinjarak（2008）利用1970～1999年跨国数据，以增值税收入占消费（或 GDP）比并除以各国法定税率来近似反映各国增值税征管效率，实证分析发现农业比重和收入差距的提高会降低增值税征管效率，而政治稳定、有效的政治参与、经济发展水平、城镇化、贸易开放等有助于征管效率提升。Hybka（2009）以税收生产率作为衡量增值税税收征管效率的指标，分析了波兰加入欧盟前后增值税的征管效率，并认为经济和税制是影响税收征管效率的重要因素。

值得注意的是，在国内仅有对整体的税收征管效率的评估分析，尚未就增值税等某个具体税种的征管效率进行研究，然而不同税种有不同的课税对象、纳税人、计税方法、征管方式等，这使不同税种的征管特点和难易度不同，具有不同的征管效率水平和效率解。因此，有必要对各税种分别进行细化研究。本书以增值税为对象，对我国增值税的征管效率水平进行系统评估，并分析其影响因素及内在机理，从而为降低增值税征管成本、提高征管效率，乃至增值税税制优化提供参考和依据。

二、增值税及其征管的经验事实

我国增值税为中央和地方共享税，主要由国税局负责征收（进口环节增值税由海关代征）。1994 年以来，增值税成为税收收入的主体，其中，国内增值税从 2308.34 亿元增加到 2010 年的 21093.48 亿元，增加了 8 倍，年均增长 14.83%；随着经济发展水平的提高，所得税比重逐渐上升，国内增值税占全国税收收入的比重逐步下降，但一直保持在 30% 以上。国内增值税也是国税机关所征税收的主要组成部分，其中，1998 年国税机关征收的国内增值税占其组织税收收入的 65.1%，其后随着增值税地位的逐渐下降，国内增值税占国税机关税收收入比重也呈下降趋势，但其比重仍然非常高，2009 年为 43.5%。

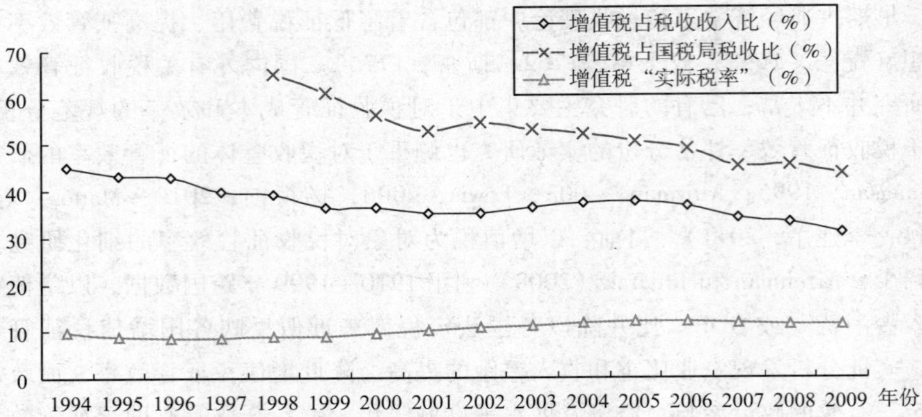

图 4-1　1994~2009 年增值税相关比率演进趋势

注：1. 增值税指国内增值税，不含海关代征进口环节增值税；

2. 增值税“实际税率”＝［国内增值税/（工业增加值＋批发零售业增加值）］×100%。

在增值税征管过程中，一方面，政府及税务部门重视并加强增值税的征收管理，防范偷、逃、骗增值税活动，实现增值税应收尽收；另一方面，实施金税工程，充分利用现代信息技术手段加强增值税的监控管理，1994 年，进行增值税计算机交叉稽核系统建设，也即金税工程一期；2001 年，以增值税防伪税控发票开票、认证、交叉稽核、协查四个子系统为主要内容的金税二期投入运行；2003 年，国税局开始全面实施增值税管理信息化；2006 年，又进一步开始开展金税三期建设。随着增值税管理信息化的提高，增值税征收率由 2000 年的 52.6% 提高到 2007 年的 83.83%①。而从实际税率与法定税率比较看，增值税法定名义税率为 17% 的基本税率和 13% 的低税率，1994 年增值税实际税率约为 9.9%，到 1999 年下降为 8.9%，其后又逐步回升，2006 年达 11.86%，近年又有所下降，2010 年为 10.72%（见图 4-1）。理论上看，若征税做到了应收尽收，那么增值税的实际税率应等于法定税率，而实际税率与法定税率之间的差别则反映了税收征管的程度和效率水平，从增值税实际税率和法定税率的差异可知，我国增值税征管水平相对比较稳定且还有一定的提升空间。

我国 30 个省增值税人均征税额和“实际税率”② 的核密度图见图 4-2、图 4-3，由图 4-2 可以看出，2000 年、2005 年和 2009 年增值税人均征税额的分布逐步向右移动，表明在样本期内增值税人均征税额在不断增加；2000 年一个波峰，

① 许善达．中国税务信息化回顾与展望．电子政务，2009（10）．

② 增值税“实际税率”＝［国内增值税/（工业增加值＋批发零售业增加值）］×100%。

2005 年和 2009 年呈现出双峰形态，表明在 2000 年各省增值税人均征税额主要集中在 100 附近，而从 2005 年 30 省则向 200 和 500 两点收敛，2009 年则向 300 和 1000 两点收敛。由图 4－3 可以发现，相对于 2000 年，30 个省 2005 年增值税实际税率的分布向右位移，而 2009 年则又位于 2005 年的左侧，这意味着，整体而言，2005 年各地增值税实际税率有所上升，而 2009 年却又有所下降，同时，三时期的分布都呈单峰且有右拖尾的形态，2000 年和 2005 年增值税实际税率主要集中于 10% 左右，2009 年集中于 9% 附近。

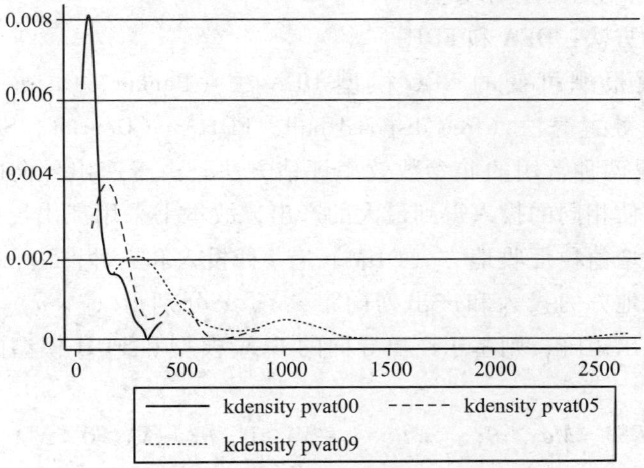

图 4－2　VAT 人均征税额核密度

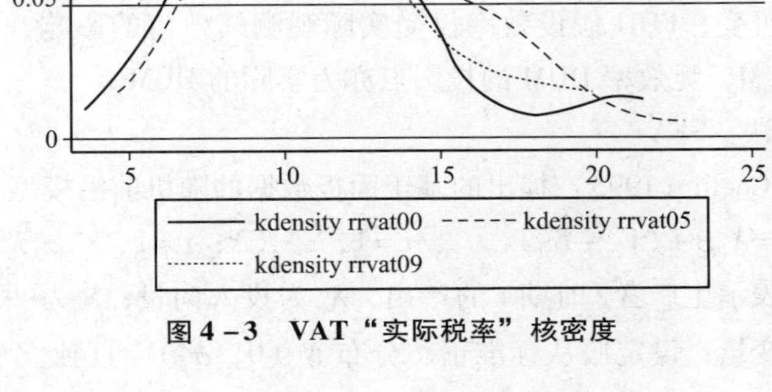

图 4－3　VAT“实际税率”核密度

三、技术方法及效率测算

（一）效率测算技术方法

由于人均征税额、名义税率与实际税率的差异等简单税收征管效率测度指标仅从税收某一方面来观察征管水平，难以完整刻画税收征管效率水平，且不同指标结果存在冲突，为此，我们采用效率评估中成熟的参数和非参数方法分别对增值税征管效率进行测算分析，以得出稳健的结论。这里我们简要回顾下文增值税征管效率评估中使用的技术方法。

1. 非参数方法：DEA 和 FDH

基于规模报酬可变的 BCC 模型 DEA 法（Banker，Charnes and Cooper，1984）和自由处置壳法（free disposal hull，FDH）（Deprins，Simar and Tulkens，1984）是两种常用的非参数效率评估方法。由于产出导向的核算方法有助于发现如何使相同的投入得到最大的产出，故本书采用产出导向效率评估方式。设有 n 个增值税征收地方（DUM）有 j 种投入和 k 种产出，x_i 和 y_i 为第 i 个增值税征收地方的投入和产出列向量，X、Y 分别为（$j \times n$）阶和（$k \times n$）阶的投入、产出矩阵，则基于产出导向的 BCC 模型和 FDH 模型的线性规划式分别为：

$$F_i\ (x,\ y \mid VRS) = Max_{\theta,\lambda}\theta; \quad s.t.\ -y_i + Y\lambda \geqslant 0,\ \theta x_i - X\lambda \geqslant 0,\ N'\lambda = 1,\ \lambda \geqslant 0 \quad (1)$$

$$F_i\ (x,\ y \mid FDH) = Max_{\theta,\lambda}\theta; \quad s.t.\ -y_i + Y\lambda \geqslant 0,\ \theta x_i - X\lambda \geqslant 0,\ N'\lambda = 1,\ \lambda \in \{0,\ 1\} \quad (2)$$

其中，θ 为满足 $\theta \geqslant 1$ 的标量，是增值税征收决策单元 DUM 的技术效率，若 $\theta > 1$，DUM 未处于效率前沿边界，意味着低效率；若 $\theta = 1$，则该决策单位处于效率前沿。λ 为（$n \times 1$）阶常数向量，是计算低效率 DUM 位置的权重，利用该权重将低效率的 DUM 映射到生产前沿上。N' 是 n 维单位向量，BCC 模式施加了凸性限制 $N'\lambda = 1$。FDH 模型加入 $\lambda \in \{0,\ 1\}$，λ 取 0 或 1，放弃技术凸性假设而坚持规模报酬可变，FDH 假设效率仅受实际观测绩效值的影响，其参考对象为自然形成的 DUM，无效率 DUM 的投影点亦为实际的 DUM。

2. 参数方法：SFA

Battese 和 Coelli（1995）提出的基于面板数据的随机前沿模型为：

$$Y_{it} = X_{it}\beta + (V_{it} - U_{it}) \qquad i = 1,\ \cdots,\ N;\ t = 1,\ \cdots,\ T \quad (3)$$

其中，Y_{it} 表示生产者 i 时期 t 的产出，X_{it} 为投入向量；β 为一组待估向量参数；V_{it} 是随机变量，设定服从标准正态分布 $N\ (0,\ \sigma_v^2)$，且独立于 U_{it}；U_{it} 为技术非效率的非负值随机变量，假定服从在零处截尾正态分布 $N(m_{it}, \sigma_U^2)$，效率函数可表示为：$m_{it}=z_{it}\delta$；其中 Z_{it} 为 $p\times 1$ 向量，是生产技术非效率的解释变量，δ 为 $1\times p$ 向量，是待估参数，反映变量 Z 对技术效率的影响，变量系数为负表示对效率有正效应，系数为正则说明对效率有负效应。由于回归方程的误差项不同于 OLS 的古典假设，故不能用该方法估计参数。在对上述模型中的参数估计上，Battese 和 Coelli（1992）建议使用最大似然法。

（二）效率测算结果及分析

由于不同方法所蕴涵的假设不同，故使用不同方法进行细致的比较分析是重要的（Lovell，1993）。参数方法对函数设定形式比较敏感并可能混淆设定误差和技术无效率，而非参数方法选择涉及生产可能集的特定假设（Grosskopf，1986）。当前关于不同方法在效率测算中的相对绩效的知识仍比较有限①，为此，使用多种方法进行效率分析并检验效率测度结果的稳健性是比较好的策略（De Borger and Kerstens，1996）。

税收征管同样是个投入产出系统，投入税基、税务部门人力物力等征得税收收入（Arvate 等，2007；Mattos 等，2011；崔兴芳等，2006；王德祥和李建军，2009；李建军，2011）。在各地增值税征管效率评估测算中，基于我国增值税及其征管的特征，我们以各地国家税务局征收的国内增值税（不含进出口环节增值税）为产出变量，以第二产业增加值减去建筑业增加值再加上批发零售业增加值（亿元）②、国税机构人员数（人）两指标为主要投入变量。应该承认的是，除人力外税务局还投入大量物力和财力，但这些数据难以获得，考虑到财力物力投入与人员数高度相关，故这里用国税机构人员数来近似刻画税务部门增值税征管投入。

在随机前沿方法增值税征管效率测算中，借鉴已有研究（王德祥，等，2009；李建军，2011）本书将函数设置为更具一般性的超越对数生产函数：

$$\ln vat = c + \sum_{i=1}^{3}\gamma_i \ln x_i + (1/2)\sum_{i=1}^{3}\sum_{j=1}^{3}\phi_{ij}\ln x_i \ln x_j \tag{4}$$

其中，vat 为各地国内增值税收入，x 为各投入指标，具体包括以第二产业增加值减去建筑业增加值再加上批发零售业增加值、国税部门人员数以反映技术变

① Gong 和 Sickles（1992）利用模特卡罗技术比较分析了几种随机参数前沿估计和 DEA 模型的相对绩效，发现当所选择函数形式接近潜在的技术、回归变量和技术无效率项相关性很小的情况下，参数方法优于非参数方法。

② 用来近似刻画增值税税基。

化的时间变量，c 为常数项，γ 和 ϕ 为待估参数，如前所述随机前沿模型采用 ML 估计。

基于 SFA、DEA 和 FDH 方法对我国 30 个省、直辖市、自治区（不含西藏和港、澳、台地区）2000～2009 年增值税征管效率进行测算，各指标原始数据主要来自《中国税务年鉴》、《中国统计年鉴》相关各期（下文同）①。具体测算结果见图 4－4～图 4－7。如图 4－4 所示，虽然三方法在测度增值税征管效率中，不同时间和地区的结果存在较大差异，FDH 效率值高于 DEA 效率值，而 DEA 效率值又高于 SFA 效率得分，但从平均效率趋势来看效率水平整体比较稳定，其中 DEA 和 FDH 平均效率在样本期间有所上升，SFA 效率值整体保持相对稳定，效率水平整体还有较大的提升空间。从图 4－5～图 4－7 可知，2000 年和 2005 年 SFA 效率值呈单峰且有右拖尾形态，效率主要集中在 0.5 左右，2009 年主峰左移、右拖尾拉长且双峰分布特征，说明效率地区间效率差距扩大、整体效率有略微下降。三时期 DEA 效率得分整体都呈单峰右拖尾分布状，2005 年分布图较 2000 年有较大幅度右移，2009 年又整体向左移动，三时期效率得分都主要集中于 0.4～0.6 附近。三年度 FDH 效率得分整体都呈现出双峰分布形态，2005 年密度图较 2000 年整体右移、2009 年又整体向左移动，2000 年和 2009 年效率值主要收敛于 0.5 和 0.9，2005 年效率值则大致收敛于 0.58 和 0.87 两点。通过不同效

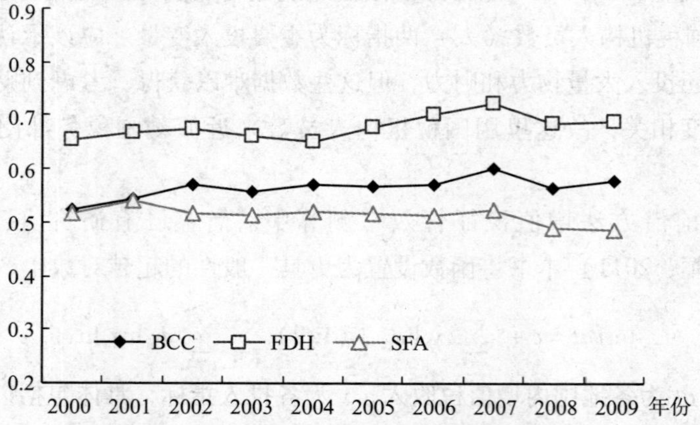

图 4－4　2000～2009 年增值税征管效率平均值

① 2008～2009 年各地税务机关人员数因《中国税务年鉴》不再报告，故我们通过插值法进行补充；按照通常的做法，随机前沿效率评估模型中反映技术变化的时间变量 2000～2009 年依次取值 1，2，…，10。

率指标的 Pearson 相关系数来看（见表 4－1），SFA、DEA 和 FDH 三方法增值税效率测算值相关度比较高、相关系数都在 0.6 以上，而实际税率 VAT/TB 指标和人均征税额两简单指标，与参数、非参数三方法效率值相关度差异较大，前者相关度较高，而后者相关度比较低，同时 VAT/TB 和人均征税额两简单指标相关系数仅为 0.306；简单效率刻画指标间的差异性、参数及非参数效率测度效率值的相关性一定程度上说明简单效率指标在税收征管效率评估测算上的局限，而参数和非参数技术方法在效率评估上整体上具有稳健性。

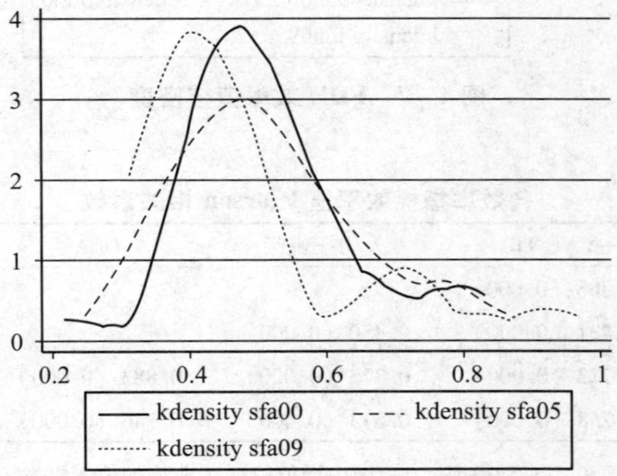

图 4－5　SFA 效率值核密度

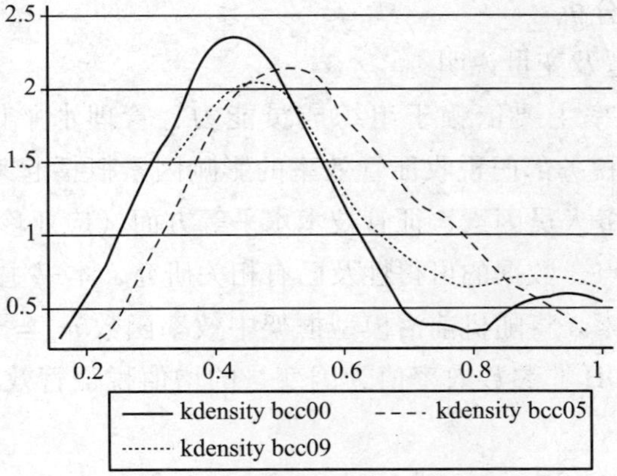

图 4－6　DEA 效率值核密度

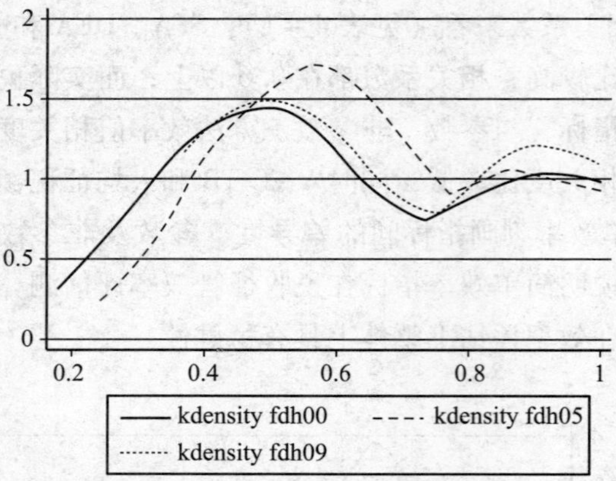

图 4－7　FDH 效率值核密度

表 4－1　　　各效率指标效率值 Pearson 相关系数

效率指标	VAT/TB	人均征税额	DEA	FDH
人均征税额	0. 306（0. 000）			
DEA	0. 831（0. 000）	0. 450（0. 000）		
FDH	0. 772（0. 000）	0. 373（0. 000）	0. 883（0. 000）	
SFA	0. 758（0. 000）	0. 573（0. 000）	0. 746（0. 000）	0. 623（0. 000）

注：1. VAT/TB 为增值税“实际税率”＝[国内增值税/(工业增加值＋批发零售业增加值)]×100%；
2. 括号内为 P 值。

四、效率影响因素分析

（一）模型设置及变量说明

公共部门的效率主要依赖于组织成员能力、管理水平以及所处外部环境（Stevens，2005）。税务部门税收征管效率的影响因素概括起来主要有税制因素、经济社会环境、税务人员因素、征管技术水平等方面（应亚珍和陈洪仕，2004）。基于税收征管的特点、数据的可得性及已有相关研究，本书主要研究增值税征管效率的外部环境因素。将随机前沿模型框架中效率函数 $m_{it}=z_{it}\delta$，进一步写为式（5）；以 DEA 和 FDH 非参数效率值为因变量的增值税征管效率影响因素计量模型如式（6）：

$$m_{it}=\delta_0+\delta_1 lpgdp_{it}+\delta_2 taxdc_{it}+\delta_3 lpts_{it}+\delta_4 employ_{it}+\delta_5 city_{it}+\delta_6 road_{it}+\delta_7 open_{it}+\delta_8 col_{it}+\delta_9 vattr_{it} \quad (5)$$

$$vateff_{kit}=\omega_0+\omega_1 lpgdp_{it}+\omega_2 taxdc_{it}+\omega_3 lpts_{it}+\omega_4 employ_{it}+\omega_5 city_{it}+\omega_6 road_{it}+\omega_7 open_{it}+\omega_8 col_{it}+\omega_9 vattr_{it}+\varepsilon_{it} \quad (6)$$

其中，下标 i 和 t 分别表示省（直辖市、自治区）和年份，m 为 SFA 模型中增值税征管非效率，*vateff* 为非参数方法效率评估值，下标 $k=1$、2，分别是前文 DEA 法和 FDH 法增值税征管效率评估得分。*lprgdp* 为地区人均实际 GDP 的自然对数，用以反映地区经济发展水平，实际 GDP 以 1978 年价格为不变价格计算整理而来；*taxdc* 为税收分权度，用地方税务机关征收的税收收入与国地税组织收入之比表示，我国税收征管主要由国、地税税务系统完成，税收分权反映了国地税分工状况，税收分权程度越高意味着国税机关负责征收的税收越少，这样国税机关在税收征管中将难以发挥规模效应；*lpts* 为对数化的人口与税务人员比，反映税务人员的人均管理范围，人均管理范围广，将降低税收征管的人力成本，但也可能因管理范围的扩大，使征管能力下降；*employ* 为用城乡就业数与人口之比表示的就业率（%）；*city* 为城镇化率，用城镇就业占城乡总就业的比例表示（%），城镇化反映地区人口和经济的聚集程度，一般来说，人口和经济聚集，则税源相对也比较集中、便于进行税收征管；*road* 为每万人公路里程数（公里/万人），用来代表地区的道路等基础设施发展状况；*open* 为进出口总额与 GDP 之比，也即外贸依存度，反映地区经济开放程度；*col* 为大学以上教育程度者占人口的比重（%），反映辖区居民文化水平对税收征管的影响；*vattr* 为增值税收入占国税机关征得税收收入的比重，比重越高意味着增值税在国税机构税收征管工作中越重要。ε_{it} 为随时间和个体变化的随机误差项；δ 和 ω 分别为两模型的待估参数。

式（5），根据 Battese 和 Coelli（1992）的建议采用最大似然法进行估计，使用的软件为 FRONTIER4.1（Coelli，1998）。式（6），由于因变量为 DEA 法和 FDH 法测算的增值税征管效率得分，其值都在 0 和 1 之间，任何一个地方的效率值都不超过 1。因为要分析的因变量某个区间数据被截断（trancated）或被归并（censored）到某一点，OLS 估计结果将是有偏且不一致的，此时遵循极大似然法概念的 Tobit 模型是估计回归系数的一个较好选择，故我们使用 Tobit 模型进行参数估计。

（二）回归结果分析

SFA 方法增值税征管效率影响因素估计结果[①]见表 4-2，基于 DEA 法和 FDH 法效率值的 TOBIT 模型回归结果见表 4-3。

lprgdp（经济发展水平变量）在式（5）中系数显著为正，在式（6）DEA

① 由于 SFA 效率影响因素分析中，因变量为非效率因子，解释变量为技术非效率解释变量，故当回归系数为正时说明该变量对效率有负向作用，当系数为负时则表明该变量对效率有正向作用。

效率中系数显著为正，但 FDH 效率中系数为负，没有通过检验。由于经济发展水平对增值税征管效率的影响在不同模型中的结果是非一致的，由此，我们不能得出经济发展水平对增值税征管效率的作用的确定结论。*taxdc*（税收分权）在 SFA 效率模型中系数显著为正，在 DEA 和 FDH 效率模型中系数为负，表明税收分权度的提高将会降低增值税征管效率。税收分权意味着国税机关负责征收税收的减少，这将会使国税机构增值税征管所用人力物力资源难以充分利用，税收征管的规模经济效应不能发挥，从而降低增值税征管效率。*road*（每万人公路里程数）指标在 SFA 效率模型中系数显著为正，在两非参数效率模型中系数显著为负，很大程度表明人均公路里程增加将引起增值税征管效率下降，与我们预期相悖，其内在逻辑可能在于：由于地理环境的因素，西部地广人稀，每万人公路里程数大，而东部发达地区则相反①，每万人公路里程数越大的地区，税务机关为履行辖区内的税收征管工作，所需的交通、人力等成本越多。因而，每万人公路里程变量系数为负。

employ（就业率）系数在 SFA 效率模型中显著为负，在 DEA 和 FDH 两效率模型中显著为正，这说明就业率的提高会改善增值税征管效率。工业和批发零售业是最主要的就业部门，社会就业率的提高将使增值税税基广、税源丰，税收征收更加容易，同时纳税人经济状况比较好，逃避税款动机和行为也相对减少，从而使就业率对增值税征管效率具有积极效应。*city*（城镇化率）变量系数在 SFA 效率模型中为负，在两非参数模型中为负，且都显著，表明城镇化程度的提高有助于增值税征管效率的改善。包括增值税在内的课税对象、纳税人都主要处于城市，随着城镇化水平的提高，产业、纳税人向城市集中和聚集的程度也随之提高，增强了税收征管的便利性、降低税收征管成本，进而提升税收征管效率。反映经济开放度的 *open*（贸易依存度）系数在三效率模型中都显著，回归结果都表明经济开放度的提升有利于税收征管效率的提升。随着经济开放程度提高，对外经济交往的日常化、国际经济联系广度和深度的加强，国外经济和社会中的思想观念和行为方式等将对国内经济主体产生深刻影响，这一方面会产生学习效应，国外组织管理和知识等会向包括税务部门在内的公共部门和私人部门扩散，同时与国外进行税务部门的学习交流的增多对税收征管效率的提升作用更为直接；另一方面，对外经济社会交往使居民的效率意识、公民观念等增强，这使社会对税务部门的税收征管工作提出更高的要求，形成外部压力，这都有助于增值税征管

① 如 2009 年每万人公路里程数最多的五个地区依次为：青海 107.9、新疆 69.8、内蒙古 62.2、云南 45.1 和甘肃 43.26；每万人公路里程数最小的三地区分别为：上海 6.1、天津 11.6 和北京 11.8。

效率的改进。增值税收入占国税机关征得税收收入的比重变量 *vattr* 系数在 SFA 模型中显著为负，在 DEA 和 FDH 效率模型中系数都显著为正，这说明国税机关所征得税收中增值税收入份额的提高将会引起增值税征管效率的提高。在税务部门具有税收征管计划（尽管是指导性的）和事实的税收征收任务的情况下，增值税比重越高，说明增值税在国税机关税收征管中越重要，税务部门则有激励加强该税收的征管、改善征管效率。此外，*lpts*（人口与税务人员比）和 *col*（大学以上学历人口比）两变量在三个回归模型中都不显著，说明在增值税征管中税务人员管辖人口数、社会教育水平对征管效率作用不明显。

表 4-2　　SFA 法增值税征管效率模型估计

	系数	T 值		系数	T 值
生产前沿					
constant	-15.6261***	-3.53416	(ltb*lstaff)	-0.085801	-0.81703
ltb	1.0285*	1.68816	(Ltb*t)	-0.043019**	-2.18635
lstaff	3.3065**	2.52266	$(lstaff)^2/2$	-0.321595*	-1.62584
t	-0.1236	-0.83607	(lstaff*t)	0.048948*	1.92178
$(ltb)^2/2$	0.1078	1.29101	$(t)^2/2$	0.005217	0.76827
无效率参数					
constant	-0.54171	-0.54297	City	-0.00751***	-2.68131
Lpgdp	0.15593**	2.06708	Road	0.001305	0.86902
Taxdec	0.00505**	2.34384	Open	-0.51626***	-4.78827
Lpts	0.10911	1.58582	col	-0.008818	-0.97029
Employ	-0.00906***	-3.03429	Vattr	-0.39114**	-2.19431
σ^2	0.0510***	10.55	log likelihood	31.54	
γ	0.9018***	6.28	LR	105.7	

注：*、**、*** 分别表示 10%、5% 和 1% 的置信度上显著。

表 4-3　　增值税征管效率影响因素 Tobtit 模型估计

	DEA 效率		FDH 效率	
	系数	P 值	系数	P 值
截距项	-0.95546*	0.074	-0.27677	0.696
Lpgdp	0.09150**	0.037	-0.01322	0.818
Taxdec	-0.00119	0.319	-0.00418***	0.007
Lpts	0.04280	0.425	0.07340	0.314
Employ	0.00254*	0.098	0.00475**	0.014

续表

	DEA效率		FDH效率	
	系数	P值	系数	P值
City	0.00325**	0.031	0.00711***	0.000
Road	-0.00269***	0.007	-0.00275*	0.073
Open	0.14116**	0.014	0.23522***	0.005
Col	0.00084	0.857	0.00853	0.216
Lvatr	0.41818***	0.006	0.21674	0.286
Likelihood-ratio	198.91		254.47	
rho	0.7620		0.8388	
Log likelihood	195.95		83.018	

注：*、**、***分别表示10%、5%和1%的置信度上显著。

五、简要的结论

增值税被认为是具有中性特征、符合税收经济效率原则的良税，而其征管成本及效率如何，是否在体现经济效率的同时，符合行政效率原则。人均增值税征税额、增值税实际税负等简单征管效率指标仅从税收某一方面来观察征管水平，难以完整刻画税收征管效率水平，且不同指标结果存在冲突，因此，考虑税收征管中的税基、人力物力等多项投入的参数和非参数方法在效率测度分析中是非常必要的。

虽然SFA、DEA和FDH三方法在测度增值税征管效率中，不同时间和地区的测算得分存在差异，FDH平均效率值高于DEA效率值，而DEA平均效率值又高于SFA效率得分，但从平均效率趋势来看效率水平整体比较稳定，其中DEA和FDH平均效率在样本期间有所上升，SFA效率值整体保持相对稳定，增值税征管效率水平整体还有较大的提升空间。简单效率刻画指标间的差异性、参数及非参效率测度效率值的相关性一定程度上说明简单效率指标在税收征管效率评估测算上的局限，而参数和非参数技术方法在效率评估上整体上具有稳健性。

增值税征管效率影响因素实证分析表明：税收分权度的提高将会降低增值税征管效率，税收征管具有规模经济效应，在税收征管权的划分中，一个税种的征管应由一个征收机关负责，一种税的征管由多个机构多头负责是低效的。每万人公路里程数越大的地区，税务机关为履行辖区内的税收征管工作，所需的交通、人力等成本越多，其对增值税征管效率具有负向作用。城镇化程度的提高，人口和经济的集中与集聚有助于增值税征管效率的改善。经济开放度、增值税在国税机关税收征管中的重要性都与增值税征管效率有显著的正向关系。

第二节　我国营业税征管效率测度分析

一、引言

税收征管效率是治税效率的重要方面，高效的税收征管不仅意味着征税费用的节约，还关系税收应收尽收及在纳税人间的公平负担，同时又是税收经济、社会等职能实现的重要保障。营业税是一种比较古老的商品税，在增值税被广泛采用的今日，它仍在美国、日本、我国及我国台湾地区等地使用①。分税制改革以来，营业税占税收收入比重长期在14%左右（见图4－8），是仅次于增值税、企业所得税的第三大税种。征税范围互为补充的营业税与增值税，在征管上，营业税是一次征收、计征简单，增值税具有道道征收、税款抵扣和自我监控的特征，两者各具优势。在营业税改革和增值税"扩围"的背景下，对两税的征管效率进行评估，并研究其影响因素及作用机理，对于弄清货物劳务税的征管特征，构建廉价、高效的税收征管制度，以及新货物劳务税的制度设计都颇具价值和意义。

目前，以特定税种为对象对税收征管效率的深入细化研究较少，Alfirman（2003）利用SFA技术测算了印度尼西亚地方税与财产税的税收潜力，发现地方政府没有充分利用其税收潜力，征管无效率造成了印度尼西亚地方税收潜力未能充分利用。并认为改善税收征管绩效的方法在于减少寻租腐败，中央政府的支持和合作，中央政府改变补贴方式，扩大对地方发展项目类补贴比重。Aizenman和Jinjarak（2008）利用1970～1999年跨国数据，以增值税收入占消费（或GDP）比并除以各国法定税率来近似反映各国增值税征管效率，实证分析发现农业比重和收入差距的提高会降低增值税征管效率，而政治稳定、有效的政治参与、经济发展水平、城镇化、贸易开放等有助于征管效率提升。Hybka（2009）以税收生产率作为衡量增值税税收征管效率的指标，分析了波兰加入欧盟前后增值税的征管效率，并认为经济和税制是影响税收征管效率的重要因素。

---

① 营业税在不同国家及地区称谓不同，在美国和日本营业税类似于其消费税，中国台湾地区为营业税，美国、日本和中国台湾地区营业税是以商品和服务营业额单一环节征收的税收，我国营业税征税对象则主要是服务。

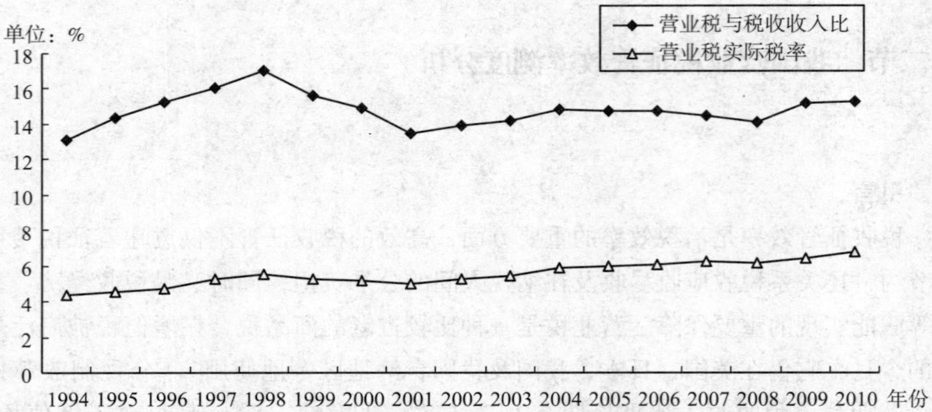

图 4-8　营业税比重及营业税税收与税基比趋势

需要指出的是，在国内对特定税种征管的研究仍集中于对某税种征管制度、方法和技术的规范性讨论，尚未就某个具体税种的征管效率展开研究。然而不同税种的课税对象、纳税人、计税方法、征管方式等大相径庭，这使不同税种的征管特点和难易度不同，实践中表现的效率水平，也存在不同的效率解。因此，有必要对各税种的征管效率分别进行细化研究，以为各税种高效征管制度构建及征管效率的提升提供支持。就营业税而言，1994 年分税制改革以来，营业税实际税率稳步上升，实际税率从 1994 年的 4.36% 提高到 2010 年 6.8%（见图 4-8）。营业税实际税率提高，则实际税率与法定税率之间的差距相应缩小，意味着税收征管水平也随之提高。实际税率主要反映的税收征管强度和水平，未能揭示征管强度提高中的投入变化，为更科学地对我国营业税征管效率进行评估，并分析其影响因素，本书综合运用国内外税收征管效率评估中的参数和非参数多种方法，对我国营业税征管效率进行测算分析，以期使研究结果更为稳健可靠。

二、技术方法及效率测算

（一）技术方法

1. 非参数方法：BCC 和 SBM

假定有 n 个决策单位，每个单位利用 m 项投入（$i=1, 2, \cdots, m$）生产 s 项产出（$r=1, 2, \cdots, s$）。对特定决策单位 DMU_o（$o=1, 2, \cdots, n$），对应的投入向量和产出向量分别定义为 $x_o \in R^m_+$ 和 $y_o \in R^s_+$，X、Y 分别为（$m \times n$）和（$s \times n$）阶的投入、产出矩阵。基于投入导向的经典规模报酬可变 BCC 模式 DEA 模型（Banker，1984）中，对特定决策单位 DMU_o，技术效率可以通过下列线性规划式求得：

$$F_o(x, y|BCC) = \min_{\theta,\lambda}\theta_o; \quad s.t., \ y_o \leqslant Y\lambda, \ \theta_o x_o \geqslant X\lambda, \ \sum_{j=1}^{n}\lambda_j = 1, \ \lambda_j \geqslant 0 (j=1, 2, \cdots, n) \quad (1)$$

其中，λ 为（$n\times1$）阶常数向量，是计算低效率 DUM 位置的权重。θ 为满足 $\theta\leqslant1$ 的标量，它量度了某营业税征税机关与前沿面的距离，若 $\theta<1$，说明该营业税征收 DUM 未在效率前沿边界，意味着低效率；若 $\theta=1$，则该营业税征税机关正好处于前沿面，最有效率。

基于经典 BCC 模式 DEA 模型在效率测算时忽视松弛量可能造成的估计偏误，Tone（2001）将松弛量引入目标函数，发展出基于松弛测度的 SBM 模式 DEA 方法。对特定 DMU_o，基于投入导向可变规模报酬下的 SBM 模型形式为：

$$F_o(x, y|SBM) = \min_{S^-,\lambda}\rho_o = 1 - \frac{1}{m}\sum_{i=1}^{m} s_i^-/x_{io};$$

$$s.t., \ x_{io} = \sum_{j=1}^{n} x_{ij}\lambda_j + s_i^-, \ y_{ro} \leqslant \sum_{j=1}^{n} y_{rj}\lambda_j, \ \sum_{j=1}^{n}\lambda_j = 1, \ \lambda_j \geqslant 0, \ s_i^- \geqslant 0$$

$$(i=1, 2, \cdots, m; \ r=1, 2, \cdots, s; \ j=1, \cdots, n) \quad (2)$$

其中，s_i^- 表示第 i 个投入的松弛量。当 $\rho_o=1$ 时，DMU_o 将位于效率前沿，投入松弛量为 0。对任一 DMU，若 SBM 模式下有效，则 BCC 模式下也有效，且对无效的决策单元，SBM 的效率值小于或等于 BCC 的效率值。

2. 参数方法：SFA

Battese 和 Coelli（1994）提出的基于面板数据的随机前沿模型为：

$$Y_{it} = X_{it}\beta + (V_{it} - U_{it}) \qquad i=1, \cdots, N; \ t=1, \cdots, T \quad (3)$$

其中，Y_{it} 表示生产者也即税收征管机关 i 时期 t 的产出（征得的税收），X_{it} 为投入向量（税基、税务机关的人力和物力投入等）；β 为待估参数向量；V_{it} 为独立于 U_{it} 且服从标准正态分布 $N(0, \sigma_v^2)$ 的随机误差项，U_{it} 为技术非效率的非负值随机变量，通常服从在零处截尾正态分布 $N(m_{it}, \sigma_U^2)$，效率函数可表示为：$m_{it}=z_{it}\delta$，其中 z_{it} 为 $p\times1$ 向量，为技术非效率的解释变量，δ 为 $1\times p$ 待估参数向量，表示变量 z 对技术非效率的影响，若系数为负表示变量对效率有正效应，系数为正则相反。由于回归方程的误差项分布不同于 OLS 的古典假设，故不能用该方法估计参数。在对上述模型中的参数估计上，Battese & Coelli（1992）建议使用最大似然法。

（二）测算结果

由于不同方法所蕴涵的假设不同，故使用不同方法进行细致的比较分析是重要的（Lovell，1993）。参数方法对函数设定形式比较敏感并可能混淆设定误差和技术无效率，而非参数方法选择涉及生产可能集的特定假设（Grosskopf，1986），由于当前关于不同方法在效率测算中的相对绩效的知识仍比较有限①，为此，使用多种方法进行效率分析并检验效率测度结果的稳健性是比较好的策略（De Borge et al，1996）。

税收征管也是一个投入产出系统，投入税基、税务机构的人力物力等，征得税收收入（Lewis，2006；李建军，2011；杨得前，2010；Alfirman，2003；应亚珍，2004）。在用非参数计算方法对营业税征管效率进行测算中，基于我国现行营业税及征管制度特征、数据的可得性，我们以各地地方税务局征收的营业税收入（亿元）为产出变量，以第三产业增加值减去第三产业中的批发零售业增加值，再加上第二产业中的建筑业增加值（亿元）②；地税机关人员数（人）两个指标为投入变量。需要指出的是，除人力投入外，税务局还有大量物力和财力投入，但这些数据难以获得，同时税务机关的财力和物力投入又与人员数量高度相关，因此，本书用国税机构人员数来近似反映税务部门营业税的征管投入。

在用随机前沿方法对营业税征管效率测算中，借鉴 Lewis（2006），李建军（2011），王德祥（2009）等的研究，本书将函数设置为更具一般性的超越对数生产函数：

$$\ln bt = \alpha + \sum_{r=1}^{3} \beta_r \ln x_r + 1/2 \sum_{r=1}^{3} \sum_{q=1}^{3} \gamma_{rq} \ln x_r \ln x_q + \underbrace{v + u}_{=\varepsilon} \tag{4}$$

其中，bt 为各地营业税收入，x 为各投入指标，投入指标有三个：营业税税基，用第三产业增加值减去第三产业中的批发零售业增加值再加上第二产业中的建筑业增加值表示；国税部门人员数以及反映技术变化的时间变量。α，β_r，γ_{rq} 为需估计的参数，误差项 ε 被分解为测量误差 v 和无效率项 u，其分布如前所述，随机前沿模型采用 ML 估计。

使用非参数 DEA 方法和参数 SFA 方法，对我国 30 个省、直辖市、自治区（不含港、澳、台和西藏地区），2000～2010 年各地营业税征管效率进行测算。实证模型中各指标原始数据主要来自《中国统计年鉴》、《中国税务年鉴》、《中国财政年鉴》相关各期。2008～2010 年各地税务机关人员数《中国税务年鉴》

① Gong 和 Sickles（1992）利用模特卡罗技术比较分析了几种随机参数前沿估计和 DEA 模型的相对绩效，发现当所选择函数形式接近潜在的技术、回归变量和技术无效率项相关性很小的情况下，参数方法优于非参数方法。

② 用来近似反映营业税的税基。

没有报告，我们基于地税机关全国增长率对各地缺失地税机关税务人员数进行了补充[①]；在随机前沿模型效率评估，按照通常的做法模型中表征技术变化的时间变量 2000~2010 年依次取值 1，2，…，11。

BCC 模型、SBM 模型和 SFA 营业税征管效率估计结果见表 4-4。虽然不同方法效率评价结果存在差异，BCC 模型效率高于 SBM 模型，在 2005 年之前 BCC 模型效率整体高于 SFA 效率值，2005~2010 年 SFA 效率整体又高于 BCC 模型，但总体而言，30 个样本地区用不同方法的效率评估值变化趋势具有一致性。2000~2010 年三种方法营业税效率评估结果平均值的变化趋势见图 4-5。三方法平均效率值都呈上升状态，其中，BCC 模型营业税平均效率从 2000 年的 0.3777 提高到 2010 年的 0.5194，SBM 模型平均效率由 2000 年的 0.2929 增长到 2010 年的 0.4193，SFA 模型平均效率从 2000 年的 0.3373 提高到 2010 年的 0.5582，营业税征管效率总体有很大幅度的提高。但从营业税征管效率平均值绝对数来看，效率水平仍比较低，2010 年 BCC 模型、SBM 模型和 SFA 模型的平均效率值分别为 0.5194、0.4193 和 0.5582，这表明按照三种方法的评估结果，相对于最优效率得分 1 而言，营业税征管效率约有 45%~60% 的提升空间。从三种营业税征管效率评估值的 Pearson 相关系数来看，BCC、SBM 和 SFA 三方法效率测算值相关度都比较高，都约在 0.6 以上，三种征管效率评估值的整体一致性和指标的相关性，在一定程度说明参数和非参数征管效率测度具有稳健性。

表 4-4　　营业税效率测算结果

	2000 年			2005 年			2010 年		
	Bcc-dea	Sbm-dea	SFA	Bcc-dea	Sbm-dea	SFA	Bcc-dea	Sbm-dea	SFA
北　京	0.6450	0.4742	0.8036	0.6282	0.5037	0.7838	0.7641	0.7078	0.8886
天　津	0.3847	0.3823	0.4377	0.4276	0.3907	0.5961	0.5721	0.5698	0.6746
河　北	0.1902	0.1307	0.2385	0.1803	0.1212	0.2456	0.3874	0.2622	0.4796
山　西	0.3105	0.2053	0.2066	0.2583	0.1718	0.2238	0.4034	0.2677	0.3819
内蒙古	0.3576	0.2476	0.2105	0.3131	0.2115	0.3053	0.4103	0.3057	0.4889
辽　宁	0.2151	0.1524	0.2642	0.2019	0.1494	0.2874	0.3093	0.2287	0.4078
吉　林	0.3247	0.2388	0.2595	0.2446	0.1888	0.2327	0.3077	0.2362	0.3642
黑龙江	0.2649	0.1914	0.2512	0.2176	0.1567	0.2196	0.2963	0.2307	0.3660
上　海	0.4660	0.4546	0.5286	0.9458	0.8818	0.9327	1.0000	1.0000	0.9505

① 根据全国地税机关税务人员数可知，2007 年以来税务机关总数变化很小，若使用常见的平滑法和回归法，插补数据的总数和实际地税机关人员总数差别较大，因此，本书利用全国地税人员增长率对各地地税人员数据进行补充。

续表

	2000 年			2005 年			2010 年		
	Bcc-dea	Sbm-dea	SFA	Bcc-dea	Sbm-dea	SFA	Bcc-dea	Sbm-dea	SFA
江　苏	0. 1891	0. 1473	0. 3420	0. 4307	0. 2856	0. 6304	0. 7120	0. 6982	0. 8402
浙　江	0. 3196	0. 2029	0. 4688	0. 4682	0. 3016	0. 6543	0. 6098	0. 4376	0. 8705
安　徽	0. 2529	0. 1792	0. 2433	0. 2124	0. 1587	0. 2667	0. 4742	0. 3351	0. 5496
福　建	0. 2485	0. 2097	0. 3784	0. 3138	0. 2326	0. 4719	0. 4016	0. 3452	0. 5874
江　西	0. 2562	0. 1928	0. 2437	0. 2460	0. 1892	0. 2901	0. 4146	0. 3024	0. 4761
山　东	0. 1793	0. 1191	0. 2991	0. 2627	0. 1760	0. 3967	0. 3979	0. 2899	0. 5936
河　南	0. 2014	0. 1352	0. 2444	0. 1984	0. 1386	0. 2944	0. 3448	0. 2394	0. 4469
湖　北	0. 2230	0. 1405	0. 2239	0. 2189	0. 1396	0. 2319	0. 2965	0. 1950	0. 3510
湖　南	0. 1808	0. 1348	0. 2149	0. 2155	0. 1584	0. 3127	0. 2977	0. 2240	0. 4246
广　东	0. 5282	0. 3146	0. 8019	0. 5161	0. 3268	0. 8262	1. 0000	1. 0000	0. 9088
广　西	0. 3371	0. 2493	0. 2998	0. 2767	0. 1998	0. 3044	0. 4111	0. 3134	0. 5066
海　南	0. 6824	0. 4869	0. 2948	0. 5670	0. 4838	0. 3306	0. 6939	0. 5693	0. 7000
重　庆	0. 5586	0. 4168	0. 7912	0. 6236	0. 4448	0. 7508	0. 5706	0. 4828	0. 7049
四　川	0. 1461	0. 1064	0. 1381	0. 1470	0. 1068	0. 1902	0. 5671	0. 3646	0. 6280
贵　州	0. 5249	0. 3710	0. 3060	0. 4032	0. 2942	0. 3010	0. 3966	0. 3307	0. 4576
云　南	0. 3965	0. 2537	0. 2791	0. 3063	0. 2090	0. 2630	0. 5746	0. 3773	0. 5111
陕　西	0. 3203	0. 2207	0. 2774	0. 3029	0. 2161	0. 2949	0. 4975	0. 3480	0. 5253
甘　肃	0. 4302	0. 3233	0. 2439	0. 2908	0. 2551	0. 2281	0. 3091	0. 2681	0. 3335
青　海	0. 8577	0. 8295	0. 2092	0. 6481	0. 5936	0. 2122	0. 7433	0. 6113	0. 3803
宁　夏	1. 0000	1. 0000	0. 3428	0. 6709	0. 6176	0. 3064	0. 9322	0. 6736	0. 4687
新　疆	0. 3408	0. 2751	0. 2760	0. 3169	0. 2671	0. 3112	0. 4873	0. 3632	0. 4777

注：为节省篇幅其他年份效率测算结果未报告。

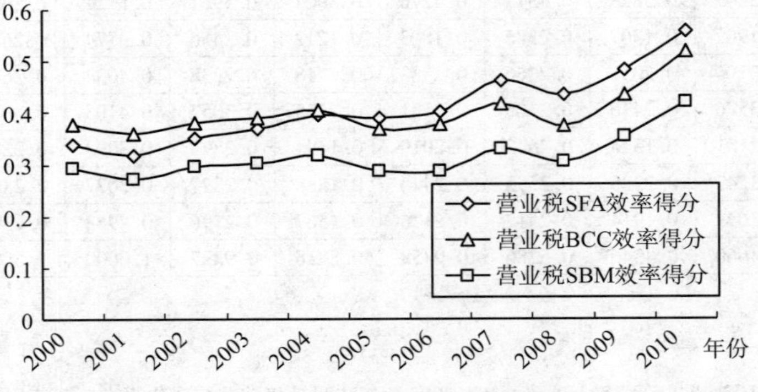

图 4－9　2000～2010 年营业税征管效率平均值

表 4－5　　营业税各效率指标 Pearson 相关系数

效率指标	BCC－DEA	SBM－DEA
SBM－DEA	0.969（0.000）	
SFA	0.645（0.000）	0.592（0.000）

注：括号内为 P 值。

三、效率影响因素分析

（一）模型设置

公共部门的效率主要依赖于组织成员能力、管理水平以及所处外部环境。税收机关税收征管效率的影响因素概括起来主要有税制、社会经济环境、税务人员因素、征管技术水平等方面。基于研究重点及数据可得性，本书主要考察财政经济及社会环境因素对营业税征管效率的影响。以 BCC 模型和 SBM 模型两非参数方法效率值为被解释变量的营业税征管效率影响因素计量模型表示如（5）式；基于随机前沿模型进行效率影响因素分析中，效率函数 $m_{it}=z_{it}\delta$，进一步表示如（6）式：

$$bte_{itk}=a_0+a_1\ (bt/lt)_{it}+a_2taxdec_{it}+a_3\ (cr/gdp)_{it}+a_4transfer_{it}+a_5lpoptax_{it}$$
$$+a_6employ_{it}+a_7lpinc_{it}+a_8roadp_{it}+a_9ldensity_{it}+a_{10}open_{it}+\omega_{it} \qquad (5)$$

$$m_{it}=\delta_0+\delta_1\ (bt/lt)_{it}+\delta_2taxdec_{it}+\delta_3\ (cr/gdp)_{it}+\delta_4transfer_{it}+\delta_5lpoptax_{it}$$
$$+\delta_6employ_{it}+\delta_7lpinc_{it}+\delta_8roadp_{it}+\delta_9ldensity_{it}+\delta_{10}open_{it} \qquad (6)$$

其中，下标 i 和 t 分别代表省（直辖市、自治区）和时间，m 为 SFA 技术模型中营业税征管非效率。bte 为非参数方法效率评估得分，下标 $k=1$、2 分别是前文 BCC 模型和 SBM 模型营业税征管效率评估值。δ、a 为待估参数，ω_{it}为随时间和个体变化的随机误差项。

就解释变量而言，bt/lt 为营业税收入与地税机关征税总收入之比，反映营业税在地方税务机关税收征管工作的重要程度，比重越高说明营业税在地方税务机关税收工作及完成税收任务中越重要，地税机关可能对营业税征管更为重视和努力，从而有助于营业税征管效率的提高。$taxdec$ 为地方税务机关征收的税收收入与国地税机关征得税收总收入之比，用以表征税收分权度，我国税收征管主要由国地税两套税务系统负责，税收分权反映了国地税分工状况，税收分权程度越高意味着地税机关负责征收的税收越多，这样可能有助于发挥税收征管的规模经济效应，而营业税由地方税务机关负责征收，可以促使税收分权度提高，进而促进营业税征管效率的改善。cr/gdp 为建筑业和房地产业增加值与 GDP 之比，在我国现行税制下，营业税是重要的地方税种，而房地产及建筑业是营业税最主要的税源，当前，地方政府的经济增长和财政收入增长对房地产及相关产业高度依赖，这可能使得房地产行业比重会影响地方政府行为及地税机关的税收征管行为。转移支付对地方政府的收入努力的作用是刺激抑或替代并存，一方面，若中央政府对地方的转移支付规模庞大，而其分配往往未明确考虑地方的组织收入的效率，这将对地方征管收入努力产生替代效应；另一方面，为提供更多更好的公共服务，转移支付的增加可能促使地方政府增强收入征管的努力度，以组织更多收入与中央转移支付相配套（Manasan，1995），为检验转移支付对地方税务机关营业税征管的影响，我们引入转移支付变量 *transfer*，用各地区中央补助收入与预算内外收入之比来表示。*lpoptax* 为取对数的人口与地税机关人员数比，反映地方税务机关人员的人均税收征管的人口范围，人均管理范围广，一方面可能降低税收征管的人力成本、提高征管效率，另一方面也可能因管理范围的过大，使征管能力下降。*employ* 为用城乡就业数与人口之比表示的就业比（%），用以反映就业能力和经济活力等地区经济社会环境。*lpinc* 是以城乡居民人口为权数的加权居民人均收入，并取自然对数，用以反映地方的居民福利及经济发展水平，居民收入水平及经济发展程度影响居民的经济社会行为模式，进而可能作用于居民纳税行为，影响税收征管效率。*roadp* 为每万人公路里程数变量（公里/万人），反映地区的道路等基础设施发展水平，便利的道路、发达的基础设施水平是税收征管工作高效开展的重要条件。*ldensity* 为地区人口密度的自然对数，人口密度高、人口居住相对集中便于税收征管工作，而与此同时，人口密度高则可能意味着人口多、经济社会状况复杂，为达到同样的征管水平需要更多的征管人力和物力投入，而不利于税收征管。*open* 为进出口总额与 GDP 之比，也即外贸依存度，反映地区经济开放程度，经济开放可能改变经济社会环境及个人、企业、政府等社会主体的行为模式，从而影响税务部门的技术和管理方式。

式（5）中，因变量为 BCC 和 SBM 模型测算的营业税征管效率值都位于 0 和 1 之间，任何一个地方的效率值都不小于 0、不超过 1。由于要分析的因变量某个区间数据被截断（trancated）或被归并（censored）到某一点，OLS 估计结果将是有偏且不一致的，此时遵循极大似然法概念的 Tobit 模型是估计回归系数的一个较好选择，这里采用 Tobit 模型进行参数估计。如前所述，基于 Battese & Coelli（1992）的建议，式（6）采用最大似然法进行估计。

（二）回归结果分析

基于 DEA 和 FDH 法效率值的 TOBIT 模型回归结果见表 4－6，SFA 方法营业税征管效率影响因素估计结果①见表4-7。

营业税收入与地税机关征税总收入之比 *bt/lt*，在BCC和SBM两非参数效率Tobit模型中回归系数显著为正，在SFA模型中系数显著为负，说明营业税收入占地税收入比重的提高将会提升营业税征管效率，这与我们的预期一致，营业税比重越高，营业税对地方税务机关税收工作和地方政府越重要，地税机关将会更重视营业税的征管工作、加强营业税的征管。另一方面，OECD（2008）指出税收征管的碎片化（Fragmentation）使征管组织协调复杂化，不利于税收征管。营业税比重的提高在一定程度上降低了地税机关税收征管的碎片化程度，从而促进了征管效率的改善。税收分权变量taxdec，在非参数模型中系数为正，在参数SFA模型中为负，且都显著，这说明税收分权度的提高将会提升营业税征管效率。营业税由地税系统负责征收，税收分权意味着地税机关负责征收的税收增多，发挥税收征管的规模经济效应，相应降低营业税征管人力、物力资源投入，进而提升营业税征管效率。转移支付变量 *transfer* 在式（5）和式（6）中回归系数分别为负和正，且都显著，这说明转移支付比重提高会阻遏营业税征管效率改善，税收征管存在“粘蝇纸”效应现象。其原因可能在于，在地方财政需要既定下，地方转移支付收入增加，地方所须征收的税收收入相应减少，地方为培育经济及降低居民税负、提高居民满意度，则可能降低税收征管努力度，从而引起税收征管效率的下降。就业率变量 *employ* 在式（5）和（6）式中回归系数分别为正和负，且都显著，表明提高就业率有助于营业税征管效率的改善。就业人口比重高，说明地区经济富有活力，相应营业税税源比较充沛，便利了营业税征管。

建筑业和房地产业增加值与GDP之比 *cr/gdp* 变量系数，在非参数效率回归模型中显著为负，这意味着地方房地产及建筑业比重高，地方经济及财政对房地产相关产业倚重度高，不利于营业税征管效率的增进；在SFA模型中系数为正、但不显著，这说明该结论并不稳健。人口与地税机关人员数比 *lpoptax* 变量回归系数表明扩大地方税务机关人员的人均税收征管的人口范围，或适当减少税务人员数有利于营业税征管效率的提高，但回归只在非参数效率值回归模型中显著。居民人均收入变量 *lpinc* 在式（5）和（6）式中回归系数分别为正和负，意味着居民收入水平的提高将会促进营业税征管效率的改进，随着居民收入的提高，居民税收意识和社会法制水平明显改善，这都有助于税收征管工

① 由于SFA效率影响因素分析中，因变量为非效率因子，解释变量为技术非效率解释变量，故当归回系数为正时说明该变量对效率有负向作用，当系数为负时则表明该变量对效率有正向作用。

作的开展，但该变量在三个回归模型中的SFA模型中没有通过显著检验。由于我国各省区辖区面积悬殊，相对于发达的东部，西部地区每万人公路里程数更大①，每万人公路里程数指标与辖区交通便利程度大体呈负向关系，这使万人路里程变量*roadp*对营业税征管效率产生负向作用。然而，在SFA模型中变量未通过检验，这种负向作用并不显著。经济开放变量*open*回归系数显示，贸易开放有助于营业税征管效率的提升。随着进出口的增加及经济开放度的提高，国外先进的组织管理技术和知识等会向包括税务部门在内的公共部门和私人部门溢出；另一方面，经济开放促进单位和个人的效率意识提升，居民社会参与意识及公民观念等增强，这些都有助于税收征管效率的改进。人口密度变量ldensity在式（5）和式（6）回归结果相反，且后者没有通过检验，因此我们不能得出初步的结论。

表4-6　　营业税征管效率影响因素Tobit模型估计

	BCC效率		SBM效率	
	系数	Z统计量	系数	Z统计量
截距项	-1.6935***	-5.39	-2.2858***	-7.44
bt/lt	0.5680***	11.43	0.3502***	7.39
taxdec	0.6532***	7.59	0.4471***	5.42
cr/gdp	-0.5300*	-1.67	-0.6984**	-2.31
transfer	-0.0576***	-2.91	-0.0727***	-3.84
lpoptax	0.0930**	2.48	0.1680***	4.65
employ	0.0024***	4.76	0.0024***	4.90
lpinc	0.1572***	9.06	0.1713***	10.32
roadp	-0.0026***	-3.80	-0.0033***	-5.03
ldensity	-0.0863***	-3.15	-0.0847***	-2.89
open	0.1197***	3.23	0.0492	1.37
Likelihood-ratio	314.51		328.52	
rho	0.8664		0.8943	
Log likelihood	365.84		376.05	

注：*、**、***分别表示10%、5%和1%的置信度上显著。

① 如2009年每万人公路里程数最多的五个地区依次为：青海107.9、新疆69.8、内蒙古62.2、云南45.1和甘肃43.26；每万人公路里程数最小的三地区分别为：上海6.1、天津11.6和北京11.8。

表 4-7　　SFA 法营业税征管效率模型估计

	系数	T 值		系数	T 值
生产前沿					
C	-2.3926	-0.7078	(Lbtb * Llts)	-0.4982***	-7.071
Lbtb	2.2711***	4.1049	(Lbtb * t)	-0.0654*	-1.7510
Llts	-0.8241	-0.7951	(Llts) 2/2	0.4819***	3.4236
T	-0.1301	-1.128	(Llts * t)	0.0695***	3.6256
(Lbtb) 2/2	0.4326**	2.6045	(t) 2/2	0.0062	0.7311
无效率参数					
Con	7.1018	1.6213	employ	-0.0088**	-2.3182
bt/lt	-2.0744***	-11.048	lpinc	-0.3783	-1.2133
taxdec	-1.3871***	-5.0910	roadp	0.0202	0.6444
cr/gdp	1.0116	1.0344	ldensity	-0.0022	-0.9530
transfer	0.1229**	2.0029	open	-0.5726***	-6.8789
lpoptax	-0.1459	-1.0296			
σ^2	0.0446***	8.8793	log likelihood	58.867	
γ	0.7517**	2.4214	LR	292.42	

注：*、**、*** 分别表示 10%、5% 和 1% 的置信度上显著。

四、简要的结论

税收征管效率是治税效率原则的重要维度，对货物劳务税征管效率进行评估分析，对于透视货劳税的征管特征，构建廉价高效的商品税征管制度及其改革的制度设计都具参考价值。分税制以来，营业税实际税率稳步上升，实际税率与法定税率之间的差距相应缩小，其是否意味着营业税征管效率的提升。本书运用税收征管效率评估中的参数和非参数方法，对我国营业税征管效率进行测算分析发现，虽然不同方法效率评价结果存在差异，但总体而言，30 个样本地区用不同方法测算的效率评估值变化趋势是一致的，营业税平均征管效率呈逐步上升态势；但从营业税征管效率平均值绝对数来看，效率水平仍比较低，2010 年 BCC 模型、SBM 模型和 SFA 模型的平均效率值分别为 0.5194、0.4193 和 0.5582，相对于最优效率得分 1 而言，营业税征管效率约有 45% ~60% 的提升空间。

通过对营业税征管效率影响因素的实证分析进一步发现：营业税占地税机关征税总收入比重越高，营业税对地方税务机关税收工作越重要，税收征管的碎片化程度降低，会改善税收征管效率。其政策含义在于：为改善税收征管、提升税收征管效率，一方面要增强税务机关及税务人员的工作积极性和努力度，另一方面应减少税种数量、降低税收体系的复杂性、构建主体税种明显的税制结构，降低税收征管的碎片化度。地方税务系统负责征收更多的税收及税收分权度的提升，有助于征管效率提升，这意味着税收征管存在规模经济，为降低征管成本、税收征管效率，应逐步实现国税和地税系统的合并。转移支付对营业税征管效率具有显著的负效应，地方税收征管行为呈现出“粘蝇纸”效应，为防止税收征管的策略性行为，贯彻税收法定原则、均等地区间实际税负以及提升地方税务系统征管效率，应在完善中央与地方事权税权划分基础上，优化转移支付制度，结合地方供给均等化的公共服务的财政支出需要，根据实际税源和标准税收征管效率及征管强度来确定地方财政能力，进而确定各地转移支付额度，使转移支付与地方税收征管激励相容。此外，为提升营业税征管效率，应提高就业率、增强经济活力，坚持和扩大经济开放，充分发挥开放的经济环境对税收征管效率改善的积极效应。

第三节　我国企业所得税征管效率测度分析

一、引言

企业所得税（或公司所得税）是当前世界各国普遍使用的税种，公平和效率是企业所得税设计的焦点问题（Joseph，2000），而若没有廉价高效的税收征管，理论上再公平和有效的税制，其实现的经济社会效果也将大打折扣。高效的税收征管不仅意味着征纳费用的节约，还是税收在纳税人间的公平负担和税收经济、社会等职能实现的重要保障。可持续性是判定税制改革成功的三大标准之一，税收征管低成本和高效是税制改革可持续性的保障（桑福德，2001）。近年来，我国企业所得税及征管制度进行了多次改革调整，对企业所得税的征管效率进行测度分析，对于评估近年企业所得税征管制度调整的有效性，弄清企业所得税的征管特征，构建廉价、高效的企业所得税征管制度及今后企业所得税改革的制度设计都具价值与意义。

由于不同税种具有不同的征税范围、纳税人、税率、计税方法、征管方式等，这使不同税种的征管成本和难易度不同，具有不同的征管效率水平和效率解。因此，需要对企业所得税的征管进行具体分析，目前国内研究者从企业所得税复杂性、征管权限划分和机构设置（国地税共征、征管和稽查分立）、征管信息化、纳税人遵从、征管日常作业方式、征管人员素质、税收征管协作、企业所得税分享等方面对企业所得税征管问题及优化进行了丰富的研究（张炜，2009；李亚民，2011）。

但值得注意的是，已有企业所得税征管研究都为规范分析，而对企业所得税征管效率相对准确的评估，并研究其影响因素及机理，特别是分析近年来多次进行的企业所得税征管制度调整改革的征管效应，这些对正确认识我国企业所得税征管现状、评估企业所得税征管政策调整、探求税收征管的效率解，从而为降低企业所得税征管成本、提高征管效率，企业所得税税制优化提供实证基础和经验支持。

二、企业所得税征管的经验事实

企业所得税在我国整个税制中地位举足轻重，是我国第二大税种，2010 年，我国企业所得税收入 12843. 54 亿元，占税收总收入的 17. 54%（见图 4－10），虽然近年企业所得税比重有所下降，但从建立“双主体”税制结构及所得税主体地位的强化的税制改革方向来看，企业所得税占税收收入的比重将会提高。在现行财税体制下，企业所得税为中央和地方共享税，由国税局和地税局共同负责征管，21 世纪以来，企业所得税征管权在国税局和地税局间的配置经历了三次较大的调整：第一次调整，从 2002 年 1 月 1 日～2006 年 1 月 8 日，2002 年之前的企业原征管机关不变，其后在工商行政管理登记的新办企业的所得税由国家税务局负责征收，企业合并或分立成立的新企业的所得税仍由原征管机关负责征收。[①] 第二次调整，调整了确定征税机关的“新办企业”标准，实施期为 2006 年 1 月 9 日～2008 年 12 月 31 日。[②] 第三次调整，从 2009 年 1 月 1 日起，2008 年年底之前的不变，其后的应纳增值税的企业，其所得税由国税局管理，应纳营业税的企业，其所得税由地方税务局征管。[③] 随着企业所得税征管权限的调整，地方税务局的征管范围和征收税额持续下降，2001 年地方税务局征得企业所得税占全国企业所得税的 48. 13%，2010 年则仅为 26. 44%（见图 4－11）。现行企业所得税征管制度下，一个税种由两个机构共同征管，使得征管资源分散，不能有效发挥专业分工优势和规模效应，同时在当前国税局和地税局征管范围划分方式下，仍会产生界分成本，从而增加企业所得税征管成本、降低了征管效率。2008 年，我国新《企业所得税法》开始实施，新《企业所得税法》改变了原有内外资企业分别适用不同的企业所得税法律制度的格局，实现了内外资企业统一企业所得税制度，企业所得税改革具有显著的降低税率、税制简化的特征，改革对企业所得税征管具有积极作用。

---

① 参见《国家税务总局关于所得税收入分享体制改革后税收征管范围的通知》（国税发〔2002〕8 号）。

② 参见《财政部　国家税务总局关于享受企业所得税优惠政策的新办企业认定标准的通知》（财税〔2006〕1 号）和《国家税务总局关于缴纳企业所得税的新办企业认定标准执行口径等问题的补充通知》（国税发〔2006〕103 号）。

③ 参见《国家税务总局关于调整新增企业所得税征管范围问题的通知》（国税发〔2008〕120 号）。

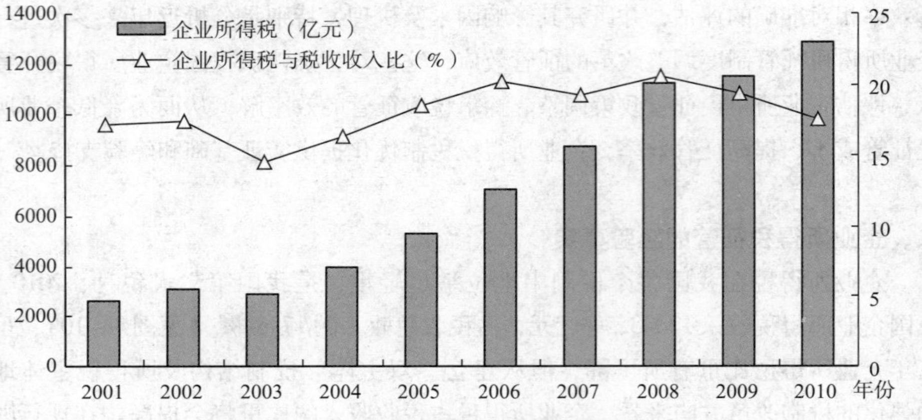

图 4－10　我国企业所得税规模和比重

资料来源：《中国税务年鉴》相关各期计算整理而得。

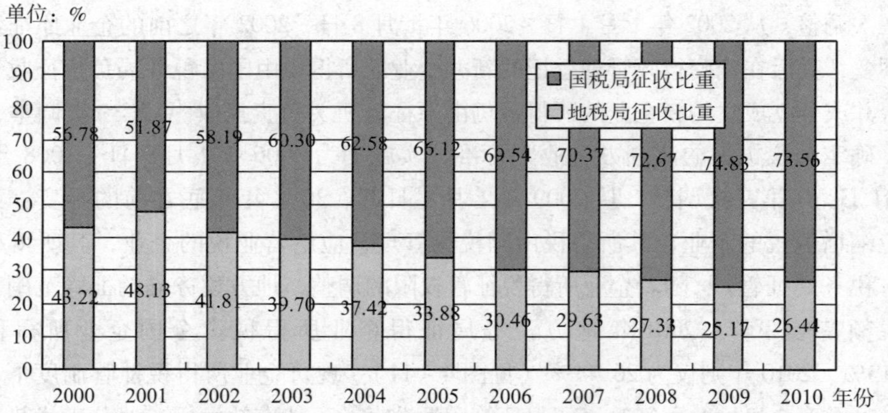

图 4－11　国税局和地税局企业所得税征收比重

资料来源：《中国税务年鉴》相关各期计算整理而得。

税收征管制度科学与否，应以成本与收益的评估来判断（吴俊培，1994）。征税成本率和人均征税额是衡量税收征管效率的常用简易指标。由于缺乏税务机关征税成本费用的完整数据①，这里主要以人均征税额和税收实际税率来分析。

① 据全国人大财经委副主任郝如玉估算，1999 年我国征税费用与税收总额之比（征税成本率）为 3.12%，近年已达 5%～6%。根据国税系统 2010 年部门预算公布的支出额，以国税和地税人均年征税费用相同为标准，计算出的我国 2010 年的征税成本率约为 2.09%；而 2009 财政年度，美国征税成本率为 0.50%，英国为 0.95%，加拿大为 0.84%，澳大利亚为 0.94%，新加坡为 0.88%，香港地区为 0.65%，日本为 0.81%（据各国税务部门发布的 2009 年财政年度税务报告计算整理而得）。比较而言，我国整体征税成本远高于其他国家或地区。

从税务机构人均企业所得税征税额来看，人均企业所得税征税额提高迅速，2001年人均企业所得税征税额为35.2万元，到2010年增加到170.2万元（见图4-12）。就企业所得税实际税率而言，2001年以来的变化呈波浪式，2001年企业所得税实际征收的税率为13.14%，2004年最低仅为7.81%，其后逐步回升，到2009年为12.81%，2010年又降为10.94%。理论上看，若征税做到了应收尽收，企业所得税的实际税率应等于法定税率，实际税率与法定税率之间的差异程度反映了税收征管强度和效率水平，实际税率与法定税率的差距越小意味着税收征收率越高，并在一定程度上反映税收征管效率水平。从企业所得税实际税率与法定税率的差异可以看出，我国企业所得税的征管水平还有一定的提升空间（见图4-12）。从图4-13人均企业所得税征税额核密度图可知，2000年、2005年和2010年人均企业所得税征税额都呈单峰并具右拖尾形态，且右拖尾持续拉长，同时核密度图随时间推移向右移动，这说明一方面，人均企业所得税征税额总体上呈增加趋势，另一方面，地区间人均企业所得税征税额差距不断拉大。图4-14为企业所得实际税率核密度图，2000年和2005年企业所得税实际税率呈单峰并具右拖尾分布形态，实际税率主要集中于6%左右，2005年右拖尾长于2000年，这意味着2000年企业所得税实际税率省际差距大于2005年。2010年企业所得税实际税率核密度图的整体分布向右位移，峰值点位于8.5%附近，说明企业所得税实际税率整体提高，且地区间差距缩小。

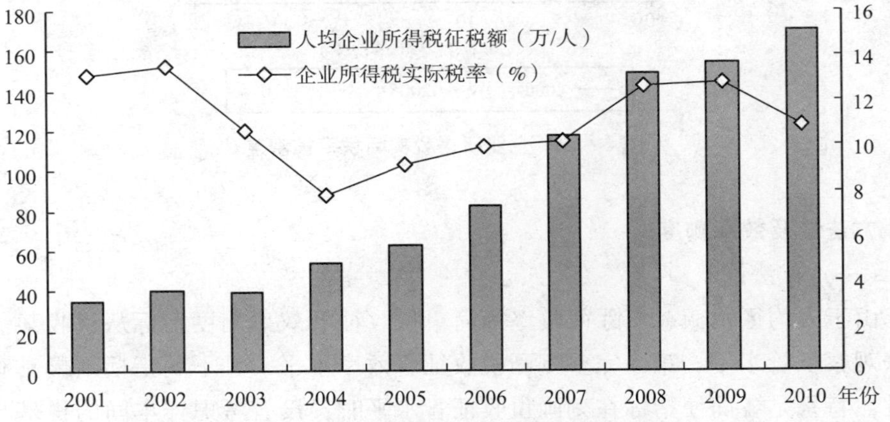

图4-12　我国企业所得税征管实际税率和人均征税额

注：这里实际税率=（企业所得税税额÷营业盈余）×100%

资料来源：《中国税务年鉴》相关各期计算整理而得。

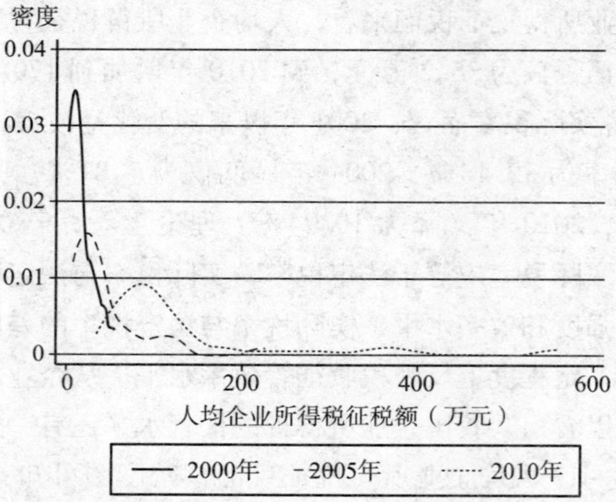

图 4-13　人均企业所得税征税额核密度

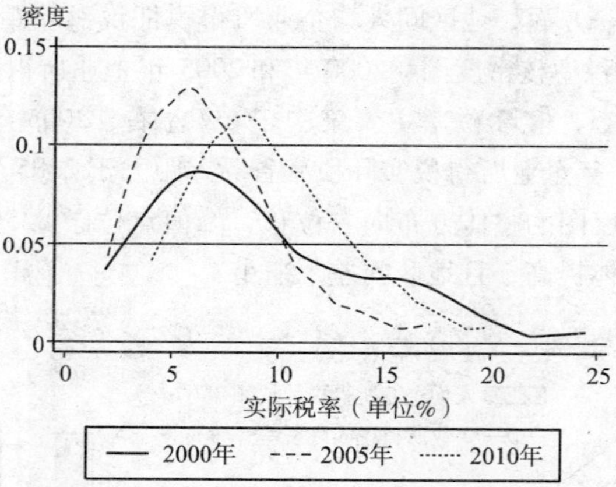

图 4-14　企业所得税实际税率核密度

三、方法论及效率测度

（一）方法论

由于人均征税额、实际征收率等简单税收征管效率测度指标从税收某一方面来观察征管水平、难以完整刻画税收征管效率水平，且不同指标结果具有冲突性。特别是各简便指标在刻画税收征管水平时，没有考虑样本间的税基与税源差异，而在征税花费人力、财力等其他条件相同情况下，税源和税基的丰富度不同，征得的税收必然大相径庭。当前效率评估中基于线性规划的非参数方法最为常用，由于不同方法所蕴涵的假设不同，故使用不同方法进行细致的比较分析是重要的，使用多种方法进行效率分析并检验效率测度结果的稳健性是比较好的策略，这里我们使用多种非参数方法对企业所得税征管效率进行评估分析。

征税同样是个投入产出过程，投入税基、税务部门的人力、物力和财力等征得税收收入，投入和产出都比较明确，基于投入产出思想的非参数（DEA 和 FDH）和参数（SFA）方法是税收征管效率测算的常用方法（Lewis，2006；Mattos，2011；李建军，2012；崔兴芳，2006）。为增进研究的结果的稳健性，本书采用多种非参数方法对各地国税机关税收征管效率进行评估测算，具体包括：基于规模报酬不变的 CCR 模型 DEA 法（Charnes et al，1978）、基于规模报酬可变的 BCC 模型 DEA 法（Banker et al，1984）和自由处置壳法（free disposal hull，FDH）（Deprins et al，1984）。用非参数方法效率核算可以从投入的角度也可以从产出的角度，基于投入角度衡量的效率，用来评估为了得到相同的产出应使用何种比例的投入才能做到投入最小；基于产出角度的核算则有助于发现如何使相同的投入得到最大的产出，本书采用产出导向效率评估方式。

设有 n 个企业所得税征管单元（DUM）有 j 种投入和 k 种产出，x_i 和 y_i 为第 i 个企业所得税征管机关的投入和产出列向量，X，Y 分别为（$j \times n$）和（$k \times n$）阶的投入、产出矩阵，则 CCR 模型、BCC 模型和 FDH 模型的线性规划式分别为：

$$F_i\ (x,\ y \mid CRS) = Max_{\theta,\lambda}\theta$$

$$s.t.\ -y_i + Y\lambda \geqslant 0,\ \theta x_i - X\lambda \geqslant 0,\ \lambda \geqslant 0 \qquad (1)$$

$$F_i\ (x,\ y \mid VRS) = Max_{\theta,\lambda}\theta$$

$$s.t.\ -y_i + Y\lambda \geqslant 0,\ \theta x_i - X\lambda \geqslant 0,\ N'\lambda = 1,\ \lambda \geqslant 0 \qquad (2)$$

$$F_i\ (x,\ y \mid FDH) = Max_{\theta,\lambda}\theta$$

$$s.t.\ -y_i + Y\lambda \geqslant 0,\ \theta x_i - X\lambda \geqslant 0,\ N'\lambda = 1,\ \lambda \in \{0,\ 1\} \qquad (3)$$

其中，θ 为满足 $\theta \geqslant 1$ 的标量，是国税机关决策单元 DUM 的技术效率，若 $\theta > 1$，DUM 没有达到效率前沿边界，意味着低效率；若 $\theta = 1$，则该决策单位处于效率前沿。λ 为（$n \times 1$）阶常数向量，是计算低效率 DUM 位置的权重，利用该权重将低效率的 DUM 映射到生产前沿上。N'是 n 维单位向量，BCC 模式较 CCR 模式施加了凸性限制 $N'\lambda = 1$，代表可变规模报酬。与 DEA 模式不同，FDH 模型加入 $\lambda \in \{0,\ 1\}$，λ 取 0 或 1，放弃技术凸性假设而坚持规模报酬可变，FDH 假设效率仅受实际观测绩效值的影响，其参考对象为自然形成的 DUM，无效率 DUM 的投影点亦为实际的 DUM 而非经线型规划构建的假设性 DUM。

（二）效率测度

在企业所得税征管效率测算中，基于我国现行企业所得税及征管制度特征、数据的可得性，本书以各国税局和地税局征收的企业所得税收入（亿元）为产出变量，以各地企业营业盈余（亿元）、税务机关人员数（人）两个指标为投入变量，使用 CCR－DEA，BCC－DEA 和 FDH 三种非参数方法进行效率测算。应该说明的是，除人员投入外，税务机关在税收征管过程中还有大量物力和财力投入，但由于数据难以获得，并且税收征管的财力和物力投入与税务人员的数量高度相关，本书用税务机关人员数来近似刻画企业所得税征管人力物力投入。对 2000～2010 年我国 28 个省、直辖市、自治区（不含北京、上海、港、澳、台和西藏地区）的企业所得税征管效率进行测算。之所以不包括北京和上海，是因为我国铁路、邮电通信、民航运输、银行等企业所得税纳税地点主要在北京和上海集中缴纳，这使北京、上海两地企业所得税征管比较特殊，与其他地区不可比。[①] 本书所使用原始数据主要来自《中国税务年鉴》、《中国统计年鉴》相关各期，因《中国税务年鉴》没有报告 2008～2010 年各地区税务机关人员数，我们基于税务机关全国增长率对各地缺失地税机关税务人员数进行了补充[②]。另外，各地区营业盈余数据来自国家信息中心中经专网数据库，因国家统计局未公布 2008 年各省份营业盈余，这里用各省 2007 年和 2009 年营业盈余的均值来插补。

图 4－15 报告了 CCR 模型、BCC 模型和 FDH 模型的企业所得税征管效率测算平均值。虽然对于特定时间和地区而言，不同方法效率评价结果存在差异，BCC 模型效率高于 CCR 模型，但总体来看，样本地区用不同方法的效率评估值变化趋势具有一致性。从平均效率的变化趋势来看，三模型效率测度结果是类似的，从企业所得税征管效率三模型效率评估值的 Pearson 相关系数来看，三方法效率评估值具有高度的相关性（见表 4－8）。2001 年平均效率较 2000 年有所提高，2002 年开始下降，2004 年平均效率降到最小值，其后又呈稳步上升趋势，2009 年又较 2008 年有所下降，2010 年又开始提高，总体来看，近年我国企业所得税征管效率呈波浪式上升态势。其中，2000 年 CCR 模型、BCC 模型和 FDH 模

① 参见《国家税务总局关于汇总合并纳税企业实行统一计算、分级管理、就地预缴、集中清算所得税问题的补充通知》（国税发〔2001〕13 号），《跨省市总分机构企业所得税分配及预算管理暂行办法》（财预〔2008〕10 号）、《跨地区经营汇总纳税企业所得税征收管理暂行办法》（国税发〔2008〕28 号）等文件。

② 由于根据全国地税机关税务人员数可知，2007 年以来税务机关总数变化很小，若使用常见的平滑法和回归法，插补数据的总数和实际地税机关人员总数差别较大，因此，本书利用全国地税人员增长率对各地地税人员数据进行补充。

型测算的企业所得税征管平均效率分别为0.352，0.408和0.515，2010年三模型平均效率依次是0.4936，0.5746和0.7258。就2010年来说，相对于最优效率得分，按照三个效率测算方法，企业所得税征管效率还有约28%～51%的提升空间。基于CCR，BCC和FDH三模型2000～2010年的企业所得税征管效率的经验累积分布函数形态见图4－16。由图可知，CCR模型企业所得税征管效率，约85%的样本效率值在0.6以下，约97%的样本效率在0.8以下；BCC模型企业所得税征管效率，效率水平在0.6以下的约为78%，效率在0.8以上的仅约占样本的7%；FDH模型企业所得税征管效率，约58%的样本效率值在0.6以下，约74%样本的效率在0.8以下。

如前文所述，样本期间，我国企业所得税征管在国税局和地税局间的征管权限分工，分别在2002年、2006年和2009年进行了三次调整，2002年征管职责范围调整后国税局在企业所得税征管上的征管范围扩大，地方税务局的征管范围相应缩小；2006年又进行了微调，2009年对企业所得税征管归属进行了较大的调整，采用按企业所纳货物劳务税种的方式来确定企业所得税的征管机关。另外，2008年新《企业所得税法》开始实施，我国企业所得税制度发生了重大变革，改革使企业所得税税率降低、税制简化，而有助于征管效率的增进。图4－15显示，经过2002年和2009年两次较大的企业所得税征管权分配改革后，三种非参数方法估计的企业所得税征管效率都呈现明显的下降特征，2008年内外资企业所得税统一后，企业所得税征管效率较前期是提高的，这可能意味着两次征管范围调整改革引起了企业所得税征管效率的降低、内外资企业所得税统一促进了征管效率的改善，不过这一初步结论有待进一步的实证考察以验证。

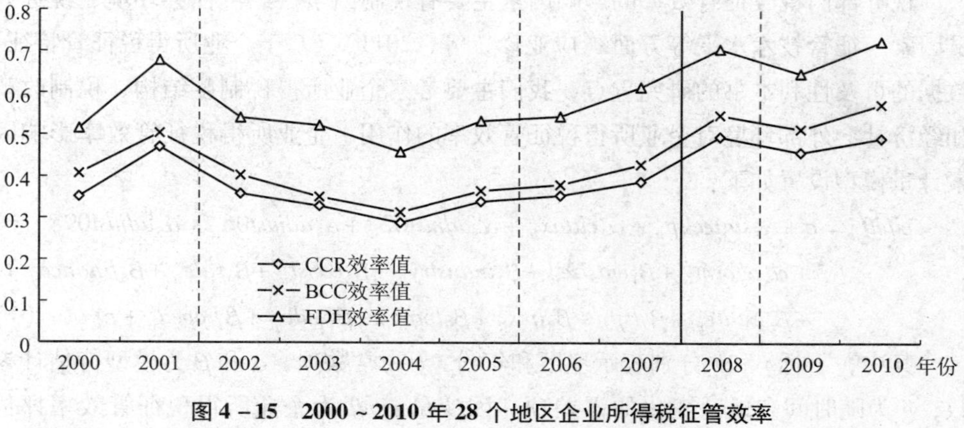

图4－15　2000～2010年28个地区企业所得税征管效率

资料来源：作者测算而得。

表 4－8　企业所得税征管效率各效率指标 Pearson 相关系数

效率指标	CCR－DEA	BCC－DEA
CCR－DEA	1.000（0.000）	0.9159（0.000）
FDH	0.7938（0.000）	0.8748（0.000）

注：括号内为 P 值。

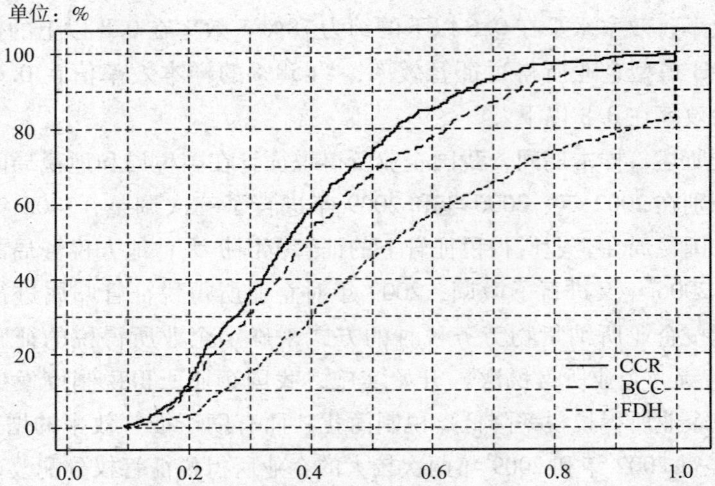

图 4－16　2000～2010 年企业所得税征管效率的经验累积分布函数

四、企业所得税征管效率影响因素

（一）模型设置与变量说明

税务部门税收征管效率的影响因素主要有税制因素、经济社会环境、税务人员因素、征管技术水平等方面（应亚珍，等，2011）。基于企业所得税征管特征、数据的可及性和本书的研究重点，我们主要考察企业所得税制度结构、税制改革和经济社会外部环境对企业所得税征管效率的作用。企业所得税征管效率影响因素计量模型设置如下：

$$citeff_{itj} = c + \alpha_1 statecitp_{it} + \alpha_2 cittax_{it} + \alpha_3 adjust02_{it} + \alpha_4 adjust06_{it} + \alpha_5 adjust09_{it} + \alpha_6 reform_{it} + \beta_1 entsize_{it} + \beta_2 industry_{it} + \beta_3 const_{it} + \beta_4 sale_{it} + \beta_5 finance_{it} + \beta_6 estate_{it} + \beta_7 tsp_{it} + \beta_8 lpts_{it} + \beta_9 lpinc_{it} + \beta_{10} edu_{it} + \beta_{11} open_{it} + \varepsilon_{it} \quad (1)$$

其中，下标 i 和 t 分别表示地区和年份，c 为常数项，α 和 β 为模型待估计参数，ε 为随时间和地区变化的误差项。因变量 *citeff* 为企业所得税征管效率评估值，其下标 $j=1$，2，3，分别是前文基于 CCR 模型、BCC 模型和 FDH 模型的企业所得税效率测算值。

statecitp 为国税局企业所得税征收额与国地税企业所得税收入之比（%），反映企业所得税征管在国税局和地税局之间分权和分工关系，国税局征管范围的扩大、负责征管税收越多则有助于国税局发挥征管的规模经济效应，但与此同时会减少地税局企业所得税征管的范围，使地税局税收征管难以发挥规模效应。*cittax* 为企业所得税收入占税收总收入比重（%），比重越高说明企业所得税在税务机关税收征管中越重要，税务机关可能在企业所得税征管中更努力和积极①。如前文所述，2002 年、2006 年和 2009 年我国国税局和地税局企业所得税征管分工进行了三次调整，其调整的特征是扩大国税局的征管范围、相应缩小地方税务局的征管范围。为刻画企业所得税征管范围分工调整对企业所得税征管效率的影响，我们引入 *adjust*02，*adjust*06 和 *adjust*09 三个虚拟变量，三变量在各自的适用期内取值为 1，其他年份取值为 0。2008 年，我国统一了内外资企业所得税，这是我国企业所得税制度的一次重大变革，改革简化了企业所得税税制、降低了税率，也便利了税收征管，为揭示内外资企业所得税合并的税收征管效应，我们引入企业所得税改革哑变量 *reform*，变量在 2008 年之前取值为 0，其后取值为 1。

相对于中小企业，大企业会计核算规范、税源充足，其相对更易征管且征管投入产出较高。为此，我们引入变量 *entsize*，以地区规模以上工业企业利润与营业盈余之比，来近似反映企业规模。为揭示产业结构对税收征管的影响，模型中加入了 *industry*，*const*，*sale*，*finance*，*estate* 和 *tsp* 等 6 个变量，分别为工业、建筑业、批发零售业、金融业、房地产业和交通仓储邮电六个行业增加值占第二、三产业增加值的比例。变量 *lpts* 为取对数的人口与税务机关人员比，反映税务局人均税收征管的人口数，人均管理人口数多，一方面可以减少税收征管的人力成本，另一方面也可能因人均管理范围过大而降低征管能力。*lpinc* 为居民人均收入的自然对数，居民人均收入用城镇居民收入和农民人均可支配收入按城乡人口加权计算而得，用以反映地方经济发展水平和居民福利状况。*edu* 为大学以上教育程度者占人口的比重（%），反映辖区居民文化教育水平对税收征管的影响。*open* 为进出口总额与 GDP 之比（%），也即外贸依存度，反映地区经济开放程度，经济开放可能改变经济社会环境及个人、企业、政府等社会主体的行为模

① 我国税收征管中长期存在税收计划任务，为完成每年的税收计划，税务机关在税收征管中采取策略性行为，加强对完成税收任务重要的税收的征管便是其理性选择，如 2011 年 10 月 25 日《驻马店日报》更是直白地报道“……提前 70 天完成了全年税收计划和地方级收入计划，圆满完成了市委、市政府下达的税收任务”。

式，从而影响税务部门的技术和管理方式。

由于计量模型（1）的因变量为基于非参数方法估计得出 0 ~ 1 之间的企业所得税征管效率值，要分析的因变量某个区间数据被截断（trancated）或被归并（censored）到某一点，OLS 估计结果将是有偏且不一致的，此时遵循极大似然法概念的 Tobit 模型是估计回归系数的一个较好选择，这里采用 Tobit 模型进行估计。

（二）回归结果

分别基于 CCR，BCC 和 FDH 效率值为因变量的 Tobit 模型回归结果见表 4 - 9。由回归结果可知，国税局企业所得税征收额与国地税企业所得税收入之比 *statecitp*，在三个回归模型中系数都显著为负，这意味着国税局负责征管的企业所得税比重提高和范围扩大会降低企业所得税征管效率。在企业所得税由国税局和地税局共同征管模式下，企业所得税征管存在“跷跷板”效应，国税局征管的扩大必然减少地税局的征管，在国税局企业所得税征管占比很大情况下（见图 4 - 11），国税局征管范围的扩大产生的规模经济效应和效率增进，小于地税局企业所得税征管范围缩小引致的效率降低效应。企业所得税收入占税收总收入比重变量 cittax，在三个回归模型中都显著为正，说明企业所得税比重的提高将提高其征管效率。企业所得税比重越高，在税务机关税收征管中越重要，税务机关将更重视并加强企业所得税征管工作。税收征管的碎片化（Fragmentation）使征管组织协调复杂化，不利于税收征管，企业所得税比重的提高降低了税收征管的碎片化程度，从而促进了征管效率的改善。就企业所得税征管责任范围调整变量而言，*adjust*02 的系数在三模型中系数都为负，但仅在（b）模型中显著，*adjust*06 的系数在三模型中符号不一致且都没有通过显著性检验，*adjust*09 的系数在三个回归模型为正，但都未通过检验，表明我国的国税局和地税局企业所得税征管责任分工调整对企业所得税征管效率的影响不显著。可能的原因在于，虽然三次征管分工调整方式和范围存在差别，但都未改变企业所得税有国税局和地税局共同征管的格局，而国税局和地税局在改革前都有长期征管企业所得税的经验；同时在回归模型中又有国税局企业所得税征收比变量，控制了征管范围调整的征管规模效应。内外资企业所得税合并改革变量 *reform* 的系数在三个回归模型中都显著为正，说明统一内外资企业所得税，降低税率，简化税制有助于企业所得税征管效率的提高，2008 年企业所得税改革不仅具有公平税制的意义，也具有增进税收行政或征管效率的积极效益。

企业规模变量 *entsize* 的系数在三个回归模型都显著为正，这说明财务制度相对规范、税源丰富的大企业更有助于税务局的征管及效率改善。在产业结构变量中，工业比重变量 *industry* 在三个回归模型中系数都为负，除在模型（a）中不显著外，在其他两模型中都显著；金融比重变量 *finance* 在回归中系数都为正，但仅在模型（c）中通过显著性检验，另外两模型中仅在 15% ~17% 的水平上显著；房地产业比重变量 *estate* 在三个回归模型中的系数都显著为正；其他产业变量系数基本都没有通过显著性检验。这表明在各产业中，相对而言，房地产业和金融业在税收征管工作中更具优势，而工业企业的税收征管则比较困难，其他行业比重的变化对企业所得税收征管效率作用不显著。居民人均收入变量 *lpin* 的系数显著为负，说明居民收入增加、经济发展会引起企业所得税征管效率下降，其内在逻辑可能在于，随着收入增加，社会经济生活复杂化，税收成本意识增强及避税行为增加，而制约企业所得税征管效率。人口与税务机关人员比在三个回归模型中都不显著。大学及以上教育程度人口比重 *edu* 系数都为正，但仅在模型（a）中显著。反映经济开放的贸易依存度指标 *open* 系数显著为正，对外贸易发展、经济开放度的提升促进了社会效率意识和效率水平提高，这都对税务部门企业所得税征管效率提高有增进作用。

表 4 - 9　　企业所得税征管效率变化的决定因素 Tobit 模型估计

	CCR 效率（a）		BCC 效率（b）		FDH 效率（c）	
	系数	Z 统计量	系数	Z 统计量	系数	Z 统计量
c	1.3327 **	2.02	0.7354	0.78	1.9943	1.50
statecitp	-0.0009 *	-1.67	-0.0015 **	-2.06	-0.0040 ***	-3.83
cittax	0.0195 ***	13.51	0.0209 ***	10.67	0.0234 ***	9.00
*adjust*02	-0.0280	-1.45	-0.0622 **	-2.36	-0.0329	-0.91
*adjust*06	0.0191	0.52	-0.0230	-0.47	0.0474	0.67
*adjust*09	0.0469	1.00	0.0270	0.42	0.0631	0.70
reform	0.0549 ***	2.75	0.0518 *	1.89	0.0422	1.14
entsize	0.0046 ***	8.88	0.0046 ***	6.57	0.0103 ***	10.05
industry	-0.0028	-1.19	-0.0078 **	-2.52	-0.0146 ***	-3.45
const	0.0045	1.08	0.0071	1.29	0.0083	1.12
sale	0.0101 **	2.31	0.0075	1.25	-0.0003	-0.04
finance	0.0057	1.37	0.0083	1.47	0.0273 ***	3.75
estate	0.0429 ***	6.93	0.0373 ***	4.42	0.0436 ***	3.39
tsp	0.0037	0.88	-0.0063	-1.13	0.0026	0.33
lpts	-0.0327	-0.63	0.0627	0.83	-0.0513	-0.50
lpinc	-0.1617 ***	-3.34	-0.1291 **	-1.95	-0.1533 *	-1.68
edu	0.0098 **	2.21	0.0095	1.59	0.0071	0.91

续表

	CCR 效率（a）		BCC 效率（b）		FDH 效率（c）	
	系数	Z 统计量	系数	Z 统计量	系数	Z 统计量
open	0.0995 **	2.02	0.2059 ***	3.20	0.5809 ***	5.69
怀德卡方检验	692.6		486.3		412.7	
rho	0.6535		0.5916		0.7304	
似然率	158.0		98.22		156.62	

注：*、**、*** 分别表示 10%、5% 和 1% 的置信度上显著。

五、结论

税收征管效率是治税效率原则的重要方面，高效的税收征管是良好税制的重要内容和保障，也是税制改革成功的基本条件。本书在对 2000 年以来我国企业所得税征管效率测算的基础上，进一步分析了近年来我国企业所得税及征管制度改革的征管效应。研究发现，近年我国企业所得税征管效率呈波浪式上升态势，效率水平还有较大提升空间；在当前情况下，国税局企业所得税征收比重的提高将会降低企业所得税征管效率，企业所得税占税收收入比重越高，在税收部门征管中越重要，将促使企业所得税征管效率的提升；2002 年、2006 年和 2009 年企业所得税国地税征管责任分工调整改革对税收征管效率的影响不显著；2008 年内外资企业所得税统一改革，显著提升了企业所得税征管效率。

本书研究所蕴涵的政策意义在于：鉴于我国企业所得税征管效率仍不高，应进一步优化税制需优化税收征管，提高征管效率。为提高企业所得税征管效率，应改革现行企业所得税征管的国地税共管的分工模式，由国税局一个税务系统负责企业所得税征管，减少税收征管机构的行政级次，改变按行政区设置税务机构的方式，根据税收征管属性按经济区设置税收征管机构，把税务机关的人力、物力资源集中于一线征管上，发挥企业所得税征管的规模经济效应，优化税收征管资源配置。税务部门对企业所得税税收征管的重视和努力程度影响税收征管的效率，为提高税收征管效率，应建立有效的激励约束机制，调动税务机关及其工作人员的积极性，促使他们勤勉且高效地工作，做到税收的依法应收尽收。税收制设计是制约企业所得税等税收征管效率的重要因素，为提高征管效率，企业所得税等税制应在体现税收经济社会调节功能的同时，尽量采用低名义税率、减少差别性措施，使税制统一和简便。

第四节　我国个人所得税征管效率测度分析

一、引言

由于个人所得税在收入分配、资源配置上的重要职能，及其个人感知直接、社会关注强烈的特点，这对其税制设计的公平和效率提出更高的要求。近年来，我国对个人所得税免征额、税率等进行了多次改革优化，但1996年第八届全国人大第四次会议《国民经济和社会发展“九五”计划和2010年远景目标纲要》确定的“建立覆盖全部个人收入的分类和综合相结合的个人所得税制”个人所得税改革目标仍未实现[①]。而征管问题是制约我国分类综合个人所得税制建立的主要因素。若没有廉价、高效的税收征管，个人所得税的综合课征在实践中就难以有效实现，理论上再公平和有效的税制设计，其实践表现的公平和效率也将大打折扣；税制设计并非完善的税收，若有良好的税收征管，其实践效果也将改善。高效的个人所得税征管不仅是税收行政效率的要求，也是个人所得税税制实现公平和效率的基础条件和保障。

2000年以来，我国个人所得税规模持续增加，2010年个人所得税收入达4837.27亿元，占税收总收入的6.6%，为我国第五大税种[②]（见图4－17）。我国个人所得税采取按收入类别分别适用不同税率和扣除的分类课征模式，2010年11类所得中工薪所得税、个体工商户生产经营所得税、利息股息红利所得税3类所得税占个人所得税总收入的近90%，而工薪所得税约占个人所得税收入的65%，而其他类个人所得税收入的比重都非常小（见图4－18）。在国地税分设的征管体制下，现行个人所得税由地税局和国税局共同负责征管，2002年国家税务局《关于所得税收入分享体制改革后税收征管范围的通知》（国税发〔2002〕8号）对国地税机关的个人所得税征管职责范围做出调整，此前个人所得税征管机关不变，其后除个人储蓄存款利息所得税由国税局负责征收外，其他新纳税人个人所得税由地方税务局负责征收，其后国税机关个人所得税征收比例

---

① 除1996年3月17日第八届全国人大第四次会议批准的《国民经济和社会发展“九五”计划和2010年远景目标纲要》外，之后的“十五”规划、“十一五”规划和“十二五”规划中对这一说法都做出类似描述。

② 2009年燃油税费改革提高燃油消费税之前，个人所得税收入超过消费税收入，是仅次于增值税、企业所得税（含内外资）和营业税的第四大税种。

逐步下降，随着2007年以来个人储蓄存款利息税的调整，国税局征收的个人所得税急剧下降（见图4－19），国税局个人所得税征管占比从2001年的28.53%下降到2010年的1.11%。那么，我国规模增长迅速、分类课征、国地税征管分工急剧变化的个人所得税的征管效率如何，评估分析其征管效率不仅有助于提升个人所得税征管效率，而且对我国个人所得税进一步改革完善、建立公平效率的个人所得税制都具有重要价值。

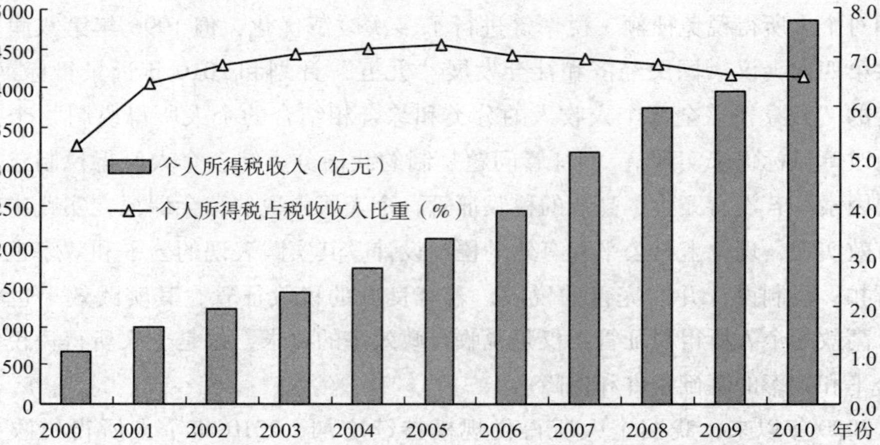

图4－17　2000～2010年我国个人所得税的规模与比例

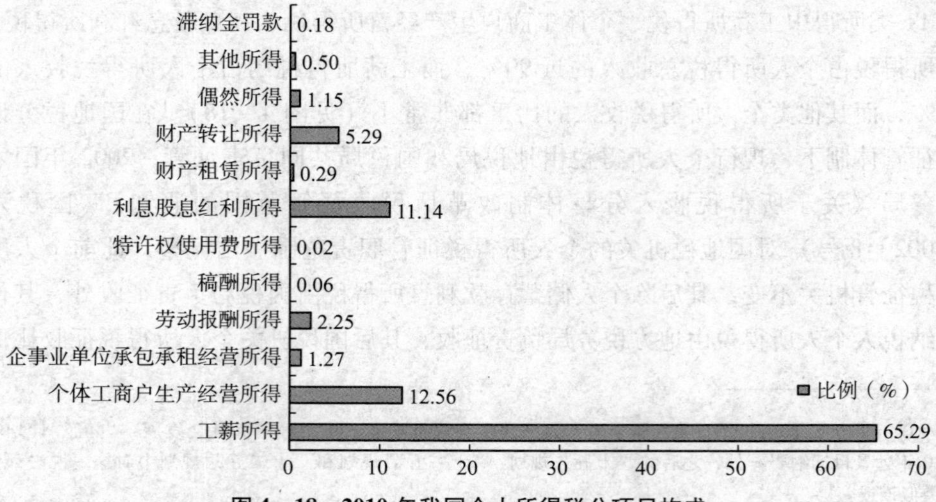

图4－18　2010年我国个人所得税分项目构成

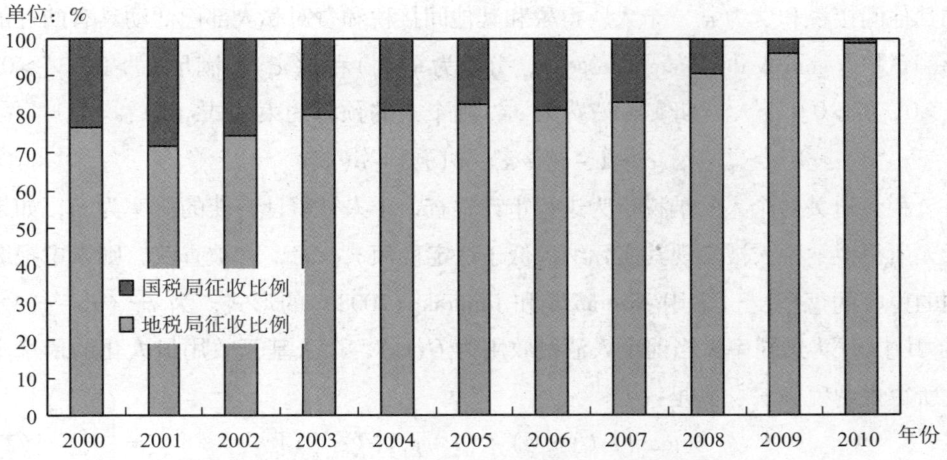

图 4－19　2000～2010 年地税与国税的个人所得税征收比例

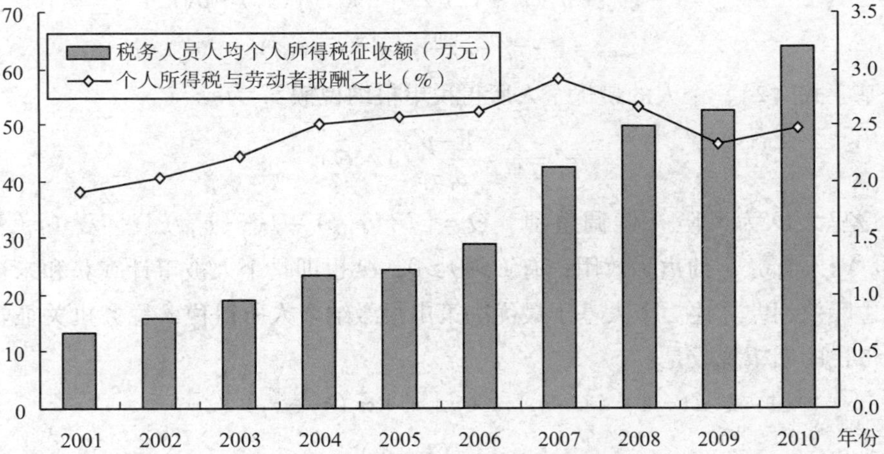

图 4－20　2001～2010 年个人所得税实际税率与人均征收额

本节在构建个人所得税征管效率理论模型的基础上，评估分析我国个人所得税征管效率及其影响因素，以助探究个人所得税征管效解，从而为提高个人所得税征管效率，个人所得税制优化提供理论和经验支持。

二、理论分析

本书模型是以 Allingham 和 Sandmo（1972），Aizenman 和 Jinjarak（2008）模型为基准，扩展而来。设私人部门中，个人在每个时期的收入为 1，税务机关从每个人实际征得的个人所得税为 τ_t^a，法定个人所得税为 τ_t^s，每个人为 1 单位收入所负担的其他间接税和费为 κ_t。个人所得税和其他间接税和费对私人部门活动具有凸性的超额负担（convex deadweight losses），分别为 $\gamma(\tau_t^s)$ 和 $\rho(\kappa_t)$，满足 $\gamma'>0$，$\gamma''>0$，$\rho'>0$，$\rho''>0$。个人当期实际消费为 c_t，则个人的预算约束为式（1）：

$$c_t = 1 - \tau_t^a - \kappa_t - \gamma(\tau_t^s) - \rho(\kappa_t) \tag{1}$$

税务机关对个人的纳税行为进行审计检查，个人被审计查获的概率为 p_t，如果个人所得税纳税人被发现其实际纳税低于法定税额 $\tau_t^a < \tau_t^s$，若被查获，则未申报缴纳的税收的惩罚支付采用 Aizenman 和 Jinjarak（2008）的形式，为 $\pi_t\ (\tau_t^s - \tau_t^a)^2/2$，其中 π_t 为惩罚率。当前个人消费效用为 $U(c_t)$，个人基于效用最大化的最优个人所得税纳税税额 τ_t^o，满足：

$$\max_{\tau_t}[p_t U(c_{t,a}) + (1-p_t)U(c_{t,n})] \tag{2}$$

其中，$c_{t,a}$ 和 $c_{t,n}$ 分别是当期个人被审计查获和未被审计查获时的消费。

$$c_{t,a} = 1 - [\tau_t^s + \pi_t(\tau_t^s - \tau_t^a)^2/2] - \kappa_t - \gamma(\tau_t^s) - \rho(\kappa_t)$$

$$c_{t,n} = 1 - \tau_t^a - \kappa_t - \gamma(\tau_t^s) - \rho(\kappa_t)$$

基于式（2），个人的最优个人所得税申报纳税税额 τ_t^o 为：

$$\tau_t^o = \tau_t^s - \frac{1-p_t}{p_t\pi_t}(1-\Theta) \tag{3}$$

这里，Θ 为风险补偿调整项，$\Theta = [U'(c_{t,a}) - U'(c_{t,n})]/[U'(c_{t,a})]$，$U'(c_t)$ 为消费 c_t 的边际效用，有 $1>\Theta\geqslant 0$，Θ 也即是个人被审计查获和未被查获的边际效用差异比。个人基于最优决策申报缴纳个人所得税，税务机关征管个人所得税的期望税收是：

$$E(\tau_t) = (1-p_t)\tau_t^o + p_t[\tau_t^s + \pi_t(\tau_t^s - \tau_t^o)^2/2] \tag{4}$$

$$E(\tau_t) = \tau_t^s - \frac{1}{2}\cdot\frac{(1-p_t)^2}{p_t\pi_t}(1-\Theta^2) \tag{5}$$

由于整个私人部门中有众多单个纳税人组成，对税务机关来说，不同的个体逃税风险不同，税务机关对个体实际征得的个人所得税或个人实际缴纳的个人所得税 τ_t^a 应等于税务机关征管个人所得税的期望税收，$E(\tau_t) = \tau_t^a$。因 $1>\Theta\geqslant 0$，则 $0<1-\Theta^2\leqslant 1$。惩罚比率 π_t 和审计查获概率 p_t，受税务机关征收效率投入（investment in tax efficiency）ω（如个人所得税征收和管理制度、税务部门组织及管理等）和经济社会结构因素 Ξ 的影响，$p_t = p_t(\omega_t, \Xi_t)$，$\pi_t = \pi_t(\omega_t, \Xi_t)$。个人所得税征管效率 Φ 为实征个人所得税与理论上依当期的税制和税基应征个人所得税之比，则：

$$\Phi_t = 1 - \frac{1}{2} \cdot \frac{[1 - p_t(\omega_t, \Xi_t)]^2}{p_t(\omega_t, \Xi_t)\pi_t(\omega_t, \Xi_t)_t\tau_t^s}(1 - \Theta^2) \tag{6}$$

由式（6）可得：

$$\frac{\partial \Phi_t}{\partial \omega_t} = \frac{(1-\Theta^2)(1-p_t)}{2\pi_t p_t \tau_t^s}\left[\frac{(1+p_t)}{p_t}\frac{\partial p_t}{\partial \omega_t} + \frac{(1-p_t)}{\pi_t}\frac{\partial \pi_t}{\partial \omega_t}\right] \tag{7}$$

$$\frac{\partial \Phi_t}{\partial \Xi_t} = \frac{(1-\Theta^2)(1-p_t)}{2\pi_t p_t \tau_t^s}\left[\frac{(1+p_t)}{p_t}\frac{\partial p_t}{\partial \Xi_t} + \frac{(1-p_t)}{\pi_t}\frac{\partial \pi_t}{\partial \Xi_t}\right] \tag{8}$$

由式（7）和式（8）易知，$\frac{\partial \Phi_t}{\partial \omega_t}$的符号，取决于$\frac{\partial p_t}{\partial \omega_t}$和$\frac{\partial \pi_t}{\partial \omega_t}$的符号及系数；$\frac{\partial \Phi_t}{\partial \Xi_t}$的符号，取决于$\frac{\partial p_t}{\partial \Xi_t}$和$\frac{\partial \pi_t}{\partial \Xi_t}$的符号及系数。也即，税务机关征收效率投入 ω 和经济社会结构因素 Ξ 对审计查获概率 p_t 和惩罚比率 π_t 作用性质、程度及绩效，决定着其对个人所得税征管效率影响的效率解。

三、实证分析

（一）个人所得税征管效率测度

要研究个人所得税征管效率决定因素，首先要对个人所得税征管效率进行评估。税收征收成本率、人均征税额、税收实际征收率等是实际工作中评估征管效率的常用指标。但这些简单税收征管效率测度指标仅从税收某一方面来观察征管水平，难以完整刻画税收征管效率水平，且不同指标结果具有冲突性。如图 4－20 所示，以人均个人所得税征税额表示的个人所得税征管效率和个人所得税实际征收率[①]描述的个人所得税征管效率结论大相径庭，前者显示我国个人所得税在近年持续提高，后者则呈下降态势。更为重要的是，这些指标在估计税收征管时，没有考虑样本间的税基与税源差异，而在征税花费人力、财力等其他条件相同情况下，税源和税基的丰裕程度不同，征得的税收必然相去甚远。

由于征税同样是个投入产出过程，投入税基、税务部门的人力、物力和财力等征得税收收入，投入和产出都比较明确，基于投入—产出思想的非参数（DEA 和 FDH）和参数（SFA）方法是税收征管效率测算的常用方法（Lewis，2006；Mattos，2011；Arvate，等，2008）。相对于参数方法，由于非参数方法不需要明确的生产函数结构形式，在效率评估中更为常用。为增进研究结果的稳健性，本

① 这里个人所得税实际征收率＝(个人所得税÷劳动者报酬)×100%，也即个人所得税的实际税率，实际征收率与法定税率越接近则征管效率越高，反之则越低。

书使用基于规模报酬可变的BCC模型DEA法（Banker，1984）和自由处置壳法（free disposal hull，FDH）（Deprins，1984）两种非参数估计方法测算个人所得税征管效率。非参数方法效率核算可以从投入和产出两个角度进行，由于产出导向测算有助于发现如何使相同的投入得到最大的产出，故本书采用产出导向效率评估方式。

设 n 个个人所得税征管单元（DUM）有 j 种投入和 k 种产出，x_i 和 y_i 为第 i 个人所得税征管机构的投入和产出列向量，X、Y 分为（$j \times n$）和（$k \times n$）阶的投入、产出矩阵，则BCC模型和FDH模型的线性规划式可表示为：

$$F_i(x, y \mid BCC) = Max_{\theta, \lambda}\theta$$
$$s.t.\ -y_i + Y\lambda \geqslant 0,\ \theta x_i - X\lambda \geqslant 0,\ N'\lambda = 1, \lambda \geqslant 0 \tag{9}$$
$$F_i(x, y \mid FDH) = Max_{\theta,\lambda}\theta$$
$$s.t.\ -y_i + Y\lambda \geqslant 0,\ \theta x_i - X\lambda \geqslant 0,\ N'\lambda = 1,\ \lambda \in \{0, 1\} \tag{10}$$

其中，θ 为满足 $\theta \geqslant 1$ 的标量，是国税机关决策单元DUM的技术效率，若 $\theta > 1$，DUM没有达到效率前沿边界，意味着低效率；若 $\theta = 1$，则该决策单位处于效率前沿。λ 为（$n \times 1$）阶常数向量，是计算低效率DUM位置的权重，利用该权重将低效率的DUM映射到生产前沿上。N' 是 n 维单位向量，与DEA模式不同，FDH模型加入 $\lambda \in \{0, 1\}$，λ 取0或1，放弃技术凸性假设而坚持规模报酬可变，FDH假设效率仅受实际观测绩效值的影响。

税收征管也是一个投入产出系统，投入税基、税务机构的人力物力等，征得税收收入。基于我国现行个人所得税及征管制度特征、数据的可得性，在用DEA和FDH方法对个人所得税征管效率进行测算时，本书以各地区国税和地税机关征收的个人所得税收入（亿元）为产出变量，以各地劳动者报酬（亿元）、税务机关人员数（人）两个指标为投入变量。其中，以劳动者报酬作为个人所得税税基替代变量，以税务机关人员数作为税务机关个人所得税征管投入。当然，国地税机关人员除征收个人所得税外，还征收其他税收，但鉴于地税局和国税局的税务人员都参与了个人所得税征管的事实，我们可以国地税机关人员数作为个人所得税征管人力投入的近似替代。加之，参数方法和非参数方法评价的效率值都为相对效率指标，这样做是稳健的。应该说明的是，除人力投入外，税务局还有大量物力和财力投入，但这些数据难以获得，考虑到财力物力投入与人员数量高度相关，本书用税务机关人员数来近似反映个人所得税征管投入。对2000～2010年我国30个省、直辖市、自治区（不含港、澳、台和西藏地区）的个人所得税征管效率进行测算。本书所使用原始数据来自《中国税务年鉴》、《中国统计年鉴》相关各期，因 2008 ~2010 年各地区税务机关人员数《中国税务年鉴》没有报告，我们基于税务机关全国增长率对各地缺失地税机关税务人员数进行了补充①（下同）。

BCC－DEA 模型和 FDH 模型的个人所得税征管效率测算平均值见图 4－21。虽然对于特定时间和地区而言，两个方法效率评价结果大都存在差异，但总体来看，样本地区用不同方法的效率评估值变化趋势具有一致性，且 FDH 法效率值高于 DEA 法效率值。2000 ~2007 年个人所得税平均征管效率整体上呈上升趋势，2008 ~2009 年又有所下降，2010 年又开始提高。2000 年 BCC－DEA 模型和 FDH 模型估计的个人所得税征管平均效率分别为 0. 1955 和 0. 3132，2010 年两模型平均效率分别 0. 2994 和 0. 3730。这表明我国个人所得税征管效率还非常低，2010 年相对于最优效率得分，个人所得税征管效率整体上还有 63% ~69% 的提升空间。基于 BCC－DEA 和 FDH 模型 2000 ~2010 年的个人所得税征管效率的经验累积分布函数形态见图 4－22。由图可知，BCC 模型个人所得税征管效率，效率值在 0. 2 以下的约占样本的 50%，效率值在 0. 6 以下的约占样本的 90%，效率在 0. 8 以上的仅约占样本的 5%；FDH 模型个人所得税征管效率，效率值在 0. 2 以下的约占样本的 30%，效率值在 0. 6 以下的约占样本的 80%，效率在 0. 8 以上的约占样本的 16%。

图 4－21　2000 ~2010 年个人所得税征管效率平均得分

① 根据全国地税机关税务人员数可知，2007 年以来税务机关总数变化很小，若使用常见的平滑法和回归法，插补数据的总数和实际地税机关人员总数差别较大，因此，本书利用全国地税人员增长率对各地地税人员数据进行补充。

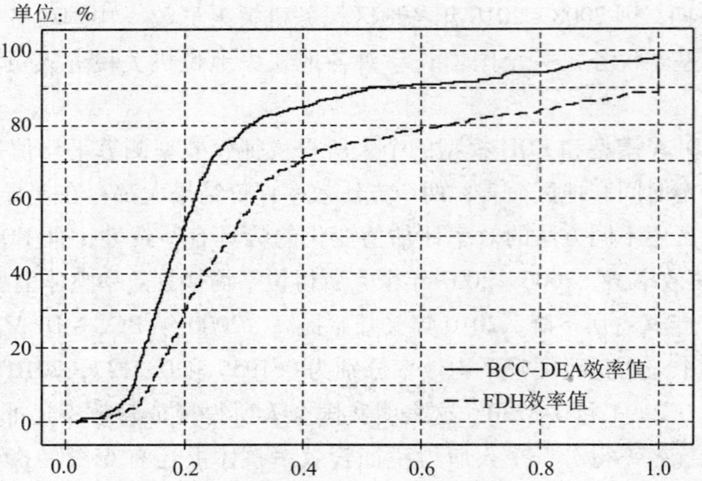

图4-22　2000~2010年个人所得税征管效率的经验累积分布函数

（二）个人所得税征管效率因素实证分析

1. 模型设定

税务部门税收征管效率的影响因素主要有税制因素、经济社会环境、税务人员因素、征管技术水平等方面。基于前文的理论分析个人所得税征管特征、数据的可得性和本书的研究重点，我们建立如下个人所得税征管效率影响因素计量模型：

$$\begin{aligned} ce_{it} = {} & c + \alpha_1 \cdot fragment_{it} + \alpha_2 \cdot tcdec_{it} + \alpha_3 \cdot iittr_{it} + \alpha_4 \cdot lpstaff_{it} + \alpha_5 \cdot computer_{it} \\ & + \alpha_6 \cdot employ_{it} + \alpha_7 \cdot city_{it} + \alpha_8 \cdot open_{it} + \alpha_9 \cdot edu_{it} + \alpha_{10} \cdot d02_{it} \\ & + \alpha_{11} \cdot d06_{it} + \alpha_{12} \cdot d07_{it} + \alpha_{13} \cdot d08_{it} + \varepsilon_{it} \end{aligned} \tag{11}$$

$$\begin{aligned} ce_{it} = {} & c + \beta_1 \cdot wtax_{it} + \beta_2 \cdot pbtax_{it} + \beta_3 \cdot tcdec_{it} + \beta_4 \cdot iittr_{it} + \beta_5 \cdot lpstaff_{it} \\ & + \beta_6 \cdot comp_{it} + \beta_7 \cdot employ_{it} + \beta_8 \cdot city_{it} + \beta_9 \cdot open_{it} + \beta_{10} \cdot edu_{it} \\ & + \beta_{11} \cdot d02_{it} + \beta_{12} \cdot d06_{it} + \beta_{13} \cdot d07_{it} + \beta_{14} \cdot d08_{it} + \varepsilon_{it} \end{aligned} \tag{12}$$

其中，下标 i 和 t 分别表示地区与年份；c 为截距项，α、β 为模型待估计参数，ε 代表白噪声。因变量 ce 为前文基于 BCC - DEA 或 FDH 方法测算的个人所得税征管效率值。

fragment 为除工薪所得税和个体工商户生产经营所得税之外的 9 类所得个人所得税平均占个人所得税总额的比重，用以反映个人所得税的碎片化程度，该指标越大说明个人所得税的碎片化程度越小，反之则碎片化程度越大。分类课征模式下我国个人所得税由 11 类构成，不同收入类别的征税对象、计税方法、征收

方式及税收规模存在差异，除工薪和个体所得税外的 9 类所得税税收都比较少，个人所得税的碎片化程度比较高，会增加征税难度，降低这些所得税征管的投入产出比。*wtax* 和 *pbtax* 分别为个人所得税中工薪所得税和个体工商户生产经营所得税占个人所得税收入的比重（%），一方面用于揭示收入类别对个人所得税征管效率的影响，另一方面工薪所得和个体工商户生产经营所得为个人所得税的主体部分，其值越大则意味着 *fragment* 越小，个人所得税碎片化程度越高，这两个指标从另一角度反映个人所得税碎片化程度。*tcdec* 为地税机关征得个人所得税收入占个人所得税总收入的比重（%），也即税收征管分权，反映个人所得税征管在地税局和国税局之间的分权分工状况，个人所得税征管分权度越高意味着地税机关负责征收的税收越多，这样可能有助于发挥地税局个人所得税征管的规模经济效应，同时个人所得税征管分权提高又意味国税局征管个人所得税的减少，又可能制约国税局发挥征管的规模效应。*iittr* 为个人所得税收入占税收总收入的比例（%），反映个人所得税在税务机关税收征管工作的重要程度，比重越高则说明个人所得税在税务机关税收工作及完成税收任务中越重要，税务部门可能对个人所得税征管更为重视和努力，从而有助于个人所得税征管效率的增进。*lpstaff* 为取对数的人口与税务机关人员比，反映税务局人均税收征管的人口数，人均管理人口数多，一方面可以减少税收征管的人力成本，另一方面也可能因人均管理范围过大而降低征管能力。*comp* 为城镇家庭每百户家用电脑数，用以反映社会的网络化和信息化程度，一般认为信息化程度提高可为税收征管创造良好的基础技术环境。*employ* 为用城乡就业数与人口之比表示的就业比（%），用以反映就业能力和经济活力等地区经济社会环境。*city* 为城镇化率，用城镇就业占城乡总就业的比重来表示（%）。*open* 为进出口总额与 GDP 之比（%），也即外贸依存度，反映地区经济开放程度，经济开放一方面可能改变经济社会环境及个人、企业、政府等社会主体的行为模式，从而影响税务部门的技术和管理方式。*edu* 为人均受教育年限，反映文化教育水平。按照国内通常的教育年限取值方式，不识字或识字很少、小学文化、初中文化、高中文化、大专以上的教育年限分别设定为 0、6、9、12 和 16。根据国税发〔2002〕8 号文件，2002 年我国对国地税的个人所得税征管范围进行了调整。2006 年和 2008 年，个人所得税免征额两次提高；个人储蓄存款利息税自 2007 年 8 月 15 日起减按 5% 的税率征税，自 2008 年 10 月 9 日起暂免征收。为控制这些政策调整可能对税收征管效率产生的影响，我们引入 *d*02、*d*06、*d*07 和 *d*08 4 个虚拟变量。其中，虚拟变量 *d*02 在 2002 年之前取 0，其后取 1，用以刻画 2002 年国地税个人所得税征管权限调整；*d*06 为

2006 年个人所得税免征额调整虚拟变量；*d*07 为 2007 年个人储蓄利息调整虚拟变量；*d*08 为 2008 年个人所得税免征额提高和个人储蓄利息税免征虚拟变量。

由于回归模型（11）和（12）的因变量为基于 BCC－DEA 和 FDH 方法估计得出 0～1 之间的个人所得税征管效率值，要分析的因变量某个区间数据被截断（trancated）或被归并（censored）到某一点，此时，OLS 估计结果将是有偏且不一致的，而遵循极大似然法概念的 Tobit 模型是估计回归系数的一个较好选择，本书采用 Tobit 回归方法进行估计。基于模型（11）和（12）的回归结果见表 4－10。

2. 回归结果

由表 4－10 可知，个人所得税征管碎片化变量 *fragment* 在回归模型中都显著为正，说明降低个人所得税的碎片化有助于征管效率的提升。分类课征模式下区分收入类别适用不同的扣除标准、税率、计税方法、征收方式等增加了个人所得税的征管复杂性和难度，分类课征产生的税收差别还可能增强个人的税收非遵从倾向，从而使得个人所得税的碎片化会降低个人所得税征管效率。

工薪所得税占个人所得税收入的比重 *wtax* 和个体工商户生产经营所得税占个人所得税收入比重 *pbtax* 两变量在回归模型中都显著为负，这表明工薪所得税和个体工商户所得税比重的提高会降低个人所得税征管效率。在我国工薪所得税实行源泉代扣代缴征收方式，其自身征收率和征管效率可能比较高，个体工商户生产经营所得以收入总额减去成本、费用和损失后的余额为应纳税所得额，计算相对比较复杂、征管难度比较大。两类所得比重提高，一方面税务机关可能更重视两类所得税的征收，其征管技能也可能提高而有助于征管效率改善，但另一方面，随着两类所得比重提高，个人和工商户纳税人、扣缴义务人也相应大量增加，这势必会增大征管工作量。特别是工薪和个体工商户所得税比重的提高，还意味着其他各项所得税比重的降低，个人所得税碎片化程度增强，从而不利于征管效率的改进。工薪所得和个体工商户生产经营所得税比重两变量系数显著为负，说明两变量对征管效率影响的消极效应大于积极效应。

税收征管分权变量 *tcdec* 系数在各模型中都为正，但没有通过显著性检验，这说明当前个人所得税征管在地税局和国税局之间的分权分工方式对个人所得税征管影响不明显。其内在逻辑可能在于，目前个人所得税主要由地税局负责征收，国税局只负责利息、股息和红利所得税征收，且该类所得税征收主要是采用第三方扣缴义务人代位进行，其征管效率相对也比较高，这使得地税机关个人所得税征管比例的提高、税收分权度提高对个人所得税征管效率影响不显著。

iittr 个人所得税占税收收入的比重变量系数在回归中都显著为负，说明个人所得税比重的提高将提高其征管效率。个人所得税比重越高，意味着个人所得税在税务机关税收征管中越重要，税务机关将更重视个人所得税征管，在个人所得税征管中更为努力。对数化的人口与税务机关人员比 *lpstaff* 在 4 个回归模型中都显著为正，说明我国税收征管中存在征管人员过多的现象，降低税务机关人员数、提高税务机关人均管理的人口范围有助于个人所得税征管效率的提升。

城镇家庭每百户家用电脑数变量 *comp* 系数显著为正，这意味着提高经济社会的网络化和信息化程度，有助于个人所得税征管效率的提高。此外，就业率 *employ*、城镇化 *city*、经济开放 *open*、教育水平 *edu*，以及 *d*02、*d*06、*d*07 和 *d*08 个人所得税征收制度调整变量，在 4 个模型中的回归结果并非一致并显著的，因此，我们不能得出这些变量对个人所得税征管效率影响的稳健可靠的结论。

表 4-10　　个人所得税征管效率影响因素 Tobit 模型估计结果

	BCC-DEA 效率		FDH 效率	
	(1)	(2)	(3)	(4)
fragment	0.0590*** (4.75)		0.0378** (1.99)	
wtax		-0.0067*** (-4.57)		-0.0043* (-1.90)
pbtax		-0.00638*** (-3.87)		-0.0041* (-1.64)
tcdec	0.00137 (1.11)	0.00139 (1.12)	0.00161 (0.86)	0.00162 (0.86)
iittr	0.0257*** (6.41)	0.0254*** (6.19)	0.0353*** (4.99)	0.0351*** (4.79)
lpstaff	0.1275* (1.87)	0.1234* (1.78)	0.2271** (2.16)	0.2245** (2.07)
comp	0.00386*** (5.73)	0.0039*** (5.74)	0.0042*** (3.96)	0.0041*** (3.95)
employ	0.00063 (0.66)	0.00061 (0.64)	0.0023 (1.52)	0.0022 (1.51)
city	0.00065 (1.18)	0.00064 (1.18)	0.0016* (1.84)	0.00158* (1.84)
open	0.1534*** (2.88)	0.1540*** (2.89)	-0.0336 (-0.38)	-0.0335 (-0.38)

续表

	BCC－DEA 效率		FDH 效率	
	(1)	(2)	(3)	(4)
edu	0.0097 (0.41)	0.0107 (0.45)	0.0684* (1.88)	0.0689* (1.87)
d02	－0.0409* (－1.91)	－0.0376 (－1.56)	－0.0437 (－1.30)	－0.0419 (－1.09)
d06	－0.0264 (－1.39)	－0.0272 (－1.42)	0.0150 (0.51)	0.0147 (0.49)
d07	－0.0101 (－0.33)	－0.0087 (－0.29)	－0.0814* (－1.73)	－0.0807* (－1.70)
d08	－0.0063 (－0.19)	－0.0048 (－0.14)	－0.1518*** (－2.95)	－0.1510*** (－2.90)
c	－1.4588*** (－2.76)	－0.7816 (－1.46)	－2.5484*** (－3.08)	－2.1129** (－2.46)
Wald chi2	191.59	192.55	93.91	93.95
Log likelihood	275.91	275.95	104.44	104.45
rho	0.7456	0.7462	0.8355	0.8354
Likeihood－ratio	185.12	183.15	302.29	300.86

注：*、**、*** 分别表示 10%、5% 和 1% 的置信度上显著。

四、结论与政策建议

对个人所得税的征管效率进行评估分析，不仅是降低个人所得税征管成本、提高征管效率的要求，也是破除我国个人所得税改革深化的征管障碍、构建公平和效率的个人所得税制的客观需要和基础工作。本书对个人所得税征管进行理论分析基础上，测度我国近年来个人所得税征管效率，进而实证分析个人所得税征管效率的影响因素、以助探求个人所得税征管的效率解。

本书的测算发现，近年来，我国个人所得税征管曲折上升，但提高得非常有限，个人所得税征管效率整体上仍非常低，2010 年 BCC 模型和 FDH 模型的平均效率值分别为 0.1955 和 0.3132，个人所得税征管效率还有 63%～69% 的提升空间。实证分析发现，个人所得税分类课征模式下，工薪所得税和个体工商户生产经营所得税比重的提高、个人所得税征管的碎片化将会降低个人所得税征管效率。为提高个人所得税征管效率，应改变分类课征模式，实现综合或混合课征模式，降低个人所得税的复杂性。税务部门对个人所得税征管的重视和努力程度对征管效率有重要影响，故优化税务部门的内部组织管理机制，提高税务人员的积极性和努力程度，是提升个人所得税征管效率的重要方式。税务人员人均管理的人口范围的增加，家庭人均电脑数增加有助于个人所得税征管效率的提高。这说明，为提高个人所得税征管效率，应精简税务机构，逐步实现国地税两系统的合并，整合个人所得税征管资源，减少税务人员数；构建完善的个人和企业经济活动信息记录、存储和连接共享系统，提高经济社会的信息化和网络化水平，为个人所得税征管创造充分的信息支撑。

第五章 税收征收力度测算[①]

税收征管效率与税收征收力度是两个紧密联系而又存在一定差别的概念。税收征管效率评价的核心是税收征管过程中从投入到产出的转化效率。税收征管效率受税源质量、税源数量、税制及征收力度等多种因素的影响。本章的主要任务是初步建立对税收征管力度进行评估的方法。本章主要包括四节。第一节我国上市营业税纳税人税负差异分析；第二节基于效能位差模型的税收征管力度分析；第三节基于非参数检验的营业税征收力度分析；第四节转移支付与地方税收征管效率。

第一节 我国上市营业税纳税人的税负差异分析

一、引言

近年来中国政府采取了一系列结构性减税措施，事实上，结构性减税政策已经成为中国财税政策的重要组成部分，是促进区域均衡发展、调节产业结构、实施宏观调控的重要政策工具。制定适宜的结构性减税政策的前提是对不同区域、行业间的税负差异的现状及其影响因素的充分理解上。

现有研究主要是从地区、行业差别的角度研究税负差异及其影响因素。林颖（2010）利用 Theil 指数对 1994 ~ 2008 年我国四大地区的宏观税负进行了比较研究，发现四大地区税负总差异与区际差异具有强烈的同向性。地方税的分布呈现明显的“马太效应”，越是欠发达地区的税负越重（秦劲松，等，2011）。而我国宏观税负在地域特征上呈现西、东部高，中部低，地区间差异较大，而微观税负

① 本章主体部分发表在《管理世界》2013 年第 5 期、《南开经济研究》2012 年第 2 期。

则呈现从西、中、东部递减的分布特征（牛其林，2011）。就具体税种的区域性差异而言，企业所得税负担的地区分布，发现1994～2005年总体而言，中部地区的企业所得税负担最重，东部地区和西部地区的企业所得税负担在整体上没有显著差异（周林洁，等，2009）。张伦俊等（2012）研究了规模以上工业企业的行业税负差异，发现工业企业不同行业之间税负存在一定程度的不平衡。樊勇（2012）认为扩大增值税抵扣范围的改革有利于缩小行业间税负差异，均衡行业间增值税税负。

按照纳税人缴纳的流转税不同，我国纳税人可以分为增值税纳税人和营业税纳税人，而鲜有学者对营业税纳税人之间的税负差异进行深入的量化研究。本节拟以A股上市的营业税纳税人为样本，采用多因素方差分析法为主要工具，揭示不同行业营业税纳税人税负差异的影响因素及作用机理。

二、上市营业税纳税人的税收负担分析

（一）数据来源

证监会将上市公司分为农、林、牧、渔业、采掘业、制造业等13类行业，营业税纳税人主要分布于房地产业、建筑业、交通运输仓储业、金融保险业、社会服务业5类行业中。本书以上述5类行业所有A股上市的纳税人为研究样本，在研究过程中剔除了相关财务数据不全、年度应纳所得税为负的样本。书中所用数据主要来源于国泰安研究服务中心的CSMAR研究数据库。

企业利润表中的营业税金及附加科目反映了企业在一个纳税年度内除增值税以外的流转税总额，而所得税费用则反映了纳税人在一个纳税年度内企业缴纳的所得税。两者之和可以体现企业在一个纳税年度内的纳税总额，因而，采用下列公式来计算纳税人的总体税收负担：

$$实际税负 = \frac{营业税金及附加 + 所得税费用}{营业收入总额}$$

（二）上市营业税纳税人的税收负担的描述性统计

首先，对纳税人2001～2011年实际税负水平进行定量测算。表5－1、表5－2、图5－1、图5－2列示了描述性统计结果。从中可以看出，其一，2001～2011年，5类行业在2001年税率均处于最低状态，然后，不同行业纳税人的实际税率呈现出不同的变化。房地产业、社会服务业的税负呈现出稳步上升趋势，而建筑业的税负在整个期间变化不大。

其二，不同行业纳税人的税负存在较大差异。金融业、房地产业的平均税率高于其他行业纳税人，交通运输、仓储业、建筑业的平均税负在4%左右，而房

地产业、金融业的平均税负在15%左右。

其三，同一行业不同纳税人在同一年度税负差异极大。从表5－2可以看出，2001～2011年各个行业税负的离散系数均较大，2011年建筑业不同纳税人的税负的离散系数甚至达到0.94，这说明同一行业不同企业之间税负存在极大差异。

表5－1　　2001～2011年房地产业纳税人实际税负的描述性统计

	2001年	2002年	2003年	2004年	2005年	2006年	2007年	2008年	2009年	2010年	2011年
最小值	0.03	0.16	0.23	0.16	0.78	0.18	0.42	0.55	2.19	5.02	0.32
最大值	16.28	24.09	23.18	16.81	23.60	26.66	54.57	28.06	31.44	47.29	59.45
均值	5.89	6.50	6.55	7.74	9.11	10.61	13.84	12.92	14.13	16.00	17.41
标准差	4.05	4.81	4.52	4.07	4.72	6.52	7.96	5.51	5.85	7.24	9.36
离散系数	0.69	0.74	0.69	0.53	0.52	0.61	0.58	0.43	0.41	0.45	0.54
样本数	72	81	86	75	72	85	93	95	109	108	71

表5－2　　2001～2011年不同行业纳税人实际税负的离散系数

年度	房地产业税负离散系数	建筑业税负离散系数	交通运输、仓储业税负离散系数	金融业税负离散系数	社会服务业税负离散系数
2001	0.69	0.64	0.71	0.79	0.48
2002	0.74	0.47	0.70	0.82	0.53
2003	0.69	0.74	0.67	0.75	0.71
2004	0.53	0.64	0.65	0.65	0.66
2005	0.52	0.64	0.57	0.55	0.62
2006	0.61	0.53	0.64	0.68	0.71
2007	0.58	0.59	0.70	0.59	0.50
2008	0.43	0.44	0.56	0.46	0.54
2009	0.41	0.62	0.58	0.36	0.45
2010	0.45	0.64	0.61	0.30	0.60
2011	0.54	0.94	0.67	0.36	0.55
平均值	0.56	0.63	0.64	0.57	0.58

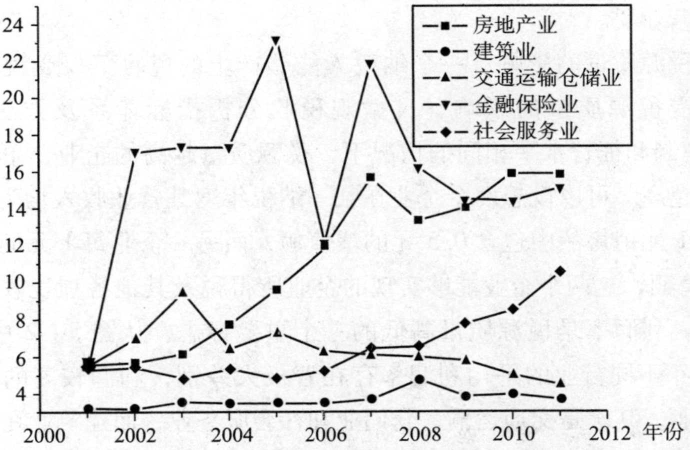

图 5－1　2001～2011 年不同行业的平均税负

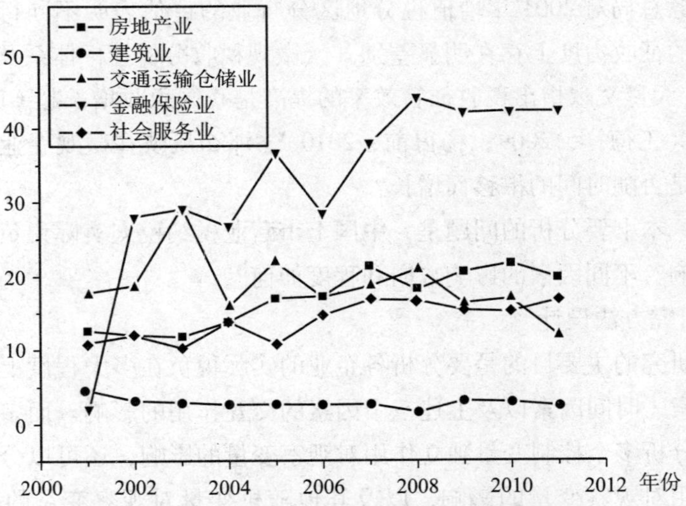

图 5－2　2001～2011 年不同行业的平均利润率

三、不同行业税负的影响因素分析

（一）不同行业税负的影响因素的理论分析

影响营业税纳税人税负的因素主要可以分为以下几类，首先是行业自身因素的影响。营业税的税目按行业划分为 3 类，娱乐业的税率为 5%～20%，金融保险、服务业、转让无形资产税率为 5%，其他行业按 3% 计税。而且，不同行业享受的税收优惠程度不一样。因而在营业收入相同的情况下，不同行业的企业会承担不同的营业税。

其次，税源质量的影响。一个纳税人能够产生的税收不仅受税源数量的影响，而且也受税源质量的影响（《微观税收分析指标体系及方法》编委会，2006）。在税制和征管水平相同的情况下，税源质量越高的企业，单位税源能够产生的税收越高。可以设想两个企业在某一纳税年度其营业收入均为1000亿元，但一企业每1元销售额中包含0.5元的增值额，而另一企业每1元的销售仅包含0.1元的增值额，这两个企业能够实现的企业所得税及其他各项税收当然会存在明显的差异。利润率是税源质量高低的一个重要标志，从图5－2中可以看出，2001～2011年不同行业的平均利润率存在着极大差别，利润较高的行业是金融业、房地产业，其次是交通运输、仓储业和社会服务业，而建筑业在2001～2011年的利润率始终处于最低状态，基本保持在5%左右。

最后，不同年份、不同地区、不同行业税收征管的力度存在明显不同的差异。国家税务总局对2001年增值税分地区分行业的评估表明不同行业、不同地区在增值税的征收力度上存在明显差别（《微观税收分析指标体系及方法》编委会，2006）。大量文献指出税收征管效率的提高是我国税收增长超GDP增长的一个关键原因（王德祥，2009；杨得前，2010），那么反映在微观企业上，纳税人的实际税负是否随时间的推移而增长？

接下来，本书要分析的问题是，中国上市营业税纳税人实际税负的高低受哪些因素的影响？不同因素的影响方向和程度如何？

（二）研究方法设计

本部分研究的主要目的是要分析各企业的实际税负在多大程度上受到税源质量、行业因素、时间因素以及上述三个因素的交互作用的影响。而多因素方差分析不仅可以分析多个控制变量独立作用对观察变量的影响，还可以分析多个控制变量交互作用对观察变量的影响，以及其他随机变量对观察变量的影响（余建英，2004），因而是分析此问题的一个合适方法。多因素方差分析法的基本原理如下：

在多因素方差分析中，将被解释变量总的离差平方和分解为3部分，一是多个控制变量单独作用所引起的平方和；二是多个控制变量交互作用所引起的离差平方和；三是随机变量所引起的离差平方和。以两个控制变量为例，总的离差平方和可以表示为：

$$Q_t = Q_1 + Q_2 + Q_{1,2} + Q_r$$

其中，Q_t，Q_1，Q_2，$Q_{1,2}$，Q_r分别表示总的离差平方和、第1个变量引起的离差平方和、第 2 个变量引起的离差平方和、第 1、2 个变量交互作用引起的离差平方和、随机变量引起的离差平方和。Q_1+Q_2 是主效应部分，$Q_{1,2}$ 是交互作用部分，主效应部分和交互作用部分之和称为可解释部分，Q_r 是随机变量引起的离差平方和。

多因素方差分析采用 F 检验，其零假设 H_0 为多个解释变量的不同水平下，各总体均值无显著差异。F 统计量的计算公式如下：

$$F_1=\frac{Q_1/(r-1)}{Q_r/rs(l-1)}=\frac{S_1^2}{S_r^2}$$

$$F_2=\frac{Q_2/(r-1)}{Q_r/rs(l-1)}=\frac{S_2^2}{S_r^2}$$

$$F_{1,2}=\frac{Q_{1,2}/(r-1)(s-1)}{Q_r/rs(l-1)}=\frac{S_{1,2}^2}{S_r^2}$$

其中，F 表示 F 统计量，r 表示第一个解释变量的取值个数，s 表示第一个解释变量的取值个数，l 为每个组合重复试验的次数，共有 rs 个取值组合。

（三）实证结果

企业利润率的高低是税源质量高低的一个重要标志，在本书的研究中将企业的利润率作为其税源质量的替代指标，根据上述 5 类行业在 2001 ~ 2011 年利润率的实际，本研究将利润率在 20% 以上的企业作为高税源质量组，用 3 表示；利润率在 10% ~20% 的企业作为中税源质量组，用 2 表示；利润率低于 10% 的企业，作为低税源质量组，用 1 表示；用 1 ~ 11 分别代表 2001 ~ 2011 年；用 1 ~ 5 分别表示房地产业、建筑业、交通运输仓储业、金融保险业、社会服务业。分析结果见表 5 – 3 ~ 表 5 – 6，图 5 – 3 ~ 图 5 – 5。

表 5 – 3 中第 1 行的 Corrected Model 是对所用方差分析模型的检验，其零假设是模型中所有影响因素均无显著作用。即税源质量、行业、时间及它们的交互作用对实际税率均无显著影响，它们的系数均为 0。该检验的 P 值远小于 0.05，因此上述因素中至少有 1 个因素对实际税率造成了显著影响。

进一步地，关于控制变量对实际税率的独立作用部分，从影响的显著程度来看，税源质量、行业、时间对应的 F 值的概率均远小于 0.05，也就是说税源质量、行业及时间因素均对实际税率造成了显著影响。从影响的大小来看，不同的税源质量贡献的离差平方和为 7671.83，均方为 3835.91；不同行业贡献的离差平方和为 3918.49，均方为 979.62；不同年份不同行业贡献的离差平方和为 493.57，均方为 49.36。可见税源质量对实际税率的影响大于行业的影响，而行业的影响大于时间造成的影响。

从税源质量、行业及时间的交互作用来看，税源质量与行业、税源质量与时间、行业与时间交互作用的离差平方和分别为1006.69、775.64、3284.80，其对应的 *F* 值的概率值均远小于显著性水平0.05，这表明上述三个因素的两两之间的交互作用对纳税人的实际税负产生了显著影响。类似地，税源质量、行业及时间三者的交互作用并没有对纳税人的实际税率产生显著影响。

从S－N－K法多重比较结果、实际税率边际均数图来看，2001～2011年上市营业税纳税人实际税率由低到高依次是建筑业、社会服务业、交通运输仓储业、房地产业、金融业；随着税源质量的提高，纳税人的实际税率随之提高；随着时间的推移，纳税人的实际税率随之提高。

表5－3　　组间效应测试

解释变量：实际税率

Source	离差平方和	自由度	均方	F值	概率
Corrected Model	61083.549[a]	153	399.239	22.352	0.000
intercept	38149.253	1	38149.253	2135.878	0.000
税源质量	7671.827	2	3835.913	214.763	0.000
行业	3918.486	4	979.622	54.846	0.000
时间	493.567	10	49.357	2.763	0.002
税源质量×行业	1006.693	8	125.837	7.045	0.000
税源质量×时间	775.642	20	38.782	2.171	0.002
行业×时间	3284.798	40	82.120	4.598	0.000
税源质量×行业×时间	1182.758	69	17.141	0.960	0.572
Error	38455.064	2153	17.861		
Total	310994.783	2307			
Corrected Total	99538.612	2306			

注释：R^2＝0.614　（Adjusted R Squared＝0.586）

表5－4　　不同行业实际税率的S－N－K显著性检验

行业	N	Subset				
		1	2	3	4	5
2	278	4.2311				
5	280		7.1350			
3	618			8.9830		

续表

行业	N	Subset				
		1	2	3	4	5
1	927				11.1227	
4	204					14.9538
Sig.		1.000	1.000	1.000	1.000	1.000

表 5－5　　　　不同年份实际税率 S－N－K 显著性检验

税源质量	N	Subset		
		1	2	3
1	781	4.3657		
2	556		8.7490	
3	970			14.2400
Sig.		1.000	1.000	1.000

表 5－6　　　　不同年份实际税率 S－N－K 显著性检验

时间	N	Subset			
		1	2	3	4
1	147	6.2329			
2	171		7.5375		
3	180		7.5711		
4	187		8.1160		
5	171			9.0422	
6	206			9.2333	
8	231				10.2886
9	264				10.9235
7	231				10.9464
10	300				11.1045
11	219				11.1073
Sig.		1.000	0.355	0.650	0.294

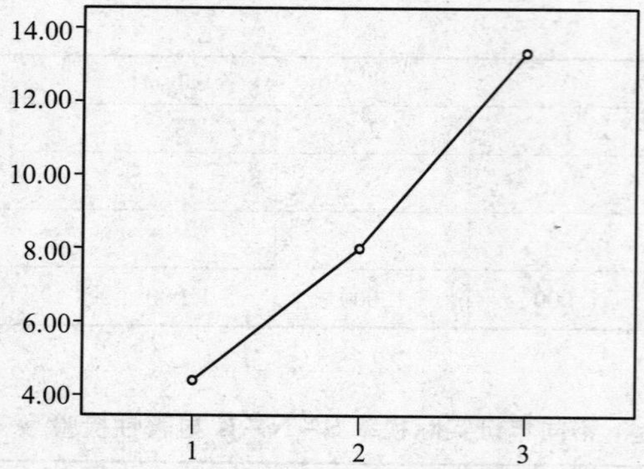

图 5－3　税源质量的实际税率边际均数

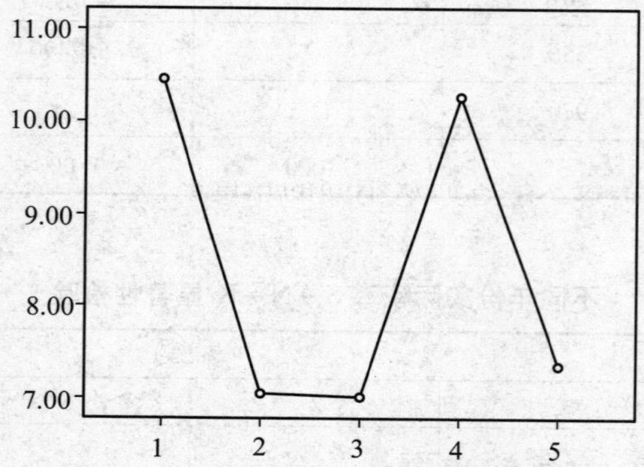

图 5－4　行业的实际税率边际均数

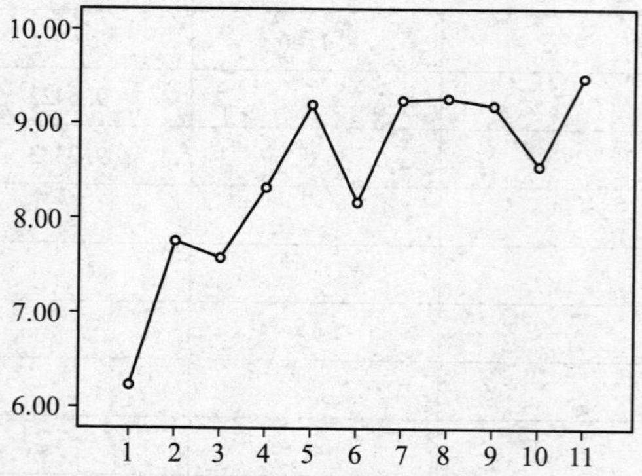

图 5－5　时间的实际税率边际均数

（四）进一步的讨论

1. 不同行业税负差异的成因。在税源质量相同的情况下，不同行业纳税人的税负存在显著的差异，一个原因是由于不同行业的税收政策存在一定差别，另一个重要的原因可能是源于中国税收征收管理中的“抓大放小”，上级税务机关在对下级税务机关的工作绩效进行考核时，是有成本的，因而考核只会在成本较低的地方发生。因而，税收计划的完成情况就成为考核税务机关工作绩效的最重要指标，对于一个理性的税务机关而言，其必然会首先选择加强对税源大户的税收征收管理。而金融企业、房地产企业往往是税源大户，税务机关在对这些行业的税收管理上必然会投入更多的时间、精力，一个必然的结果就是这些行业纳税人的税收征收率更高，于是这些行业的纳税人的税负偏高。

2. 税负差异随时间的推移而上升的成因。从图中可以看出，随着时间的推移，纳税人的税负水平从总体上呈现出不断大幅上升的趋势。与此现象相对应的一个现象是2001～2011年间中国税收年均增长率高达19.3%，远高于同期GDP的增长速度。对于税收超GDP增长，学者们从不同的角度进行了解释。有充分的证据显示引起税收超GDP增长的一个重要的原因是税收征管效率的提升。即使税制不发生变化，随着税收征管效率的提高，税务机关能把纳税潜能更多地转化为现实的税收，于是纳税人的税负呈现出上升趋势。不少文献都指出近10余年来我国税收征管效率大幅提升（王德祥，2009；杨得前，2010）。而纳税人的微观税负水平的不断上升刚好从另一个侧面提供了我国税收征管效率的不断提高的微观证据。

四、简要结论

本书以中国A股上市的营业税纳税人2001～2011年会计报表中的相关数据为基础，以多因素方差分析方法为主要工具，分析了2001～2011年房地产业、建筑业、交通运输仓储业、金融保险业、社会服务业5类行业中纳税人税负的差异及其影响因素。其主要结论如下：

（1）不同行业纳税人的税负存在较大差异。金融业、房地产业的平均税率高于其他行业纳税人。交通运输、仓储业、建筑业的平均税负在4%左右，而房地产业、金融业的平均税负在15%左右。

（2）税源质量、所属行业、时间均对纳税人的实际税负造成了显著影响。从影响的大小来看，税源质量对纳税人实际税负的影响最大，行业因素次之，时间因素再次之。从影响的方向来看，税源质量越高的企业，其实际税负越高。随着时间的推移，税负呈上升趋势。

上述结论表明在其他条件相同的情况下，不同行业的纳税人也会承担了不同的税负，另一方面，随着时间的推移，税收征管效率的进一步提高，纳税人的税负将进一步提升，制定适宜的结构性减税政策对于调整产业结构、均衡不同行业的税负水平具有重要的现实意义。

第二节　基于效能位差模型的税收征收力度评估分析

一、引言

近年来，江西省国税税收收入高速增长，2001 年江西省国税系统实现的税收收入为 101.41 亿元，2006 年为 257.99 亿元，2011 年则飙升至 820.57 亿元，2001 ~2011 年年均增长 23.25%，远高于同期 GDP 增长水平。一方面是税收收入的高歌猛进，另一方面，税收征管的质量与效率却令人堪忧。《2010 全球纳税状况一览》对全球 183 个经济体中的中小企业的纳税难易程度进行了评价，从纳税的难易程度来看，中国居第 125 位；从纳税人遵从税法耗费的时间来看，中国居 165 位；从税收征管的成本来看，2007 年 OECD 国家税收征管成本最高的为斯洛伐克，其税收征管成本为 2.41%，税收征管成本最低的为瑞士，其税收征管成本为 0.28%（Centre for Tax policy and Administration，2008），而同期我国税收征管成本为 5% ~6%（第一财经日报，2008）。这迫使我们不得不认真思考以下问题：如何对税务机关的征管力度、征管的质量与效率进行科学评价？哪些因素会对税收征管力度产生重要影响？上述问题的回答不仅有助于揭示中国税收征管独特的运行机制，而且对相关政策的制定亦具有重要的指导意义。

税收征管效率与税收征收力度是两个紧密联系而又存在一定差别的概念。税收征管效率评价的核心是税收征管过程中从投入到产出的转化效率。研究者在评价征管效率时选取的投入指标主要有 GDP、第二、三产业增加值、税务机关人员数量、居民消费支出等，选取的产出指标往往为税收收入（Jha，等，1999；王德祥，等，2009；杨得前，2010）。而征收力度评价的是税收入库收入与纳税能力之间的关系，可以用两者之间的比值来衡量。其值越大，说明征收力度越大。税收征管效率受税源质量、税源数量、税制及征收力度等多种因素的影响。在其他因素相同的情况下，税收征收力度越大，税收征管过程的投入产出比率也就越高，相应地其征管效率也就越高。

在实践中，国家税务总局下发的《税收征管质量考核办法》(国税发〔2003〕

50 号)，将登记率、申报率、入库率、滞纳金加收率、欠税增减率和处罚率作为对税务机关税收征管质量进行考核的主要指标，评定结果为“优秀”、“良好”、“一般”和“较差”4 个等级。这些指标虽可以在一定程度上反映税务机关征管的努力程度，但各地税源数量与质量存在显著差异，加之考核指标中的一些指标本身就具有相当程度的主观性，因而仅从上述 7 个评价指标难以客观全面地反映税收管理的质量和效率。

对税收征收力度的评价方法亦可分为两类：一类是利用纳税人微观数据进行评价的方法，主要有同业税负模型和效能位差模型。同业税负模型能对不同行业或不同地区同一税种的征收力度进行评价，而效能位差模型则可以对不同地区税收征管力度进行综合评价。国家税务总局 2003 年以企业税收调查资料为基础，采用同业税负模型对不同地区、不同行业增值税的征收力度进行了评价，采用效能位模型对全国不同地区商贸零售行业税收征管力度进行了评价（《微观税收分析指标体系及方法》编委会，2006)；另一类是利用宏观数据进行评价的方法，主要有税柄法、分税种法。梁季（2007）采用税柄法对 31 个省份的税收收入能力及征收力度进行了测算，采用分税种法对主要税种的税收收入能力及征收力度进行了估算。在上述估算方法中，效能位差模型的优越性主要体现在以下几个方面：其一，方法简便易行；其二，将对征收力度的估算建立在微观数据的基础上。在本研究中，将首先以效能位差模型对征收力度进行估算，然后再对征收力度与相关因素之间的关系进行定量分析。

2011 年，江西省 11 个设区市近 700 家重点税源监控企业实现的国税收入占全省国税收入的 46.46%。一个地区重点税源监控企业的税源质量能够在相当程度上反映该地区的税源质量优劣，因而在本研究中以一个地区重点税源监控企业的税源质量作为该地区税源质量的代理变量。

本节旨在以江西省 2011 年重点税源监控企业的数据为基础，对江西省 11 个设区市税收征管效率进行评价，与同类研究相比，其主要特色在于：第一，将研究建立在微观数据的基础上。现有关于税收征管效率、征收力度的研究往往以宏观数据为基础，与宏观数据相比，重点税源企业的数据应更客观。第二，采用多指标对地区税源质量进行度量。税源质量是影响税收产出的一个关键变量，本书将采用多维指标对其进行度量。第三，揭示了征收力度与经济发展水平、财政转移支付之间的关系。

二、江西省国税系统税收征管力度评估

为了认识各地税收征收力度的差异，本书采用效能位差分析模型对税收征收

力度进行定量测评。这是一种简洁而行之有效的税收征管力度测量方法。其基本思路如下：

纳税人的税收产出能力不仅受税源数量的影响，而且也受税源质量的影响。不论是对不同纳税人，还是对不同地区而言均是如此。假定有 A、B 两个地区，地区 A 的税源质量显著优于地区 B，那么在税制相同的情况下，在从税源向税收的转化过程中，地区 A 应该有更高的转化率。换言之，税源质量越高的地区，其税收转化率越高，这也就意味其理论税负也越高。一个地区税源质量的排序决定了其理论税负的排序，不同地区在进行相互比较时，一个地区的税源质量排序越靠前，其理论税负水平也应越靠前。因此，不同地区税源质量的排序应该与其理论税负的排序是一致的。

我们计算出每一地区的实际税负，并将不同地区的实际税负水平进行排序，这样一来，每个地区均存在税源质量排序和实际税负排序两个排序，这两个排序可能不一致。将一个地区的税源质量排序与实际税负排序之差称为位差（《微观税收分析指标体系及方法》编委会，2006）。如果效能位差等于 0，表明一个地区理论税负排序与其纳税能力排序相等，税收实际征收效果与税源质量相匹配；如果税收效能位差大于 0，表明一个地区的实际税负排序相对靠前，税源质量排序相对靠后，该地区征收力度较大；如果税收效能位差小于 0，表明一个地区的实际税负排序相对靠后，税源质量排序相对靠前，该地区征收力度较小。换言之，位差越大，表明征收力度越大，位差越小，表明征收力度越小。

于是问题的关键就变为如何对不同地区的税源质量进行评价，沿用通常的做法，本书选取盈利企业比例、利润率、户均盈利规模三个指标来度量税源质量。三个指标分别定义如下：

$$盈利企业比例=\frac{盈利企业户数}{调查企业户数}\times 100\%$$

$$利润率=\frac{企业利润总额}{调查企业主营业务收入}\times 100\%$$

$$户均盈利规模=\frac{盈利企业盈利总额}{盈利企业户数}\times 100\%$$

税源质量指数的计算过程如下，首先，计算出全省盈利企业比例、利润率、户均盈利规模三个指标的平均值；其次，计算每一个地区在这三个指标上的值；再次，用每个地区的三个指标值分别除以全省相应的指标值，得出三个相对值。最后，根据每个地区的三个指标的相对值平均得出每个地区的税源质量指数。税源质量指数越高，意味着其税源质量越好。不同地区税源质量指标及税负水平的描述性统计结果见表5－7、表5－8。

从表5－7、表5－8中可以看出，11个设区市在盈利企业比例、利润率这两个指标上差异较小，其离散系数分别为0.14、0.26；而在重点税源企业的户均盈利规模存在着极大的差异，户均盈利规模的最小值为0.31亿元，最大值为4.81亿元，各地重点税源监控企业在税负水平也存在着较大差异，税负最低的为1.71%，最高的为13.43%。

从表5－7可以看出，2011年，江西省11个设区市中，税收征收力度较高的有吉安、上饶、宜春、萍乡，税收征收力度较低的设区市有新余、鹰潭、九江、南昌。

表5－7　　2011年江西省11个设区市的税收征收力度

地区	企业户数	盈利企业比例（%）	相对值	利润率	相对值	户均盈利规模	相对值	税源质量指数	税源质量排序	税负	税负排序	位差
新余	33	72.73	0.96	0.17	1.32	4.09	2.36	1.54	1	2.22	10	－9
鹰潭	60	54.39	0.72	0.09	0.71	4.81	2.78	1.40	2	1.71	11	－9
赣州	98	80.21	1.06	0.20	1.58	1.52	0.88	1.16	3	8.70	4	－1
九江	30	86.67	1.15	0.17	1.30	1.63	0.94	1.12	4	3.52	7	－3
萍乡	74	68.18	0.90	0.17	1.32	1.99	1.15	1.12	5	12.31	3	2
南昌	145	83.22	1.10	0.11	0.87	1.98	1.14	1.03	6	5.22	8	－2
抚州	30	65.52	0.87	0.19	1.50	1.01	0.59	0.97	7	5.27	6	1
上饶	48	78.72	1.04	0.12	0.92	1.14	0.66	0.87	8	12.65	2	6
景德镇	33	63.64	0.84	0.12	0.94	1.31	0.76	0.84	9	3.50	9	0
宜春	75	84.00	1.11	0.13	1.00	0.71	0.41	0.84	10	8.09	5	5
吉安	74	71.43	0.95	0.11	0.85	0.31	0.18	0.65	11	13.43	1	10

注：根据江西省国税局重点税源监控企业的相关数据计算而得。

表5－8　　不同地区税源质量指标、税负水平的描述性统计

	盈利企业比例	利润率	户均盈利规模	税负
最小值	54.39	0.09	0.31	1.71
最大值	86.67	0.20	4.81	13.43
均值	73.52	0.14	1.86	6.97
标准差	10.05	0.04	1.38	4.32
离散系数	0.14	0.26	0.74	0.62

注：根据江西省国税局重点税源监控企业的相关数据计算而得。

三、税收征收力度的影响因素分析

研究显示，经济发展水平是影响税收征管效率的一个重要因素，大多实证研究也表明，经济发达的省份，其税收征管效率往往较高（王德祥，等，2009；杨得前，2010；陈工，等，2009）。大多研究者认为造成这一现象的主要原因如下：一是随着经济的发展，税源数量和质量得以提升。二是随着经济的发展，税源的集中度增加，进而导致税务机关的征税成本下降。上述因素共同导致经济较发达地区在从税源到税收的转化过程中其转化效率较高，因而其税收征管效率往往较高。

在关于征收力度的测算中，梁季（2007）采用税柄法的研究显示西部地区的征收力度高于东、中部地区，而东、中部地区差异不大。国家税务总局（2003）对全国不同地区商贸零售行业的征收力度进行了评估，结果显示税源质量较差的西北、华北的征收力度分居第 1、2 位。

这一现象可能源于中国特有的税收计划管理模式，上级税务机关会给下级税务机关下达每年应完成的税收计划，并将其作为考核下级税务机关工作成效的一个重要指标。由于上下级税务机关之间存在的信息不对称，税收计划的确定主要采用基数加增长的方式，因而，对于一个理性的税务机关而言，它首先要保证税收计划的完成，在一些经济欠发达的地区，为了完成税收计划，甚至不惜以收“过头税”等违反国家税法的形式来保证税收计划的完成。在 2012 年经济和财政收入增速下滑的背景下，财政部部长谢旭人在江苏调研、国家税务总局局长肖捷在山西调研、国家税务总局副局长解学智在全国税务系统深化税收征管改革工作会议上均强调坚持依法征税，不收“过头税”。可见在财政收入增速放缓时，一些地方为保证财政收入不出现大幅下滑，依然会有强大的收“过头税”的冲动。其次，为了避免由于“棘轮效应”而带来的下一年度的税收任务大幅增加，税务机关会将超税收计划控制在一定范围内。于是一些经济较发达的地区往往通过“放水养鱼”的形式，为来年税收计划的顺利实现埋下伏笔。于是经济欠发达的地方，由于税源数量少，质量差，为了完成税收计划，与发达地区相比，往往表现出更大的征收力度。这一现象在同一省份的各设区市是否会出现，本书将对此进行验证。

一些研究者则探讨了影响单个税种税收征管效率的因素，Aizenman（2008）认为收入分配的不公平程度、政治的不稳定性会降低增值税征管效率，而随着城市化程度、经济开放性程度的提高、农业在 GDP 中份额的下降，增值税的征管效率会上升。转移支付是分税制中的一个重要制度设计，转移支付是否会影响下级政府的税收征管力度。Jha 等（1999 年）以印度为实证的研究显示，接受中央财政转移支付比重越高的州，其税收征管效率越低。如果中央政府在转移支付设计中不考虑下级政府的努力程度，势必诱导下级政府将大量精力用于向上级政府争取财政转移支付资金上，而不是用于培植税源，提供财政自给率上。这一现象在设区市这一层面是否存在，本书将对此进行检验。

为了验证税收征收力度与财政转移支付、经济发展之间的关系，本书将对以下回归方程进行检验：

$$\hat{te}_i = \beta_0 + \beta_1 pertrans_i + \beta_2 pergdp_i + \mu_i$$
$$i = 1,\ 2,\ \cdots,\ n \qquad (1)$$

其中，te_i 表示第 i 地区的税收征收力度，$pertrans_i$ 表示第 i 地区人均从上级政府获得的转移支付，$pergdp_i$ 表示第 i 地区人均 GDP，β_0 为常数，μ_i 表示随机误差。

四、实证分析

由于各地效能位差的大小直接表明了税收征收力度的大小，其值越大，表明其税收征收力度越大，在本书中用效能位差作为税收征收力度的代理变量；而各地地方财政一般预算与地方财政一般预算支出之间的差额主要源于财政转移支付，可以将这一差额视为各地从上级政府获得的财政转移支付；按照通常的做法，将各地人均 GDP 作为经济发展程度的代理变量。

在进行正式分析之前，以表 5－9 数据为基础，对相关变量进行描述性统计分析，统计结果见表 5－10。从表 5－9、表 5－10 可以看出，江西省各设区在经济发展程度上存在较大差异，2011 年人均 GDP 较高的地区有新余、南昌、鹰潭、景德镇，人均 GDP 较低的地区有赣州、上饶、吉安，人均 GDP 在 1.24 万～6.79 万元之间变动，标准差为 1.71 万元；人均获得的财政转移支付在 0.20 万～0.30 万元之间变动，标准差为 0.03 万元；税收征收力度在－9～10 之间变动，其标准差为 5.85。

表 5－9　2011 年江西省各设区市人均 GDP、人均财政转移支付

地区	地方财政一般预算支出（亿元）	地方财政一般预算支出（亿元）	转移支付（亿元）	GDP（亿元）	人口（万人）	人均 GDP（万元）	人均转移支付（万元）
新余	69.43	102.69	33.26	779.21	114.70	6.79	0.29
鹰潭	38.82	68.12	29.29	426.70	113.40	3.76	0.26
赣州	110.05	311.84	201.79	1135.98	918.26	1.24	0.22
九江	101.03	225.22	124.19	1256.41	467.27	2.69	0.27

续表

地区	地方财政一般预算支出（亿元）	地方财政一般预算支出（亿元）	转移支付（亿元）	GDP（亿元）	人口（万人）	人均 GDP（万元）	人均转移支付（万元）
萍乡	58.49	108.71	50.23	658.15	185.45	3.55	0.27
南昌	187.03	298.80	111.77	2688.87	504.95	5.33	0.22
抚州	75.99	178.67	102.67	742.51	393.78	1.89	0.26
上饶	95.58	240.60	145.02	1110.60	662.35	1.68	0.22
景德镇	51.09	98.74	47.65	564.71	159.94	3.53	0.30
宜春	92.34	215.22	122.87	1077.98	545.28	1.98	0.23
吉安	76.81	197.22	120.41	879.06	484.29	1.82	0.25

数据来源：1. 第2、3、5、6列数据源于各地2011年国民经济和社会发展统计公报；
2. 第4、5、7列数据根据相关数据计算而得。

表5-10　　变量的描述性统计

变量	均值	标准差	最小值	最大值	观测数
人均财政转移支付（万元）	0.25	0.03	0.22	0.30	11
人均 GDP（万元）	3.11	1.71	1.24	6.79	11
征收力度	0	5.85	-9	10	11

表5-11　　回归分析结果

解释变量	被解释变量：税收征收力度（y）
常数	12.488（0.888，0.401）
人均财政转移支付（pertrans）	-23.044（-0.387，0.709）
人均 GDP（pergdp）	-2.133*（-2.166，0.062）
R^2	0.466
Adj. R^2	0.333
D-W 统计量	2.062
F 统计量	3.495
F 统计量的概率	0.081

注：括号内的数值分别为t统计量和双侧概率。* 表示在10%水平上显著，** 表示在5%水平上显著，*** 表示在1%水平上显著。

表5-12　　White 异方差检验结果

F-statistic	0.3880	Prob. F（5，5）	0.839
Obs * R-squared	3.075	Prob. Chi-Square（5）	0.689

以表5-7、表5-9中的数据为基础，用 Eviews 6.0 进行回归分析，表5-12列示了回归分析结果。在利用横截面数据时更容易产生异方差性（孙敬水，

2006）。异方差性的存在违背了古典模型中的同方差性假设，在此情况下，不能使用普通最小二乘法来估计模型参数。在此利用 White 检验法对回归模型进行异方差性检验，检验结果报告见表 5－12。从表 5－12 可以看出，nR^2 的相伴概率为 0.839，远远大于显著性水平 0.05，因而该模型不存在异方差问题。

由表 5－11 可以看出，$R^2=0.466$，F 统计量的概率小于 0.10，表明模型在显著性水平为 0.10 的情况下，回归方程从总体上来讲是显著的。

从单个因素的影响来看，*pertrans* 的系数为 －23.044，其 t 统计量的双侧概率为 0.709，这表明人均财政转移支付的增加可能带来税收征收力度的下降，但这种推动作用并不显著。*pergdp* 的系数为 －2.133，其 t 统计量的双侧概率为 0.062，因而在显著性水平 $\alpha=0.10$ 时，*pergdp* 的系数是显著不为零的。这表明在相同时期，经济欠发达的地区，征收力度往往越大，这一结论与国家税务总局（2003）、梁季（2007）的研究得出的结论是一致的。笔者将这一现象称为“征收力度悖论”，这意味着即便是在同一省份，税收计划在不同地区苦乐不均的现象依旧存在。在考虑各地税务机关征收力度的情况下，改进税收计划的制定方式，是解决这一症结的关键所在。

五、结论

本书以 2011 年江西省 11 个设区市为样本，采用效能位差模型对 11 个设区市税收征管力度进行了评估，并在此基础上，分析了税收征收力度与经济发展程度、财政转移支付之间的关系。结果显示：（1）各地区在税收征收力度上存在较大差异，各地税源质量排序与实际税负排序存在较为严重的背离。（2）经济越发达的地区，税收征收力度越小。造成这一现象的原因可能与中国的税收计划管理模式密切相关。（3）随着人均获得的财政转移支付增加，税收征收力度亦呈现下降趋势，但这种效应并不显著。

改进税收计划管理模式，在税收计划的制定中将各地税收机关的征收力度考虑进来，对征收力度小的地区，增大税收计划增幅，对征收力度大的地区，减少税收计划增幅是克服各地税收征收力度苦乐不均，真正实现依法治税，应收尽收的根本。

由于数据搜集上的困难，本研究只考虑了 2011 年的江西省 11 个设区市的截面数据，未来的研究将沿以下方向展开：（1）扩大样本数量和研究时间。将不同省份的样本纳入研究范围，以大样本的面板数据为基础，验证上述结论在更大的时空范围内是否成立。（2）本研究仅分析了征收力度与经济发展程度、财政转移支付之间的关系。影响征收力度的因素多种多样，未来的研究将进一步提示其他因素与征收力度之间的关系及其作用机理。

第三节　基于非参数检验的营业税征收力度评估

一、引言

营业税是我国主体税种之一，其占税收收入的比重近年来大体保持在 14% 左右，是目前我国税收体系中的第三大税种。对地方政府而言，营业税是地方政府财力的重要的来源之一，2003 ~ 2010 年其占地方一般预算收入的比重大致保持在 27% 左右，见图 5 - 6。从其组织税收的绝对量来看，近年来，我国营业税收入始终保持高速增长势头，2000 年我国营业税收入为 1868. 78 亿元，2010 年则上升至 11157. 91 亿元，年均增长 19. 56%。

在营业税收入高速增长的过程中是否伴随着征管力度的提升？各省份在营业税的征管力度上是否存在着显著的差异？不同行业营业税的征收是否存在明显的差异？征收力度的增加对营业税增长的贡献有多大？这一系列问题的回答不仅能更深刻地揭示中国税收征管的运行机制，而且对于更加科学地制定税收计划，更加客观地评价各地地税机关的努力程度，更加准确地选择税务稽查对象亦具有重要的指导意义。

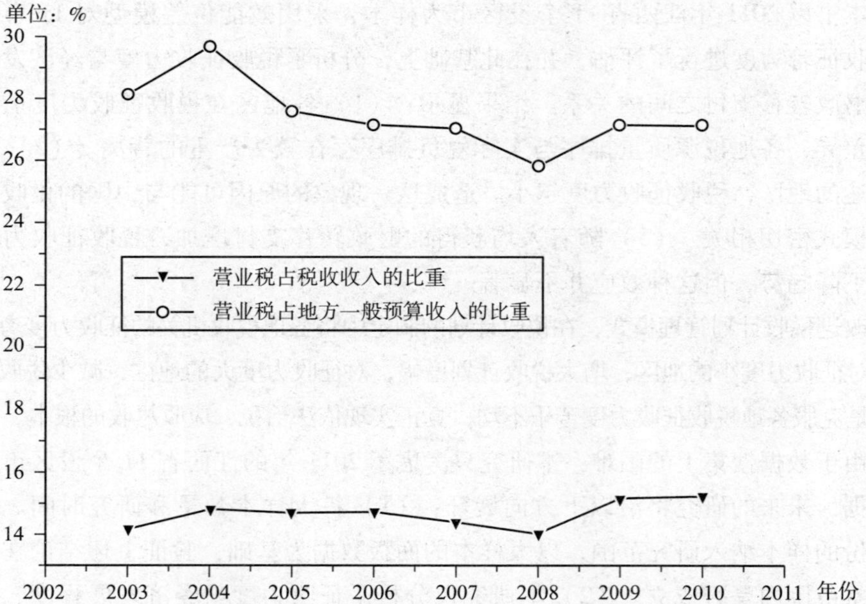

图 5 - 6　营业税占税收收入、地方一般预算收入的比重

本节旨在构建评估不同地区、不同行业营业税征收力度的评估模型，在此基础上对2003～2010年我国31个省份地税系统营业税的征收力度进行系统评估。与同类研究相比，本书的主要特色在于，第一，首次系统地对2003～2010年我国不同省份营业税的征管力度进行评估。第二，对2003～2010年间不同行业营业税的征收力度进行了评估。

二、研究方法设计

营业税是对在我国境内提供应税劳务、转让无形资产或者销售不动产的单位和个人征收的，其计税依据是纳税人提供应税劳务、转让无形资产、销售不动产时向对方收取的全部价款和价外费用（中国注册会计师协会，2012）。现行营业税共设置了9个税目，分别是交通运输业、建筑业、金融保险业、邮电通信业、文化体育业、娱乐业及服务业，对不同的税目采用了不同的税率。

在对一定时期某地区营业税的征收力度进行评价时，将一定时期某地区营业税收入与营业税税源数量的比值定义为营业税的实际综合税率，实际综合税率可以反映一定时期某地税务机关的征管努力程度。实际综合税率越高，反映征管过程中的相对努力程度越大。在我国，营业税与增值税是两个互为补充的税种，营业税主要在服务业中征收，考虑到现行税制对建筑业征收营业税，而对批发零售业则征收增值税，一定时期内营业税的税源数量可以用下式来进行测算：

$$\text{营业税税源数量}=\text{第三产业总值}+\text{建筑业生产总值}-\text{批发零售业总值} \tag{1}$$

则某地区营业税实际综合税率可以用下式计算：

$$\text{某地区实际综合税率}=\frac{\text{该地区营业税收入}}{\text{该地区营业税税源数量}}\times 100\% \tag{2}$$

问题的关键转变为如何对营业税税源数量进行估算，历年的《中国统计年鉴》中给出某些行业的总产值，而对另一些行业则给出其增加值。对《中国统计年鉴》中给出增加值的行业可以结合国家统计局编制的《投入产出表》中该行业的增值率，计算出该行业的总产值。

在我国《投入产出表》每5年编制1次，到目前为止，国家统计局已经编制了1987年、1992年、1997年、2002年、2007年这5张《投入产出表》，各省、自治区、直辖市（不含西藏）与国家同步编制了本地区《投入产出表》。《投入产出表》以矩阵的形式描述了国民经济各部门在一定时期（通常为一年）生产活动的投入来源和产出使用方向，揭示国民经济各部门之间相互依存、相互制约的数量关系。本书在研究中使用2007年《投入产出表》进行测算，2007年的《投入产出表》参照《国民经济行业分类》（GB/T4754－2002）标准，将国民经济共划分42个部门（国家统计局国民经济核算司，2009；国家统计局，2011），列示了这42个部门的投入产出关系，将某行业增加值转化为总产值的基本原理是根据投入产出表中的两个基本平衡关系。

$$总投入 = 中间投入 + 增加值 \tag{3}$$

$$总投入 = 总产出 \tag{4}$$

需要说明的是，由于一个行业的投入产出关系在一个较长的时期内往往保持相对稳定，因而在分析过程中假定所涉及的行业其投入产出关系保持不变。在本研究中假定2003～2010年间各行业投入产出关系保持不变，由式（3）、式（4）可知：

$$总产出 = 增加值 \div 增值率 \tag{5}$$

根据这一关系，可以从某一行业的增加值推算出其总产出。

对于不同行业而言，该行业的实际综合税率与理论税负之比反映了该行业营业税征收力度的大小，可以将这一比值定义为营业税行业征收力度指数。本研究采用这一指标对不同行业营业税的征收力度进行评价，该指数越大，反映该行业营业税的征收力度越大。其计算过程如下：

$$某行业实际综合税率 = \frac{该行业营业税收入}{该行业营业税税源数量} \times 100\% \tag{6}$$

$$某行业征收力度指数 = \frac{该行业实际综合税负}{理论税负} \times 100\% \tag{7}$$

三、实证结果

（一）2003～2010年全国营业税征收力度分析

根据式（1）、式（2）、式（5），可以计算出2003～2010年间营业税税源数量、实际综合税率。计算结果见表5－13。

表5－13　　2003～2010年营业税标准税源、综合税率

年份	第三产业增加值（亿元）	综合增值率	第三产业生产总值（亿元）	批发和零售业增加值（亿元）	增值率	批发和零售业总值（亿元）	建筑业总产值（亿元）	营业税税源数量（亿元）	营业税（亿元）	实际综合税率（%）
2003	56004.73	0.53	104719.05	11169.47	0.52	21290.07	23083.87	106512.84	2844.45	2.67
2004	64561.29	0.53	120718.33	12453.85	0.52	23738.22	29021.45	126001.57	3581.97	2.84
2005	74919.28	0.53	140085.95	13966.18	0.52	26620.86	34552.10	148017.19	4232.46	2.86
2006	88554.88	0.53	165582.16	16530.72	0.52	31509.13	41557.16	175630.18	5128.71	2.92

续表

年份	第三产业增加值（亿元）	综合增值率	第三产业生产总值（亿元）	批发和零售业增加值（亿元）	增值率	批发和零售业总值（亿元）	建筑业总产值（亿元）	营业税税源数量（亿元）	营业税（亿元）	实际综合税率（%）
2007	111351.95	0.53	208208.68	20937.84	0.52	39909.51	51043.71	219342.88	6582.17	3.00
2008	131339.99	0.53	245582.82	26182.34	0.52	49906.03	62036.81	257713.59	7626.39	2.96
2009	148038.04	0.53	276805.25	28984.47	0.52	55247.15	76807.74	298365.84	9013.98	3.02
2010	173087.01	0.53	323642.45	35746.08	0.52	68135.43	96031.13	351538.16	11157.91	3.17

数据来源：第2、5、8、10列数据源于《中国统计年鉴》；增值率源于《中国投入产出表（2007）》中“投入产出直接消耗系数（2007）”；第三产业综合增值率系根据第三产业综合增值率 = 第三产业增加值/第三产业总产值计算而得；某行业总产值系根据总产值 = 增加值/增值率计算而得；营业税标准税源 = 第三产业生产总值 - 批发和零售业总值 + 建筑业总值。

从表5-14可以看出，2003～2010年我国营业税的实际综合税率不断提升，综合税率由2.67%上升至3.17%，由于综合税率的高低反映了征收力度的变化，在本书中以实际综合税率作为征收力度的代理变量。为了计算营业税征收力度增长率，我们估计以下回归方程：

$$\ln TL = b_0 + b_1 t + \mu \tag{8}$$

其中，TL 表示综合税率，代表了在该年度营业税征管力度的大小，t 为时间，μ 为随机误差。由于 $b_1 = \frac{d(\ln TL)}{dt} = \frac{dTL/TL}{dt}$，因而 b_1 的大小反映了征管力度的年增长率（孙敬水，2006）。在此以表5-13的数据为基础，利用 Eviews 6.0 对上述回归方程进行了估计，表5-14列示了回归结果。

表5-14　　回归分析结果

解释变量	被解释变量：营业税征收力度（y）
常数	0.961（70.582，0.000）
时间	0.0195***（6.961，0.000）
R^2	0.890
Adj. R^2	0.871
D-W统计量	1.980
F统计量	48.452
F统计量的概率	0.000

注：括号内的数值分别为t统计量和双侧概率。* 表示在10%水平上显著，** 表示在5%水平上显著，*** 表示在1%水平上显著。

从表5－14可以看出，2003～2010年营业税的征收力度每年平均增长1.95%。接下来要分析的问题是营业税征收力度的提升为营业税的增加作出了多大的贡献？营业税作为一种流转税，在税制不发生根本变动的情况下，其能实现税收的多少主要取决于两个因素，一是税源数量因素；二是征管力度因素。采用和计算征收力度年增长率类似的方法，可以计算出2003～2010年营业税的年增长率为19.28%，营业税税源的增长率为17.32%。2003～2010年征收力度提升对营业税增长的贡献率可以用下式计算：

$$\text{征收力度对营业税增长的贡献率} = \frac{\text{征收力度年增长率}}{\text{营业税年增长率}} \times 100\% \qquad (9)$$

以式（9）为基础，可以计算出2003～2010年征收力度的提升对营业税增长的贡献率为：

$$\frac{1.95}{19.28} \times 100\% = 10.11\%$$

则营业税税源数量的增加对营业税增长的贡献率为1－12.64%＝89.83%，这表明2003～2010年营业税的增长主要源于税源数量的增长，其次才是税收征收力度的增加。

另外一个值得提及的现象是2003～2010年间，从表5－13可以发现每年营业税税源的数量都远高于当年第三产业增加值，营业税饱受诟病是因为营业税在多个环节征税，造成税上加税的税负累积效应（匡小平，等，2008），从而产生重复征税，违背了税不重征的基本原则，重复征税主要是对营业税税源超过第三产业增加值的部分征收了营业税，从我们估算的数据来看，营业税的税源数量大约是第三产业增加值的2倍左右。这意味着营业税中存在着极其严重的重复征税现象，每年的营业税收入中大约有50%源于营业税的重复征税。

（二）2003～2010年全国不同行业营业税征收力度分析

《中国税务年鉴》提供了交通运输、仓储和邮政业，房地产业，住宿和餐饮业，建筑业、金融业的营业税，表5－15、表5－16计算出了这5个行业2003～2010年总产值，可以将其作为这5个行业营业税税源数量的代理变量。根据式（6）、式（7）可以计算出2003～2010年这5个行业营业税的征收力度，2003～2010年交通运输、仓储和邮政业的征收力度见表5－17。

采用同样的方法可以计算出其他行业的2003～2010年营业税征收力度指数，篇幅所限，其计算过程不再逐一列示，其结果见图5－7。

从图5－7可以发现，5个行业的营业税征收力度存在极大差异，其营业税征收力度从大到小排列依次为：房地产业、金融业、建筑业、交通运输、仓储和邮政业、住宿和餐饮业。2003～2010年房地产业，金融业的征收力度指数均大于1，这表明这两个行业在营业税的实际税负高于理论税负，可能存在征收“过头税”的现象。进一步，房地产业，金融业这两个行业营业税的征收力度较大，根本原因在于房地产业、金融业这两个行业的税源数量易于监控和掌握；而住宿和餐饮业的营业税的征收力度较小，其原因可能在于住宿和餐饮业税源分散，直接面对众多消费者，税务部门往往采取以票控税的办法来管理税源，但许多消费者并无索取发票的动力，使得税务部门在住宿和餐饮业税源的监控上面临极大的困难。

表5-15　　2003～2010年交通运输、仓储和邮政业等行业总产值

年份	交通运输、仓储和邮政业			住宿和餐饮业			金融业		
	增加值（亿元）	增值率	总产值（亿元）	增加值（亿元）	增值率	总产值（亿元）	增加值（亿元）	增值率	总产值（亿元）
2003	7913.2	0.4947	15997.3	3126.1	0.5246	5958.6	4989.4	0.6895	7236.7
2004	9304.4	0.4947	18809.8	3664.8	0.5246	6985.5	5393.0	0.6895	7822.1
2005	10666.2	0.4947	21562.8	4195.7	0.5246	7997.4	6086.8	0.6895	8828.5
2006	12183.0	0.4947	24629.2	4792.6	0.5246	9135.1	8099.1	0.6895	11747.1
2007	14601.0	0.4947	29517.5	5548.1	0.5246	10575.2	12337.5	0.6895	17894.6
2008	16362.5	0.4947	33078.5	6616.1	0.5246	12610.9	14863.3	0.6895	21558.0
2009	16727.1	0.4947	33815.6	7118.2	0.5246	13567.9	17767.5	0.6895	25770.4
2010	18968.5	0.4947	38346.8	8068.5	0.5246	15379.3	20980.6	0.6895	30430.8

数据来源：第2、4、7列数据取自2004～2011年《中国统计年鉴》；第3、6、8列数据取自《中国投入产出表（2007）》中“投入产出直接消耗系数（2007）”；第4、7、10列数据系根据总产出＝增加值÷增值率计算而得。

表5-16　　2003～2010年房地产业、建筑业总产值

年份	房地产增加值（亿元）	增值率	总产值（亿元）	建筑业总产值（亿元）
2003	6172.68	0.6072	10165.82	23083.87
2004	7174.13	0.6072	11815.12	29021.45
2005	8516.43	0.6072	14025.77	34552.1
2006	10370.46	0.6072	17079.18	41557.16
2007	13809.75	0.6072	22743.37	51043.71
2008	14738.7	0.6072	24273.27	62036.81
2009	18654.88	0.6072	30722.85	76807.74
2010	22315.55	0.6072	36751.64	96031.13

数据来源：第2、5列数据取自2004～2011年《中国统计年鉴》；第3列数据取自《中国投入产出表（2007）》中“投入产出直接消耗系数（2007）”；第4列系根据总产值＝增加值/增值率计算而得。

表 5－17　2003～2010 年交通运输、仓储和邮政业征收力度指数

时间	税源数量（亿元）	营业税（亿元）	实际综合税率	理论税负	行业征收力度指数
2003	15997.3	272.85	1.71%	3%	0.57
2004	18809.8	358.24	1.90%	3%	0.63
2005	21562.8	414.42	1.92%	3%	0.64
2006	24629.2	479.53	1.95%	3%	0.65
2007	29517.5	552.76	1.87%	3%	0.62
2008	33078.5	686.71	2.08%	3%	0.69
2009	33815.6	668.86	1.98%	3%	0.66
2010	38346.8	799.32	2.08%	3%	0.69

数据来源：第 2 列数据源于表 2、表 3；第 3 列数据源于《中国统计年鉴（2004～2011）》；第 4 列＝第 3 列÷税源数量；第 6 列＝第 4 列÷第 5 列。

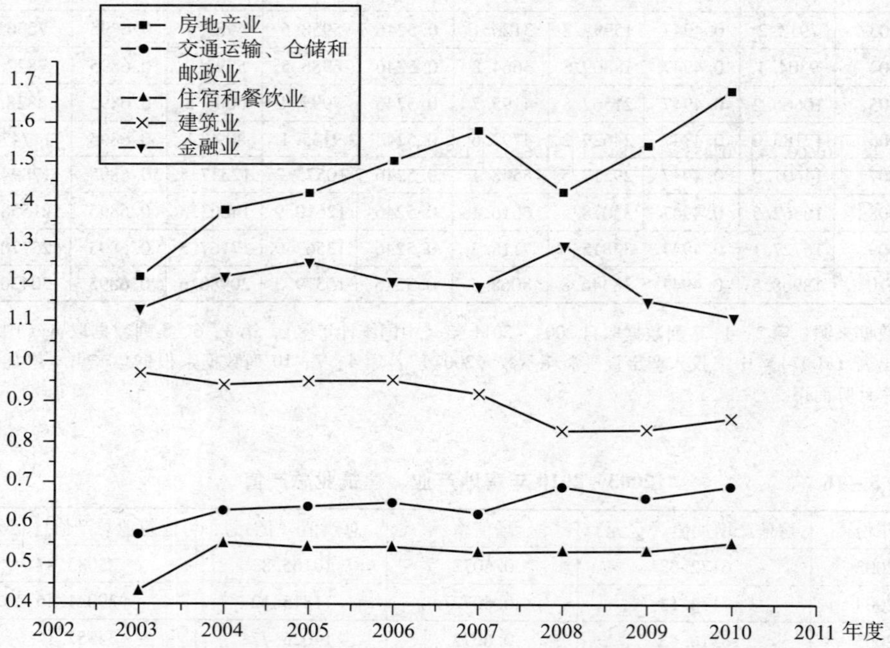

图 5－7　2003～2010 年不同行业营业税征收力度指数

（三）不同地区营业税征收力度分析

以 2010 年各省份相关数据为基础，对各地 2010 年各地营业税征收力度进行评估，由于西藏没有编制 2007 年《投入产出表》，本书的评价对象包括除西藏以外的 30 个省、直辖市、自治区。计算结果见表 5－18。

由于各地营业税综合税率的大小代表了各地营业税税收征管力度的大小，从表5－18中可以看到，2010年度营业税征收力度排名前5位的地区依次是海南、上海、新疆、云南、北京，排名后5位的依次是山东、湖北、福建、河南、辽宁。在关于征收力度的研究中，一些研究指出西部地区的征收力度高于东、中部地区，而东、中部地区差异不大。类似现象是否也存在于营业税的征收过程中，本书将对此进行检验。

表5－18　　　　2010年各省份营业税征收力度测算

地区	第三产业增加值（亿元）	综合增值率	第三产业总值（亿元）	建筑业总产值（亿元）	批发零售增加值（亿元）	增值率	批发零售总额（亿元）	标准税源（亿元）	营业税（亿元）	实际综合税负（%）
海　南	953.67	0.493	1932.87	199.48	220.65	0.752	293.23	1911.70	112.36	5.88
上　海	9833.51	0.453	21706.79	4300.19	2594.34	0.675	3840.67	23412.64	933.93	3.99
新　疆	1766.69	0.554	3189.16	963.72	276.28	0.699	395.53	3876.60	151.27	3.90
云　南	2892.31	0.537	5386.32	1510.96	685.38	0.710	965.76	6211.90	237.26	3.82
北　京	10600.84	0.455	23284.71	5196.02	1888.51	0.565	3345.03	26592.22	1000.78	3.76
宁　夏	702.45	0.552	1271.44	342.69	89.50	0.648	138.17	1524.63	56.24	3.69
重　庆	2881.08	0.571	5043.97	2534.36	624.33	0.685	911.98	6954.00	242.45	3.49
贵　州	2177.07	0.588	3704.42	622.96	367.52	0.630	583.50	3959.86	136.73	3.45
内蒙古	4209.02	0.606	6949.28	1125.58	1051.96	0.616	1706.53	7022.90	234.57	3.34
四　川	6030.41	0.529	11399.14	4163.07	1016.03	0.479	2121.88	14546.18	475.81	3.27
青　海	470.88	0.549	856.99	279.61	81.44	0.587	138.63	1055.16	34.44	3.26
陕　西	3688.93	0.579	6375.88	3063.61	856.65	0.712	1202.87	8582.84	265.94	3.10
广　西	3383.11	0.546	6192.94	1222.31	656.83	0.796	824.97	6758.42	207.44	3.07
天　津	4238.65	0.526	8054.32	2424.49	1090.68	0.705	1546.84	9388.13	283.88	3.02
安　徽	4193.68	0.541	7747.52	2864.96	887.66	0.736	1205.24	9724.82	291.93	3.00
山　西	3412.38	0.634	5380.18	2143.46	695.51	0.676	1029.21	6828.13	199.84	2.93
甘　肃	1536.50	0.607	2530.43	751.99	272.13	0.733	371.39	3010.29	86.84	2.88
江　苏	17131.45	0.600	28544.54	12405.92	4447.50	0.771	5769.15	36502.96	1023.92	2.81
江　西	3121.40	0.495	6308.71	1690.02	666.89	0.377	1767.74	7331.84	204.38	2.79
广　东	20711.55	0.592	34988.17	4715.46	4647.76	0.722	6440.69	35055.87	893.69	2.55
吉　林	3111.12	0.564	5519.51	1348.78	753.37	0.713	1056.37	6114.92	145.97	2.39
河　北	7123.77	0.521	13681.18	3231.46	1529.26	0.653	2343.35	15383.38	362.65	2.36
浙　江	12063.82	0.576	20937.17	12007.89	2646.14	0.713	3710.55	30298.92	662.66	2.19
黑龙江	3861.59	0.575	6717.11	1769.70	880.83	0.679	1297.89	7605.98	165.80	2.18
辽　宁	6849.37	0.571	11989.57	4690.31	1651.66	0.652	2531.84	15028.22	319.27	2.12

续表

地区	第三产业增加值（亿元）	综合增值率	第三产业总值（亿元）	建筑业总产值（亿元）	批发零售增加值（亿元）	增值率	批发零售总额（亿元）	标准税源（亿元）	营业税（亿元）	实际综合税负（%）
湖　南	6369.27	0.606	10510.87	3161.73	1434.68	0.767	1869.99	12237.92	256.80	2.10
河　南	6607.89	0.530	12468.71	4400.61	1293.50	0.646	2002.33	15575.82	319.35	2.05
福　建	5850.62	0.523	11188.06	2935.94	1310.94	0.801	1635.63	12813.06	246.49	1.92
湖　北	6053.37	0.592	10217.23	4345.20	1291.68	0.731	1768.05	13270.75	249.50	1.88
山　东	14343.14	0.538	26664.42	5496.59	4257.40	0.569	7483.58	27903.61	511.50	1.83

数据来源：第2、5、6、12列数据源自《中国统计年鉴（2011）》；第3、7列数据系根据《2007中国地区投入产出表》计算而得；第10列数据源自《中国税务年鉴（2011）》。

本书试图采用单因素方差分析来分析东、中、西部地区营业税征收力度是否存在显著差异，但遗憾的是在检验中发现不同地区营业税征收力度不满足方差相等这一单因素方差分析的前提条件，于是改用多独立样本非参数检验这一工具来对东、中、西部地区①营业税征收力度是否存在显著差异进行分析。在进行正式分析前，先对相关变量进行描述性统计分析，表5－19列示了分析结果。

表5－19　　　　描述性统计

变量	最小值	最大值	均值	标准差	变异系数	样本个数
税源数量（亿元）	1055.16	36502.96	12549.46	9958.88	0.79	30
营业税（亿元）	34.44	1023.92	343.79	279.96	0.81	30
综合税率（%）	1.83	5.88	2.97	0.85	0.29	30

表5－20　　　　秩

	组别	数量	平均秩
综合实际税率	东部	11	13.91
	中部	8	8.88
	西部	11	21.91
	合计	30	

① 本书仍按传统划分方法将中国划分为东部、中部和西部三大地区。其中，东部地区包括河北、北京、天津、广东、江苏、辽宁、山东、上海、浙江、福建、海南等11个省份；中部地区包括安徽、河南、黑龙江、吉林、湖北、湖南、江西、山西等8个省份；西部地区包括内蒙古、广西、贵州、云南、四川、重庆、西藏、宁夏、青海、甘肃、陕西、新疆等12个省份。

表 5－21　　K－W 检验结果

	综合实际税率
卡方统计量	10.720
自由度	2
相伴概率	0.005

表 5－22　　不同组别样本分布

		组别		
		东部	中部	西部
综合实际税率	>中位数	4	1	10
	≤中位数	7	7	1

表 5－23　　中位数检验结果

	综合实际税率
观察数	30
中位数	2.964
卡方统计量	12.682
自由度	2
相伴概率	0.002

从表 5－19 可以发现，税源数量、营业税收入及综合税率的变异系数均较高，尤其是营业税税源数量、营业税收入这两变量的变异系数达到 0.8 左右，这表明不同地区在税源数量、营业税收入及营业税综合税率上均存在显著差异，税源数量在 1055.16 亿～36502.96 亿元间变动；营业税收入在 34.44 亿～1023.92 亿元间变动；综合税率在 1.83%～5.88% 间变动，最高值与最低值间相差 4 个百分点。接下来采用多独立样本的 K－W 检验和中位数检验来分析东、中、西部地区营业税的征收力度是否存在显著差异？

多独立样本的 K－W 检验的目的是判断多个独立样本的分布是否存在显著差异，从表 5－20、表 5－21 可以发现，东、中、西部地区样本的平均秩分别为 13.91、8.88、21.91，平均秩相关很大，其相伴概率为 0.002，远小于显著性水平 0.01。因此可以认为东、中、西部地区的营业税实际税负存在显著差异。

多独立样本中位数检验的目的是判断多个独立总体的中位数有无显著差别。从表 5－22、表 5－23 可以看出，各省份营业税实际税负共同的中位数为

2.96%，东部地区中大于共同中位数的地区有4个，小于共同中位数的地区有7个；中部地区中大于共同中位数的地区有1个，小于共同中位数的地区有7个；西部地区中大于共同中位数的地区有10个，小于共同中位数的地区有1个。卡方统计量为12.68，相伴概率为0.002，小于显著性水平0.01，可以认为2010年东、中、西部地区营业税实际综合税负在中位数上存在显著差异。

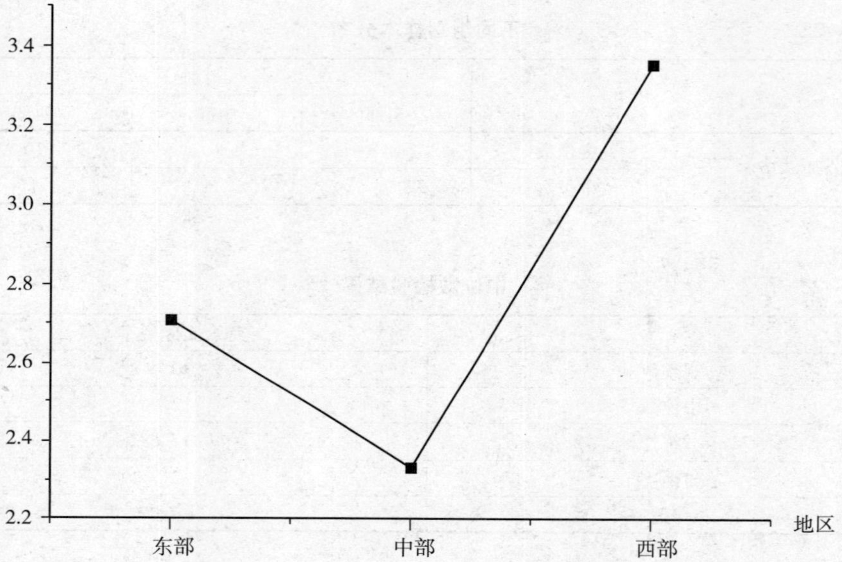

图5－8　东、中、部地区营业税综合税负

2010年东、中、西部地区营业税综合税负平均值的折线图见图5－8，结合多独立样本非参数检验结果可以得出以下结论，2010年西部地区营业税综合税负最高，东部地区次之，中部地区最低。国家税务总局2003年以企业税收调查资料为基础，采用同业税负模型对不同地区、不同行业增值税的征收力度进行了评价，亦得出了类似的结论（《微观税收分析指标体系及方法》编委会，2006）。造成这一现象的原因，可能与我国税收计划管理有关，税收计划的制定往往采取基数加增长的方式确定，西部地区与其他地区相比，其税源数量少，质量差，要完成税收计划，往往要比中、东部地区的税务机关付出更多的努力，于是西部地区往往呈现出更大的税收征收力度。

四、结论

采用科学的方法对不同时期、不同地区营业税的征收力度进行测算不仅具有重要的理论意义，而且对于相关政策的制定亦具有重要指导意义。本书以《中国统计年鉴》(2004~2011)、《中国税务年鉴》(2004~2011)、《中国投入产出表(2007)》及《2007中国地区投入产出表》中的相关数据为基础，对我国2003~2010年营业税的征收力度进行了定量测算。研究发现：(1) 2003~2010年我国营业税征收力度呈现逐年上升趋势，征收力度的年增长率为1.95%，征收力度的上升对营业税收入增长的贡献率为10.11%。(2) 不同行业营业税征收力度存在较大差异，营业税征收力度从大到小排列依次为：房地产业、金融业、建筑业、交通运输、仓储和邮政业、住宿和餐饮业。(3) 2010年不同省份营业税征收力度存在明显差异，具体地说，西部地区营业税征收力度最大，东部地区次之，中部地区最小。

未来的研究将沿以下方向进行：(1) 本书对不同地区、不同行业的营业税的征收力度进行了评估，下一个努力方向是寻找科学的方法对其他税种的征收力度进行评价。(2) 本书的研究表明2010年中国不同地区营业税征收力度存在极大差异，这是一个偶发现象，还是一个普遍现象，还有待于收集一个较长时间段的数据作进一步研究。

第四节　转移支付与地方税收征管效率

一、引言

在多级政府及财政分权框架下，政府纵向财政是非平衡的，地方政府为满足其财政支出需求，需要上级政府的大量转移支付（Eichengreen and Von Hagen, 1996）。上级政府为实现地方间公共服务的大致均等，通常根据地方的财力状况和供给均等化的公共服务的公共支出需要来核算给予地方的转移支付规模。在地方公共支出需要既定情况下，若地方能获取更多的转移支付，地方政府则可减少对辖区居民税收征收、降低辖区实际税负，以增进辖区居民满意和经济增长。虽然我国地方政府不具有如西方那样的独立税收立法权，但税制中丰富多样的税收优惠规定（刘蓉和颜小玲，2005）、税收征管中的信息不完全性（郭杰和李涛，2009），税务部门税收征管“松紧度”自由裁量权（马蔡琛，2009），地方仍具有通过税收征管而增减地方税收收入和实际税负的空间和条件。这样，转移支付的“粘蝇纸”效应，在地方税收征管上表现为转移支付对地方税收征管效率的负效应，这种税收征管中的“粘蝇纸”现象，在中国独特的行政和财政分权体制下表现可能更为明显。因此，研究转移支付对地方税收征管效率的影响，不仅有助于认识我国地方税务部门征管效率的变动逻辑，而且对于研究地方政府行为、优化转移支付制度都颇具参考价值和意义。

政府间转移支付对地方政府的收入努力的作用是刺激抑或替代，困扰研究者多年（World Bank，1992）。一方面，若中央政府对地方的转移支付规模庞大，而其分配却没有明确考虑地方的组织收入的效率，这将对地方征管收入努力产生替代效应；另一方面，为提供更多更好的公共服务，转移支付的增加可能促使地方政府增强收入征管的努力度，以组织更多收入与中央转移支付相配套（Manasan，1995）。Manasan（1995）以征收率、人均征税额来刻画税收征收效率，实证研究发现，在菲律宾不同层级地方（省、自治市）、不同时期，转移支付对税收征收效率的作用存在差异。Alfirman（2003）在考察印度尼西亚地方政府的税收潜力时得出，中央转移支付会引起地方税收征管无效率，用于地方发展项目的中央补助对地方税收征管效率的消极效应小于用于经济性支出的转移支付，由此，主张改变中央政府的转移支付方式。Lewis（2006）对印度尼西亚地方税收征管成本效率的评估分析发现，地方人均转移支付的增加将降低地方税收征管效率，地方将转移支付看作免费品（free goods），转移支付制度设计不能激励地方政府改进绩效。最近，Mattos 等（2011）对巴西自治市税收征管效率的实证分析表明，联邦转移支付增加将引起地方税收征管低效率，而居民收入对地方税收征管效率有正向作用，并认为这是对传统粘蝇纸效应的再解释。

近年，国内学者对税收征管及其效率问题进行了比较丰富的研究（钱淑萍，2000；应亚珍，等，2004；王德祥，等，2009；陈工，等，2009；杨得前，2010；李建军，2011），然而，目前尚未对转移支付对税收征管效率影响的研究，对税收征管效率的研究主要是将国地税系统作为整体进行分析，缺乏对地税系统进行专门的分析。与已有研究相比，其主要特色在于：其一，从转移支付角度研究税收征管效率，分析税收征管中的“粘蝇纸”效应；其二，主要研究地方税务系统的征管效率，在效率评价中运用多种非参数方法以增强效率评估分析的稳健性。

二、理论分析

设居民效用为其消费的私人品 X 和公共品 G 的函数 $U(X, G)$，地方政府收入来自地方税 T 和上级转移支付 S，故地方政府预算约束为 $T+S\geqslant G$，居民

的预算约束为 $I \geqslant X + g(T)$，其中，$g(T)$ 为用私人消费表示的地方税收的影子价格，假设地方税具有扭曲性（Hamilton，1986），则函数 $g(T)$ 有：$g(0)=0$，$g'(T)>1$；若 $T>0$，有 $g''(T)>0$①。假设居民效用函数 $U(X, G)$ 是严格拟凹的，将居民和政府预算约束代入效用函数，地方政府以最大化辖区居民的效用为目标：

$$\underset{T}{Max}U(I-g(T), T+S) \tag{1}$$

其一阶条件为：

$$-U_1 g'(T) + U_2 = 0 \tag{2}$$

转移支付的“粘蝇纸”效应使地方转移支付收入的边际公共支出大于辖区居民总收入的边际公共支出：$\frac{dG}{dS} > \frac{dG}{dI}$，同时有：$\frac{dG}{dS} = 1 + \frac{dT}{dS}$，$\frac{dG}{dI} = \frac{dT}{dI}$。

在一定的税制和可税资源（或税基）下，假定地方征得的税收收入 $T=\phi(\psi, R)$，ψ 为税收征管效率，R 为税收征管部门使用的用来征税的各种资源。有：

$$dT = \phi_\psi d\psi + \phi_R dR \tag{3}$$

这表明在地方不具有税收立法权、地方可税资源既定下，为实现地方税收收入的增长，提高征管效率 $\phi_\psi d\psi$ 或增加税收征管的投入 $\phi_R dR$ 是地方的两大选择。

基于式（2）和式（3）可得，转移支付收入 S 和居民收入 I 的税收征管效率效应分别为：

$$\frac{d\psi}{dS} = \frac{U_{12}g' - U_{22}}{[U_{11}(g')^2 - 2U_{12}g' + U_{22} - U_1 g'']\phi_\psi} \tag{4}$$

$$\frac{d\psi}{dI} = \frac{U_{11}g' - U_{12}}{[U_{11}(g')^2 - 2U_{12}g' + U_{22} - U_1 g'']\phi_\psi} \tag{5}$$

转移支付对税收征管效率的“粘蝇纸”效应为（Mattos 等，2011）：

$$\frac{d\psi}{dS} - \frac{d\psi}{dI} = \frac{(U_{12}g' - U_{22}) - (U_{11}g' - U_{12})}{[U_{11}(g')^2 - 2U_{12}g' + U_{22} - U_1 g'']\phi_\psi} \tag{6}$$

由于 $U_{11}(g')^2 - 2U_{12}g' + U_{22} - U_1 g'' = \Delta$ 为政府目标函数的二阶导数，小于0，对税收征管效率负的“粘蝇纸”效应意味着式（6）小于0，即 $(U_{12}g' - U_{22}) - (U_{11}g' - U_{12}) > 0$，同时因公共品为正常品 $\frac{dG}{dI} > 0$，则有 $U_{11}g' - U_{12} < 0$，因此税收征管效率的粘蝇纸效应的条件为：（ⅰ）$U_{12}g' - U_{22} > 0$，即式（4）小于0；或者（ⅱ）$U_{12}g' - U_{22} < 0$，且，$|U_{12}g' - U_{22}| < |U_{11}g' - U_{12}|$。

① 地方税收增加的超额负担是增长的，来自上级政府的转移支付被假定为非扭曲性。

三、实证模型设置及数据说明

（一）模型设置

基于我国地方税务局的税收征管的特征，并借鉴 Mattos 等（2011），Aizenman 和 Jinjarak（2008），李建军（2011）税收征管效率函数的设置，为研究税收征管效率的“粘蝇纸”效应，我们建立税收征管效率计量模型：

$$eff_{it} = c + \gamma \cdot subr_{it} + \alpha_1 W \times eff_{it} + \alpha_2 taxdec_{it} + \alpha_3 lpoptaxstaff_{it} + \alpha_4 empr_{it} + \alpha_5 city_{it} + \alpha_6 lpinc_{it} + \alpha_7 proad_{it} + \alpha_8 open_{it} + \alpha_9 aedu_{it} + \varepsilon_{it} \quad (7)$$

其中，下标 i，t 分别表示地区（省、自治区、直辖市）和年份，因变量 *eff* 为各地方税务机构税收征管效率评估得分；上级转移支付 *subr* 是本书最为关注的变量，用以验证“粘蝇纸”效应及转移支付对地方税收征管效率的影响（Mattos 等，2011）。

其他控制变量：地区间政府行为存在策略互动，政府效率具有空间相关及溢出效应（Revelli 和 Tovmo，2007；解垩，2007），地方税收征管效率也具有空间相关性（Arvate el al.，2007），为揭示我国地方税务局征管效率可能存在的溢出或替代效应，我们同样引入空间加权的各地方税务局税收征管效率 $W \times eff$，W 是空间权重矩阵，反映不同地区间的空间相互关系。*taxdec* 为以地方税务机关征收的税收收入与国地税组织收入之比表示的税收分权指标，税收分权程度越高意味着地方税务机关负责征收的税收越多，随着征收税收规模及范围的扩大，可能产生税收征管的规模经济效应，或拥挤与规模不经济。*lpoptaxstaf* 为地区人口与地税税务人员比，也即税务人员的人均管理范围，税务人员少、人均管理范围广，可以降低税收征管的人力成本，但也可能因管理范围的扩大，使征管能力下降，当税务人员太多，组织摩擦成本高，减少人员可提升征管效率，而当税务人员人数不过量时，减少人员则可能降低征管效率（李建军，2011）。为控制不同地区特征，模型中我们引入以下变量：就业率 *empr*，城镇化率 *city*，居民人均收入 *lpinc*，反映地区基础设施状的人均公路里程 *proad*，经济开放度 *open* 及地区教育水平 *aedu*。c 为截距项，ε_{it} 为随时间和个体变化的随机误差项。

（二）数据说明

计量模型（7）的因变量为各地方税务机关的税收征管效率，由于征税同样是个投入产出系统，投入税基、税务部门的人力物力等取得税收收入，投入和产出都比较明确，因此基于投入—产出思想的非参数（DEA 和 FDH）和参数（SFA）方法是税收征管效率评价的常用方法（Arvate，等，2007；Mattos，等，

2011；崔兴芳，等，2006；杨得前，2010；Lewis，2006；陈工，等，2009；王德祥和李建军，2009；李建军，2011）。由于非参数方法不需要明确的生产函数结构形式，在效率评估中更为常用。为增进研究结果的稳健性，本书也采用产出导向的基于规模报酬不变的 CCR 模型 DEA 法（Charnes，Cooper and Rhodes，1978）、基于规模报酬可变的 BCC 模型 DEA 法（Banker，Charnes and Cooper，1984）和自由处置壳法（free disposal hull，FDH）（Deprins，Simar and Tulkens，1984）三种非参数方法对地方税务机关税收征管效率进行核算。设有 n 个 DUM 有 j 种投入和 k 种产出，x_i 和 y_i 为第 i 个 DUM 投入和产出列向量，X、Y 分别为（$j \times n$）和（$k \times n$）阶的投入、产出矩阵，则 CCR 模型、BCC 模型和 FDH 模型的线性规划式分别为：

$$F_i(x,\ y \mid CRS) = Max_{\theta,\lambda}\theta$$
$$s.t.\ -y_i + Y\lambda \geqslant 0,\ \theta x_i - X\lambda \geqslant 0,\ \lambda \geqslant 0 \tag{8}$$
$$F_i\ (x,\ y \mid VRS)\ = Max_{\theta,\lambda}\theta$$
$$s.t.\ -y_i + Y\lambda \geqslant 0,\ \theta x_i - X\lambda \geqslant 0,\ N'\lambda = 1,\ \lambda \geqslant 0 \tag{9}$$
$$F_i(x,\ y \mid FDH) = Max_{\theta,\lambda}\theta$$
$$s.t.\ -y_i + Y\lambda \geqslant 0,\ \theta x_i - X\lambda \geqslant 0,\ N'\lambda = 1,\ \lambda \in \{0,\ 1\} \tag{10}$$

其中，θ 为满足 $\theta \geqslant 1$ 的标量，是决策单位 DUM 的技术效率，若 $\theta > 1$，决策单元没有达到效率前沿边界，意味着低效率；若 $\theta = 1$，则该决策单位处于效率前沿。λ 为（$n \times 1$）阶常数向量，是计算低效率 DUM 位置的权重，利用该权重将低效率的 DUM 映射到生产前沿上。N' 是 n 维单位向量，BCC 模式较 CCR 模式施加了凸性限制 $N'\lambda = 1$，代表可变规模报酬。与 DEA 模式不同，FDH 模型加入 $\lambda \in \{0,\ 1\}$，λ 取 0 或 1，放弃技术凸性假设而坚持规模报酬可变，FDH 假设效率仅受实际观测绩效值的影响，其参考对象为自然形成的 DUM，无效率 DUM 的投影点亦为实际的 DUM 而非经线性规划构建的假设性 DUM。在地方税务机关征管效率评估中，基于地税机关税收征管的特点，我们以各地地方税务机关组织税收收入为产出变量，以第三产业减去其中批发零售业增加值再加上第二产业中建筑业的增加值（亿元）①、企业营业盈余（亿元）、劳动者报酬（亿元）、税务机构人员数（人）四个指标为投入变量，分别使用 CCR - DEA、BCC - DEA 和 FDH 三种非参数方法进行效率测算，效率得分见图 5 - 9、图 5 - 10 、图 5 - 11。

① 主要用来近似刻画营业税税基。

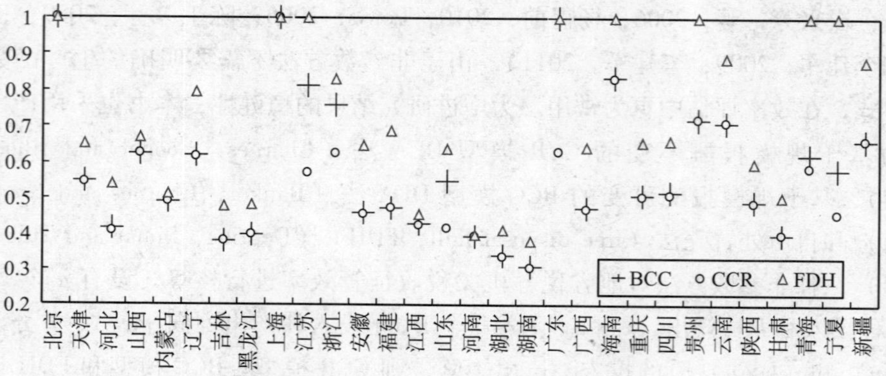

图 5-9　1997 年地税征管效率 CCR-DEA、BCC-DEA 和 FDH 法评估得分

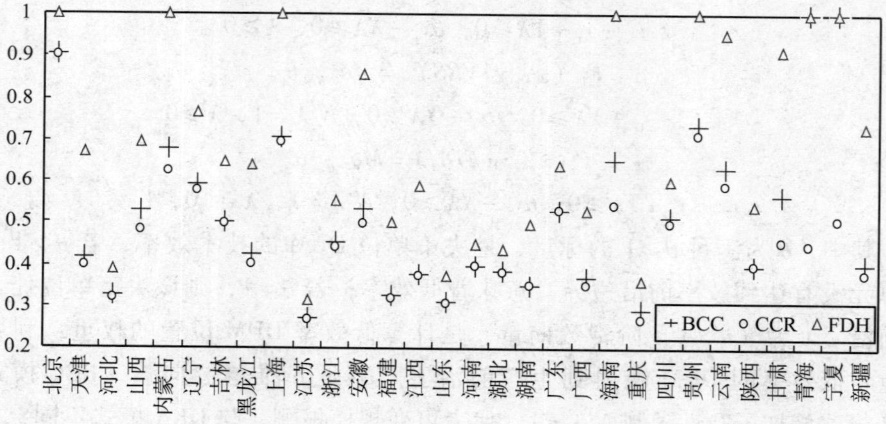

图 5-10　2009 年地税征管效率 CCR-DEA、BCC-DEA 和 FDH 法评估得分

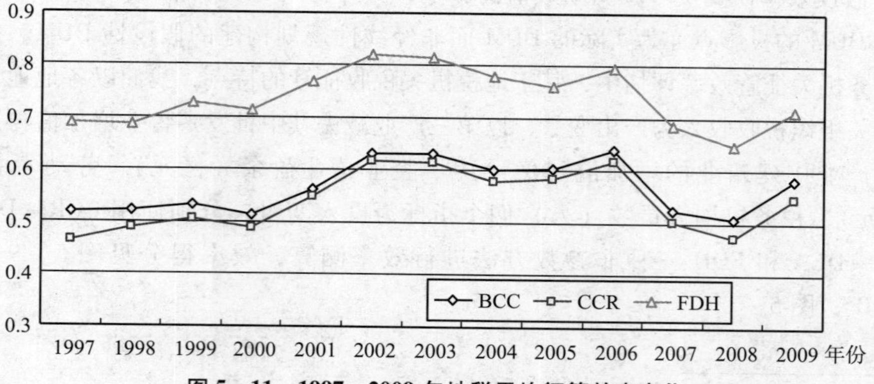

图 5-11　1997~2009 年地税平均征管效率变化

本书最为关注的转移支付变量 *subr* 以各省区中央补助收入与预算内外收入之比来表示；税收分权 *taxdec* 指标以地方税务机关征收的税收收入与国地税组织收入之比来刻画；*lpoptaxstaf* 为地区人口与地税税务人员比率，并取自然对数；就业率 *empr* 为城乡就业人口占总人口的比例（%）；城镇化率 *city* 是城镇就业人数占城乡就业人数的比例（%）；居民人均收入 *lpinc*，为城镇居民人均可支配收入与农民人均纯收入按城乡人口加权平均，并取自然对数；*proad* 为每万人公路里程数；*open* 为贸易开放度，也即进出口总额与 GDP 之比；人均受教育年限 *aedu*，按照国内通常的教育年限取值方式，不识字或识字很少、小学文化、初中文化、高中文化、大专以上的教育年限分别设定为 0、6、9、12 和 16（吕炜和刘国辉，2010）。各地方税务局税收征管效率空间加权变量 $W\times eff$，W 空间权重矩阵是一个方块对角矩阵，矩阵中元素 w_{ij} 表示第 i 省份与第 j 省区的空间相互关系，权重矩阵可表示为：

$$W=\begin{bmatrix} 0 & w_{ij} & \cdots & w_{ik} \\ w_{ji} & 0 & \cdots & \cdots \\ \cdots & \cdots & 0 & w_{jk} \\ w_{ki} & \cdots & w_{kj} & 0 \end{bmatrix}$$

其中，$\begin{cases} w_{ij}=\dfrac{1}{|\,i\text{ 与 }j\text{ 两省会城市间最近公路里程}\,|} & \text{若 } i\neq j \\ w_{ij}=0 & \text{若 } i=j \end{cases}$

由于共有 30 个样本地区，因而权重矩阵为 30 行 ×30 列的方阵。本书采用常用的公路里程权重矩阵，以两省会城市之间的公路客运最近里程的倒数为权重，来对各省之间的“相邻”程度进行赋值。应该注意的是，按照空间计量经济学的原理，在实际使用过程中，首先对加权矩阵 W 行进行标准化处理，使权重矩阵 W 所有行元素之和等于 1，然后与被加权的地税征管效率评估值相乘，计算出加权变量。

本书研究使用的是 1997 ~2009 年中国 30 个省、自治区、直辖市数据，不含西藏和港、澳、台地区，地税、国税组织税收收入及工作人员数，主要来自《中国税务年鉴》相关各期，2008 年和 2009 年各地区地税局人员数，因《中国税务年鉴》无报告，通过插值法补充。各地中央补助收入、预算外收入数据来自《中国财政年鉴》相关各期，省会城市间公路最近里程数据源自于谷歌地图网（http：//ditu. google. com. hk），其他原始数据主要来自《中国统计年鉴》相关各期。

四、回归结果分析

（一）Tobit 模型回归分析

由于非参数效率评估的效率得分都在 0 和 1 之间，任何一个地方税收征管效率值不可能超过 1。若要分析的因变量某个区间数据被截断（trancated）或被归并（censored）到某一点，那么 OLS 估计结果将是有偏且不一致的，此时遵循极大似然法概念的 Tobit 模型是估计回归系数的一个较好选择。这里，我们首先用 Tobit 方法进行回归，估计结果见表 5－24。

从表 5－24 看，本书主要关注的是转移支付变量 *subr*，当因变量为 CCR 和 BCC 模式效率值时变量系数分别在 5% 和 1% 的水平上显著，当因变量为 FDH 效率值时没有通过检验，但回归系数都为负。这表明转移支付对地方税务机构税收征管效率有负效应，意味着税收征管的“粘蝇纸”效应的存在，地方财政收入中转移支付比重的提高，将激励地方税务机关降低税收征管效率，其内在逻辑在于，在地方财政需要不变情况下，上级转移支付收入增加，为满足财政支出需要地方所须征收的税收收入相应减少，地方出于培育经济、促进增长及降低居民税收负担、提高居民满意度，则可能降低税收征管努力度，从而引起税收征管效率的下降。①

就其他控制变量来说，加权征管效率 $W \times eff$ 的系数为正，除 FDH 效率模型中没有通过检验外，在两 DEA 效率模型中都显著，表明地方税务机关征管效率存在空间溢出效应，税收征管相关知识和技能具有共通性，地区间税务系统之间的交流抑或竞争有助于地方税收征管效率的改善。税收分权 *taxdec* 系数在三模型中都显著为正，意味着税收分权的提高，地方税务机关征管责任范围的扩大有助于征管效率提升，税收征管效率存在一定程度的规模经济。人口税务人员比 *lpop-taxstaf* 系数都为正，在 DEA 两效率模型中都显著，一定程度说明地方税务系统存在人员过多问题，减少地税机关税务人员数、扩大税务人员人均管辖范围，有助于征管效率提升。经济开放 *open* 系数显著为正，意味着经济开放度提升将提高地税征管效率。另外，就业率 *empr*，城镇化率 *city* 及地区教育水平 *aedu* 系数都为正，但并未在三模型中都通过检验。居民人均收入 *lpinc* 和人均公路里程 *pro-ad* 的回归系数符号不一致，不能得出确实的判断。

---

① Dougan 和 Kenyon（1988）认为，地方利益群体从转移支付中受益可能减少游说努力，地方当局则降低税收征管努力。

表 5-24　　**Tobit 回归结果**

	CCR-DEA 效率值	BCC-DEA 效率值	FDH 效率值
常数项	-1.11015*** (-3.16)	-2.26004*** (5.58)	-0.81698 (1.26)
加权征管效率 W×eff	0.91259* (1.83)	0.22867* (1.84)	0.16020 (0.88)
中央转移支付比 subr	-0.05469** (-2.46)	-0.13857*** (-5.45)	-0.05255 (-1.24)
税收分权 taxdec	1.24458*** (12.41)	1.23313*** (11.14)	1.57587*** (8.79)
就业率 empr	0.00083 (0.87)	0.00204** (1.97)	0.00204 (1.21)
城镇化 city	0.00096 (0.92)	0.00207* (1.77)	0.00497*** (2.71)
L 居民收入 lpinc	0.01463 (0.49)	0.05784* (1.69)	-0.13613*** (-2.61)
L 人口税务人员比 lpoptaxstaff	0.07089* (1.79)	0.17841*** (3.93)	0.11030 (1.46)
人均公路里程 proad	0.00007 (0.09)	-0.00031 (-0.35)	0.00022 (0.15)
贸易开放度 open	0.22602*** (5.35)	0.18769*** (3.88)	0.31739*** (3.75)
教育水平 aedu	0.03548** (1.97)	0.02423 (1.17)	0.10801*** (3.33)
样本数	390	390	390
Log likelihood	339.89	273.72	66.493
rho	0.7576	0.8239	0.83603

注：( ) 内为 Z 值；*、**、*** 分别表示 10%、5% 和 1% 的置信度上显著。

（二）稳健性讨论

由于中央给予地方的转移支付规模，主要是取决于财政缺口，当地方自身财政收入与其财政支出需要之间差距拉大时，中央出于平衡地方财力、均等公共品供给和经济发展等考虑，往往会增加地方转移支付，因此，地方便有动因降低税收征管努力、从地方自有税源中征收较少的税收，来获得更多的转移支付。这使得转移支付实际上会受地方税收征管效率的影响，转移支付 *subr* 并非严格外生的，两者间存在双向因果关系。另外，解释变量中还包含空间滞后变量 $W \times eff$，它与被解释变量为同时决定（simultaneity）的，这样解释变量 *W*×*eff* 便具有内生性。因此，用 Tobit 回归就可能会存在内生性偏误问题。Simar 和 Wilson（2007）指出，非参数相对效率得分的取值范围不过是人为限制的结果，也即效率得分可以是介于 0～1 之间，也可以将其转换成介于 0 和其他任意正的实数间。故而，其他估计方法在检验效率影响因素时同样是适用的（Hauner and kyobe，2008）。为解决可能存在的内生性问题，本书使用 Arellano 和 Bond（1991）提出的差分广义矩估计方法（difference GMM）①，估计结果见表 5－25。

由表 5－25 可知，中央转移支付比 *subr* 在三列回归结果中符号仍显著为负，与表 5－24 中 Tobit 回归结果相比，其系数绝对值增大，这表明在没有考虑内生性问题时，会低估转移支付对税收征管效率的消极作用。居民人均收入 *lpinc* 系数为正并在第 1 和 2 列显著，也即居民收入增加将提高税收征管效率，这与前文模型基本一致。加权税收征管效率 *W*×*eff* 系数在三列回归结果中系数皆为正，且与表 5－24 回归结果相比，因变量为 FDH 效率的回归结果也通过显著性检验，说明地区间地方税务局税收征管效率的正向策略互动及溢出效应具有稳健性。与 Tobit 回归结果相一致，税收分权变量 *taxdec*、人口税务人员比 *lpoptaxstaf* 对地方税收征管效率有显著正向作用；与表 5－24Totib 模型结果不同，人均公路里程 *proad* 回归系数都显著为正，说明交通等基础设施的发达有助于税收征管效率的提升。其他变量在回归结果并得出稳健一致的结论。

表 5－25　　　　广义矩估计结果

	CCR－DEA 效率值	BCC－DEA 效率值	FDH 效率值
加权征管效率 W×eff	0.85947*** (2.89)	1.12208*** (3.29)	0.75875** (2.30)
中央转移支付比 subr	－0.24437** (－2.42)	－0.39625*** (－2.75)	－0.24050** (－1.98)
税收分权 taxdec	1.20514*** (6.79)	1.12548*** (6.78)	1.01306*** (5.89)
就业率 empr	0.00118 (1.44)	0.001817* (1.90)	0.00005 (0.04)

① 与差分广义矩相比，系统广义矩虽然可以提高估计的效率，但是增加了一条新的假设，即工具变量的一阶差分与固定效应不相关。此外，系统广义矩估计也需要更多的工具变量，因此更适合大样本数据。由于我们的样本相对较小，故本书采用差分广义矩估计法。一步 GMM 估计是一个一致估计，但并非有效；一步估计标准误比二步更可靠，Windmeijer（2000）对二步估计的渐进标准误进行了有限样本的修正，本书使用二步差分广义矩估计法。

续表

	CCR－DEA 效率值	BCC－DEA 效率值	FDH 效率值
城镇化 city	－0.00145 （－1.10）	－0.00227 （－1.51）	－0.00211 （－1.44）
L 居民收入 lpinc	0.09948 *** （2.78）	0.13140 *** （3.08）	0.08755 （1.18）
L 人口税务人员比 lpoptaxstaff	0.25165 ** （2.47）	0.12697 *** （2.32）	0.28594 * （1.74）
人均公路里程 proad	0.00222 * （1.73）	0.00273 * （1.77）	0.00320 * （1.96）
贸易开放度 open	0.10648 ** （2.23）	0.04643 （0.58）	－0.45892 （－0.48）
教育水平 aedu	0.01240 （0.68）	0.04975 ** （2.09）	0.01839 （0.77）
样本数	330	330	330
AR（2）检验：p 值	0.107	0.235	0.127
Hansen 检验：Chi2 值	1.74	0.77	0.11
Wald chi2	396.10 ***	201.69 ***	165.35 ***

注：1.（）内为 Z 值；*、**、*** 分别表示 10%、5% 和 1% 的置信度上显著；2. 内生变量 W×eff 和 taxdec 的工具变量使用其滞后两期到三期变量，人口税务人员比 lpoptaxstaff 的工具变量为其滞后一期。

五、结论与政策建议

转移支付是实现政府间纵向财力平衡和横向财力均衡的重要工具，经典的“粘蝇纸”效应理论认为，为购买公共服务，地方政府对辖区居民收入（本地税源）和上级转移支付有不同的偏好，相对而言，地方政府转移支付收入有更高的支出倾向；这在税收征管上表现为，转移支付对地方政府税收征管努力和效率的负激励。在我国特定的税收分权制度下，地方虽不具有独立的税收立法权，但事实上地方在税收征管上仍有很大的自主性和空间，本书在对地方税务机关税收征管效率评估的基础上，实证分析了转移支付对地方税收机关税收征管效率的影响的“粘蝇纸”效应，结论如下：

（一）使用三种非参数效率评估方法对地方税务系统税收征管效率评估发现，样本期间地方税收征管效率经历了一个从平稳上升到下调、再转向上升的波浪式上升态势，但上升幅度很小，地方税务机关税收征管效率整体仍较低，还有 30%～45% 的提升空间。

（二）转移支付对地方税务机关税收征管效率具有显著的负效应，地方税收征管行为呈现出“粘蝇纸”效应，这表明在地方财政支出需要不变情况下，中央转移支付的增加，地方出于培育经济、促进增长及降低居民税收负担、提高居民满意度，降低税收征管努力度和征管效率便是其现实选择。因此，为贯彻税收法定原则、均等地区间实际税负以及提升地方税务系统征管效率，应在完善中央与地方事权税权划分基础上，优化转移支付制度，依据实际税源和标准、税收征管效率及征管强度来确定地方财政能力，并结合公共服务均等供给的财政支出需要，来确定各地转移支付额度，使转移支付与地方税收征管激励相容。

（三）实证分析表明，地区间地方税务征管效率存在着策略互动及空间溢出效应；地方税务系统负责征收更多的税收及税收分权度的提升，有助于征管效率提升，这意味着税收征管存在规模经济，从税收征管效率提高出发，应实现国地税系统的合并；提高辖区居民收入，适度减少税务人员数、扩大税务人员人均管辖范围将会提高税收征管效率；地方道路等基础设施的发展便利也有利于税收征管效率的改善。

第六章　总结与展望

第一节　全书总结

税收征管效率的量化评估方法是税收领域中一个新颖又充满挑战性，同时具有高度的科学意义与广泛应用前景的课题。尽管在对税收征管效率的量化评价上，学者们已取得了一些有价值的成果，但总体来看，还远没有形成完备的理论框架和研究方法体系。本书力图借鉴主流研究方法，综合运用现代管理学、财政学、计量经济学、新制度经济学的理论与方法对税收征管效率进行系统研究，旨在构建税收征管效率量化评价的方法体系，为税收征管效率的量化评价提供方法论基础，阐明相关因素与税收征管效率之间的关系及作用机理，为提高税收征管效率提供新思路与理论依据。本书主要对以下问题进行了探讨。

1. 税收整体征管效率的量化评价方法体系研究。在实践中，《税收征管质量考核办法》（国税发〔2003〕50 号）将登记率、申报率、入库率、滞纳金加收率、欠税增减率和处罚率等指标作为检验和考核税收征管工作质量与效率的指标。但过于简单的方法虽易于实施，但其结论的科学性有待商榷。本书在将税收征管视为一投入产出过程的基础上，将参数方法（税收生产函数、随机前沿）和非参数方法引入税收征管效率评价中，并成功地对中国税收征管效率进行了实证研究。

2. 单个税种征管效率的量化评价方法。在实证研究中，对单个税种征管效率的量化评价尤为匮乏，本书采用非参数和参数方法分别对增值税、营业税、企业所得税、个人所得税的征管效率进行了量化评价。

3. 构建了税收征管力度的量化评价方法。征管力度是影响税收征管效率的一个重要因素，将效能位差模型、非参数检验、多元回归等方法引入税收征管力度评价中，并对中国税收征管力度进行了实证研究。

4. 阐明了税收征管效率变化的成因及其与相关因素之间的关系。研究表明：(1) 分税制改革以来，我国税收征管效率呈上升趋势，但仍有较大提升空间，税收征管效率的提升是推动中国税收超 GDP 增长的重要成因。税收征管效率的提高主要源于征管中新技术的采用，而不是组织管理水平的提高。(2) 减少税务人员数、提高女性税务人员及 35 ~ 45 岁工作人员比重、良好的基础设施、贸易开放等有助于税收征管效率提高。

第二节 未来研究的展望

税收征管效率的量化评价是税收研究领域中一个极富挑战性的研究主题，基于时间、精力及本人学术水平的限制，尚有许多问题有待在后续研究中进行进一步研究。

1. 税收征管效率与官员行为、税制等因素之间的关系有待进一步研究。由于种种条件的限制，本研究中只分析了税收征管效率与经济发展、税收分权、城镇化水、贸易开放度、信息化等因素的关系及其作用机理，许多相关问题尚待进一步深入研究。首先，税制无疑是影响征管效率的一个重要因素，但本书并没有对税收与征管效率之间的量化关系进行系统研究，跳出一国（地区）范围内，在采用科学方法对不同国家（地区）税制的主要特点进行量化评价的基础上，分析税收征管效率与税制之间的关系是未来研究的一个重要方向。其次，在本书的部分章节中，基于数据的可获得性，采用营业盈余占 GDP 的比重作为税源质量的替代变量，这仍具有极大的局限性，在未来的研究中将从更广泛的途径搜集更充分、完整数据，以期更深刻地揭示其与税收征管效率之间的量化关系。

2. 税收征管效率的空间依赖及其与官员行为之间的关系。税务机关是实施税法的主要机构，其能否获得充分的激励直接关系到税收征管效率的高低。第二代财政分权理论将地方政府激励与经济转型、经济增长联系起来（张军、周黎安，2008），并进一步指出官员既是“经济参与人”，他们与其他经济主体一样关注经济利益，另一方面，他们也是“政治参与人”，他们关注政治晋升和政治收益。周黎安（2007）认为中国改革开放以来经济的高速增长和面临的一系列问题均与中国官员的政治晋升锦标赛密不可分。类似的情景在税务官员的治理中是否存在，其会对税收征管效率产生怎样的影响均有待于进一步的实证研究。其次，在研究不同地区的税收征管效率时，我们往往将不同地区视为独立的单元，没有考虑不同地区之间可能存在的空间依赖，但如果地区间存在外溢效应的情况下，一个地区税收征管效率与征收力度的变化，极有可能对其他地区的税收征管效率、征收力度产生显著影响。这个问题的回答有待于利用空间经济学等理论与方法进行实证研究。

参考文献

[1] 国家统计局 .2007 中国地区投入产出表 [M]. 北京：中国统计出版社，2011.

[2] 国家统计局国民经济核算司 .2007 年中国投入产出表 [M]. 北京：中国统计出版社，2009.

[3] 金人庆 . 中国当代税收要论 [M]. 北京：人民出版社，2002.

[4] 匡小平 . 财政学 [M]. 北京：清华大学出版社，2008.

[5] 梁季 . 中国税收收入能力估测及其应用研究 [M]. 北京：经济科学出版社，2007.

[6] 青木昌彦 . 比较制度分析 [M]. 周黎安译 . 上海：上海远东出版社，2001.

[7]《税源监控管理及其数据应用分析》编委会 . 税源监控管理及其数据应用分析 [M]. 北京：中国税务出版社，2005.

[8]《微观税收分析指标体系及方法》编委会 . 微观税收分析指标体系及方法 [M]. 北京：中国税务出版社，2006.

[9] 孙敬水 . 计量经济学教程 [M]. 北京：清华大学出版社，2006.

[10] 锡德里克·桑福德 . 成功税制改革的经验与问题（第 1 卷）[M]. 北京：中国人民大学出版社，2001.

[11] 佘建英，何旭宏 . 数据统计分析与 SPSS 应用 [M]. 北京：人民邮电出版社，2004.

[12] 张军，周黎安 . 为增长而竞争：中国增长的政治经济学 [M]. 上海：上海人民出版社，2008.

[13] 张晓峒 . Eviews 使用指南与案例 [M]. 北京：机械工业出版社，2007.

［14］中国注册会计师协会．税法［M］．北京：经济科学出版社，2012.

［15］崔兴芳，樊勇，吕冰洋．税收征管效率提高测算及对税收增长的影响［J］．税务研究，2006（4）：7－11.

［16］陈工，陈习定，何玲玲．基于随机前沿的中国地方税收征管效率分析［J］．税务研究，2009（6）：82－85.

［17］陈刚，李树．中国地方政府的社会性支出：效率及其决定因素［J］．南方经济，2010（10）：3－16.

［18］陈文东．论个人所得税征管模式的转变［J］．中央财经大学学报，2010（8）：12－17.

［19］樊勇．增值税抵扣制度对行业增值税税负影响的实证研究［J］．财贸经济，2012（1）：34－41.

［20］高培勇．中国税收持续高增长之谜［J］．经济研究．2006（12）：13－23.

［21］高培勇．迈出走向综合与分类相结合个人所得税制度的脚步［J］．中国财政，2009（6）：40－41.

［22］国家税务总局．金税工程增值税征管信息系统［J］．中国科技奖励，2008（10）：48－49.

［23］郭军华，李帮义．区域农业生产要素生产率测算及其收敛分析［J］．系统工程，2009（12）：31－37.

［24］郭庆旺，吕冰洋．分税制改革与税收快速增长：基于分权契约框架的分析［J］．税务研究，2006（8）：10－14.

［25］嵇成刚，李小芳．税收、税收效率及其影响因素的逻辑体系［J］财经界，2008（3）：97－98.

［26］贾康，刘尚希，吴晓娟，等．怎样看待税收的增长和减税的主张［J］．管理世界，2002（7）：24－30.

［27］贾康，梁季．我国个人所得税改革问题研究［J］．经济学动态，2010（3）：2－13.

［28］科埃利，拉奥，奥唐奈，等．效率与生产率引论［M］．王忠玉译，北京：人民出版社，2008.

［29］靳万军．政府绩效管理与金税工程绩效［J］．税务研究，2005（7）：24－32.

［30］李建军．税收征管效率评估分析：1997～2007［J］．中国经济问题，2011（3）：90－99.

[31] 李建军，等. 我国税收征管效率实证分析——基于修正的三阶段 DEA 方法 [J]. 税务与经济，2012 (1)：85 – 91.

[32] 李建军. 我国国税机关税收征管效率及其影响因素 [J]. 财经论丛，2012 (4) .

[33] 李建军，谢欣. 我国营业税征管效率测度分析 [J]. 广东商学院学报，2012 (1)：14 – 22.

[34] 林颖. 基于 Theil 指数的中国区域间税负差异分析 [J]. 湖北经济学院学报，2010，52 (9)：79 – 84.

[35] 牛其林. 我国增值税税负区域性分布特征研究 [J]. 税收经济研究，2011 (3)：46 – 52.

[36] 刘兴凯. 中国服务业全要素生产率阶段性及区域性变动特点分析——基于 1978 – 2007 年省际面板数据的研究 [J]. 当代财经，2009 (12)：80 – 87.

[37] 李涛. 征税成本应降下来 [N]. 中国税务报，2004 – 3 – 8.

[38] 李亚民. 提高税收征管效率的思考 [J]. 中国税务，2011 (5)：24 – 26.

[39] 刘穷志，卢盛峰，陈思霞. 税权分配与税收征管效率——基于中国省际面板数据的实证分析 [J]. 经济评论，2009 (5)：60 – 67.

[40] 卢欢. 税制对税收征管效率的影响评析 [J]. 财经界，2008 (2)：108 – 109.

[41] 马蔡琛. 中国政府预算超收资金的形成机理与治理对策 [J]. 财贸经济，2009 (4)：18 – 22.

[42] 潘孝珍. 我国个人所得税征管效率的评价与改进 [J]. 税收经济研究，2011 (2)：60 – 64.

[43] 钱淑萍. 论税收征收成本与行政效率 [J]. 当代财经，2000 (3)：31 – 34.

[44] 秦劲松，肖加元. 我国地方税税负差异测试及其影响因素实证研究 [J]. 中央财经大学学报，2011 (5)：6 – 11.

[45] 孙静. 基于 DEA 方法的税收征收效率研究—以湖北省国税系统为例 [J]. 中南财经政法大学学报，2008 (3)：72 – 76.

[46] 孙巍，张屹山. 工业经济增长方式转变的区域性特征 [J]. 中国软科学，2002 (10)：98 – 102.

[47] 汤玉刚，苑程浩. 不完全税权、政府竞争与税收增长 [J]. 经济学(季刊)，2010，10 (1)：33 – 50.

[48] 王德祥，李建军．我国税收征管效率及其影响因素——基于随机前沿分析（SFA）技术的实证研究［J］．数量经济技术经济研究，2009（4）：152－160.

[49] 吴俊培．税收征管制度的效率分析［J］．涉外税务，1994（9）：8－9.

[50] 谢滨．税收征管效率评估——基于随机前沿模型研究［J］．税务研究，2007（11）：68－70.

[51] 谢旭人．税收增长为何高于GDP增长［J］．中国新闻周刊，2006（4）：13.

[52] 杨得前．中国税收征管效率的定量测算与分析［J］．税务研究，2008（11）：67－70.

[53] 杨得前．基于DEA方法的我国税收征管效率研究［J］．税务与经济，2010（3）：77－81.

[54] 杨得前．我国税收征管效率的动态评价：1997～2007——基于Malmquist指数的分析方法［J］．当代财经，2010（8）：20－25.

[55] 吕冰洋．政府间税收分权的配置选择和财政影响［J］．经济研究，2009（6）：16－27.

[56] 吕冰洋，李峰．中国税收超GDP增长之谜的实证解释［J］．财贸经济，2007（3）：29－36.

[57] 吕炜，刘国辉．中国教育均等化若干影响因素研究［J］．数量经济技术经济究，2010（5）：20－32.

[58] 张伦俊，李淑萍．规模以上工业企业的行业税负研究［J］．统计研究，2012（2）：66－72.

[59] 张炜，吴杰．企业所得税征管基本问题分析［J］．税务研究，2009（12）：90－91.

[60] 张景晨．经济增长方式转变的判据［J］．数量经济技术经济研究，1998（12）：27－30.

[61] 周黎安．中国地方官员的晋升锦标赛模式研究［J］．经济研究，2007（7）：36－50.

[62] 周林洁，马化祥．企业所得税负担的经济地区分布［J］．财政监督，2009（9）：73－74.

[63] 庄亚珍，陈洪仕．税收征管效率影响因素评析［J］．税务研究，2004（11）：73－74.

[64] 两部委称绝不收“过头税”［EB/OL］．［2012－8－28］．http：//mon-

ey. 163. com/12/0627/02/84VKLB2M00253B0H. html.

[65] 全国税务系统深化税收征管改革工作会议召开 [EB/OL]. [2012 - 8 - 28]. http: //www. chinatax. gov. cn/n8136506/n8136608/n9947993/n9948014/12012094. html.

[66] AIZENMAN J, JINJARAK Y. The Collection Efficiency of the Value Added Tax: Theory and International Evidence [J]. The Journal of International Trade and Economic Development, 2008, 17 (3): 391 - 410.

[67] AIGNER D J, LOVELL C A K, SCHMIDT P. Formulation and Estimation of Stochastic Frontier Production Function Models, Journal of Econometrics, 1977, 6 (1): 21 - 37.

[68] ALFIRMAN L. Estimating Stochastic Frontier Tax Potential: Can Indonesian Local Governments Increase Tax Revenues Under Decentralization? Department of Economics, University of Colorado at Boulder, Working Paper No. 03 - 19, 2003.

[69] ALLINGHAM M. G., SANDMO A. Income Tax Evasion: A Theoretical Analysis [J]. Journal of Public Economics, 1972 (1): 323 - 338.

[70] ARVATE P E, MATTOS, ROCHA F. Flypaper Effect Revisited: Evidence for Tax Collection Efficiency in Brazilian Municipalities. working paper, Getulio Vargas Foundation, Sao Paulo, 2007.

[71] ARVATE P, MATTOS E. Efficiency in Tax Collection: Evidence from Brazilian Municipalities. Recuperado em 26 agosto, 2008, de http: //eespfgvspbr. tempsite. ws/upload/publicacao.

[72] BANKER R D, CHARNES R F, COOPER W W. Some Models for Estimating Technical and Scale Inefficiencies in Data Envelopment Analysis [J]. Management Science, 1984 (30): 1078 - 1092.

[73] BATTESE G. E, COELLI T J. A Model for Technical Inefficiency Effects in a Stochastic Frontier Production Function for Panel Data [J]. Empirical Economics, 1995 (20): 325 - 32.

[74] BATTESE G E, COELLI T J. Frontier Production Functions, Technical Efficiency and Panel Data: With Application to Paddy Farmers in India [J]. Journal of Productivity Analysis, 1992 (3): 153 - 169.

[75] CHARNES A, COOPER W W, RHODES E. Measuring the Efficiency of Decision Making Units [J]. European Journal of Operational Research, 1978 (2):

429 – 444.

[76] COSGEL M M., MICELI T J. Tax Collection in History [J]. Public Finance Review, 2009, 37 (4): 399 – 420.

[77] DEPRINS D L, SIMAR, TULKENS H. Measuring Labor-Efficiency in Post Offices, in: M. Marchand, P. Pestieau and H. Tulkens, eds., The Performance of Public Enterprises: Concepts and Measurement. Amsterdam: North-Holland, 1984.

[78] DE BORGER B, KERSTENS K. Cost Efficiency of Belgian Local Governments: A Comparative analysis of FDH, DEA, and Econometric Approaches [J]. Regional Science and Urban Economics, 1996 (26): 145 – 170.

[79] DOUGAN W R, KENYON D A. Pressure groups and public expenditure: the flypaper effect reconsidered. Economic Inquiry [J]. 1988, 26 (1): 159 – 170.

[80] FINDLAY R., WELLISZ S. Tax-Collection Costs, Public Welfare and the Predatory State. Department of Economics, Columbia University Working Paper No. 0304 – 02, 2003.

[81] FRIED H O, SCHMIDT S S, YAISAWARNG S. Incorporating the operating environment into a nonparametric measure of technical efficiency [J]. Journal of Productivity Analysis 1999 (12): 249 – 267.

[82] FUENTES H J, GRIFELL-TATJE E, PERELMAN S. A parametric distance function approach for malmquist productivity index estimation [J]. Journal of productivity analysis, 2001, 15 (2): 79 – 94.

[83] GROSSKOPF S. The role of the reference technology in measuring productive efficiency [J]. Economic Journal, 1986 (96): 499 – 513.

[84] GOEMINNE S, GEYS B, SMOLDERS C. Political Fragmentation and Projected Tax Revenues: evidence from Flemish municipalities [J]. International Tax and Public Finance, 2008, 15 (3): 297 – 315.

[85] HAMILTON J H. The Flypaper Effect and the Deadweight Loss from Taxation. Journal of Urban Economics [J]. 1986, 19 (2): 148 – 155.

[86] HYBKA M M. VAT Collection Efficiency in Poland before and after Accession to the European Union. Ekonomika, 2009 (85): 7 – 18.

[87] JHA R, MOHANTY M S, CHATTERJEE S, et al. Tax efficiency in Selected Indian states [J]. Empirical Economics, 1999 (24): 641 – 654.

[88] JONDROW J, LOVELL C A K, MATEROV I S et al. On the Estimation of

Technical Inefficiency in the Stochastic Frontier Production Model [J]. Journal of Econometrics, 1982 (51): 259 – 284.

[89] JOSEPH E. STIGLITZ. Economics of the Public Sector [M]. New York: W. W. Norton & Company, 2000.

[90] LOVELL C A K. Production Frontiers and Productive Efficiency [A]. H. Fried, C. A. K. Lovell and S. Schmidt. The Measurement of Productive Efficiency: Techniques and Applications [C]. Oxford: Oxford University Press, 1993.

[91] LEWIS B D. Local Government Taxation an Analysis of Administrative Cost Inefficiency [J]. Bulletin of Indonesian Economic Studies, 2006 (42): 213 – 233.

[92] MATTOS E, ROCHA F, ARVATE P. Flypaper effect Revisted: Evidence for Tax Collection Efficiency in Brazilian Municipalities [J]. Estudos Econômicos, 2011, 41 (2): 239 – 267.

[93] MANASAN R G. Revenue Mobilization in Local Government Units: The Early Years of Local Government Code Implementation. Philippine Institute for Development Studies, Discussion Paper Series No. 95 – 02, 1995.

[94] MCCLUSKEY W J, FRANZSEN R. An Evaluation of the Property Tax in Tanzania: An Untapped Fiscal Resource or Administrative Headache? [J]. Property Management, 2005, 23 (1): 43 – 69.

[95] MCCLUSKEY W J, FRANZSEN R. An Evaluation of the Property Tax in Tanzania: An Untapped Fiscal Resource or Administrative Headache? [J]. Property Management, 2005, 23 (1): 43 – 69.

[96] MEEUSEN W, VAN DEN BROECK J. Efficiency Estimation from Cobb-Douglas Production Functions with Composed Error [J]. International Economic Review, 1977, 18 (2): 435 – 444.

[97] MILLER S M, UPADHYAY M. Total Factor Productivity and the Convergence Hypothesis [J]. Journal of Macroeconomics, 2002, 24 (2): 267 – 286.

[98] JHAL R, MOHANTY M S, CHATTERJEE S, et al. Tax Efficiency in Selected Indian States [J]. Empirical Economics, 1999 (24): 641 – 654.

[99] OECD. Tax Administration in OECD and Selected Non-OECD Countries: Comparative Information Series [R]. http://www.oecd.org/dataoecd/57/23/42012907.pdf, 2008.

[100] OREA L. Parametric Decomposition of Generalized Malmquist Productivity

Index [J]. Journal of Productivity Analysis, 2002, 18 (1): 5 -22.

[101] PEROTTI R, KONTOPOULOS Y. Fragmented fiscal policy [J]. Journal of Public Economics, 2002 (86): 191 -222.

[102] SCHNEIDER F. Shadow Economies around the world: What do We Really Know [J]. European Journal of Political Economy, 2005 (21): 598 -64.

[103] SIMAR L, WILSON P W W. Estimation and Inference in Two-stage, Semi-parametric Model of Production Processes [J]. Journal of Econometrics, 2007, 136 (1): 31 -64.

[104] TONE K. A Slacks-Based Measure of Efficiency in Data Envelopment Analysis [J]. European Journal of Operational Research, 2001 (130): 498 -509.

[105] VOLKERINK B, DE HAAN J. Fragmented Government Effects on Fiscal Policy: New Evidence [J]. Public Choice, 2001 (109): 221 -242.

[106] CENTRE FOR TAX POLICY AND ADMINISTRATION. Tax Administration in OECD and Selected Non-OECD Countries: Comparative Information Series (2008) [EB/OL]. http: //www. oecd. org/redirect/document, 2012.